本书是北京市社会科学基金项目(编号:10BaLS048)成果
并获得教育部新世纪优秀人才支持计划项目(编号:NCET-11-0588)资助

# 美国第一批留学生在北京

顾钧 著

著名汉学家研究丛书

中原出版传媒集团
大地传媒

大象出版社
·郑州·

**图书在版编目(CIP)数据**

美国第一批留学生在北京 / 顾钧著.— 郑州 : 大象出版社, 2015. 3

ISBN 978-7-5347-8326-5

Ⅰ. ①美… Ⅱ. ①顾… Ⅲ. ①留学生—人物研究—美国—现代 Ⅳ. ①K837. 120

中国版本图书馆 CIP 数据核字(2015)第 041063 号

著名汉学家研究丛书

**美国第一批留学生在北京**

顾　钧　著

---

**出 版 人**　王刘纯
**责任编辑**　李光洁
**责任校对**　钟　骄
**封面设计**　王莉娟

---

**出版发行**　大象出版社(郑州市开元路 16 号　邮政编码 450044)
发行科　0371-63863551　总编室　0371-65597936
**网　　址**　www.daxiang.cn
**印　　刷**　新乡市龙泉印务有限公司
**经　　销**　各地新华书店经销
**开　　本**　787mm×1092mm　1/16
**印　　张**　13.75
**字　　数**　226 千字
**版　　次**　2015 年 3 月第 1 版　2015 年 3 月第 1 次印刷
**定　　价**　35.00 元
若发现印、装质量问题,影响阅读,请与承印厂联系调换。
印厂地址　河南省新乡经济开发区中央大道中段
邮政编码　453731　　电话　0373-5590988

# 总序一①

任继愈

中国是世界文明古国之一。世界知道中国,不自今日始,回溯历史,中外文化交流共有五次高潮。② 文明交流的深度、广度也是近代超过古代。

中外文化交流,也循着文化交流的规律。一般情况下,文化水平高的一方会影响文化水平低的一方。文化水平低的一方则比较容易成为接受者。古代中国与周边国家的交流,往往是施与者,这种情况一直持续到明代中期。其间也有双方文化水平相当,接触后发生冲突,然后各自吸收有用的,并使它为己所用的情况。这种水平相当的交流,往往要经过相当长的时期,才能收到互相融会、双方受益的效果。进入近代,中国科技领域在国际不再领先,往往借助外来文化补充自己的不足。明代中期,如天文、历算往往学习西法,这就是中国接受外来文化的又一个实例。

文化交流、交融、吸收、互补,也是不可避免的现象。只有国力充实、文化发达、科学先进的情况下,才可以从交流中采取主动,吸取其可用者为我所用。当国势衰弱,文化停滞,科学落后时,往往在交流中处于被动地位,甚至失去对外来文化选择的主动权,成为完全被动的接受者。鸦片战争以后,在长达百年的这一段时间里,输入中国的外来文化,有些是我们主动吸收的,也有些是中国所不愿接受的,还有些是被迫引进的。

历史告诉人们,当前世界经济已经一体化,世界上一个地区出现了经济危机,全世界都会受到震动。文化方面虽然没有达到这样紧密的程度,却也有牵一发而动全身的趋势。当前文化交流的条件大大超过古代,传递手段之迅捷,古人无法想象。因此,文化交流的责任也远比古代社会沉重。"国际汉学研究书系"担负着21世纪中外文化交流的艰巨任务。

为了涵盖古今汉学进展的全面状况,本书系分为三个系列:

---

① 这是任继愈先生为北京外国语大学海外汉学研究中心与大象出版社联合组织出版的"国际汉学研究书系"丛书所写的总序。

② 第一次在汉朝,公元前1世纪,开通了丝绸之路;第二次在唐朝,7—8世纪;第三次在明朝,14—15世纪;第四次在清末鸦片战争前后,19世纪;第五次在五四运动前后,20世纪初到现在。

一、西方早期汉学经典译丛(翻译);

二、当代海外汉学名著译丛(翻译);

三、海外汉学研究(著作)。

“汉学”这一名称,国内外学术界多数人认同,也有少数学者有不同意见。我们不准备用很多精力界定这个名词,我们只是把过去和现代人们已发表的和正在从事研究的这一类译著汇集起来,总之,都属于中国文化这个大范围之内的学术著作。正如“现代新儒家”这个名字的内容,海内外学术界也有不同的理解和使用标准。因为它属于中国文化这个领域,本书系也将包括这类译著是同样的道理。

我们愿借这个领域,作为联系海内外研究古今中国文化的桥梁,为人类精神文明略尽绵薄之力,我们的初衷就算达到了。

我们这套书系,本着对社会负责,对历史负责,对人类未来负责的心愿,向全世界介绍中国文化,同时也向中国展示健康的、高品位的世界文化。即将到来的21世纪,是信息爆炸的时代,也是总结历史成果的时代。我们以科学的良心,如实向世界推进文化交流,我们介绍古代先驱者的业绩,在当代人中,沟通各国文化的精华,展望人类未来的光明前景。

只有在健康、光明、理性、科学为主干的文化指引下,人类才可以避免失误,走向和平。每一个经历过世界大战的过来人,深知和平的可贵,战争的罪恶。我们从事文化事业的、正直善良的学者,出版这套书系,期望其社会效益不限于书斋以内,更寄希望于提高全人类的文化素质,泯除非理性的强权暴行,引导社会走向和平、光明的大道。为中华民族积累精神财富,为世界人民增加友谊与理解。

# 总序二

张西平

“国际汉学研究书系”出版已经十五年了，当年是任继愈先生写的总序，先生已经驾鹤西去，他对“国际汉学研究书系”的关心和指导至今仍是我们考虑这套书的出发点。

近三十年来，国内学术界对海外汉学（中国学）的研究已经取得了长足的进步，研究大大深入了。学术界已经充分认识到，中国人文社会科学走向世界，展示自己的学术成果，扩大自己的学术影响力，第一步就是要了解国外中国文化的研究（汉学或中国学）的历史与现状，唯有如此，才能迈出走向世界的坚实步伐。

同时也应看到，海外中国学与中国近现代的中国学术进展紧密相连。从晚明时开始，在全球化的初期，中国已经被卷入世界的贸易体系之中，关于中国的知识、文化、历史、典籍已经开始被这些来华的传教士、外交官、商人研究。从那时起，中国的知识已经不完全归中国学者独有，开始有了另一套讲述中国文化和学术的新的叙述，这就是海外中国文化研究（汉学或中国学）。而且在 1814 年的法国，他们已经把中国研究列入其正式的教育系统之中，在西方东方学中开始有了一门新学问——汉学。更为引起我们注意的是，1905 年中国废除科举制度，经学解体，中国知识的叙述系统发生了根本性变化，目前我们这一套人文社会科学体系，完全是从西方传过来的，其中很大一部分是经由苏联传来的。作为后发性现代化国家，自己的知识系统的独立发展已经中断了，而帮助我们建立这套现代学术体系的人中，西方汉学家起到很重要的作用。在这个意义上，如果不了解国外的中国文化研究（汉学或者中国学），我们就搞不清我们自己的近代知识系统的形成与变迁。

更为重要的在于今天中国崛起后，我们希望走出百年欧风美雨对我们的影响，重建中国的学术体系，如果做到这一点也必须了解域外中国文化研究，不这样，我们自己的近代到当代的学术历史就搞不清，中国学术的当代重建也是一句空话。

中国学术已经在全球范围内展开,为了让中国学术回到世界学术的中心,为了重建好自己的学术系统,我们都必须了解海外的中国文化研究(汉学或中国学)。

如何展开海外中国学的研究呢?以下三点是很重要的。

首先,要了解各国中国学研究的历史与传统。每个国家对中国的研究都有自己的历史和传统。所以,摸清其历史和传统应该是与其对话的基本要求,不然会闹出笑话。近三十年来中国学术界在这方面已经取得了初步的成果。《国际汉学》《世界汉学》《汉学研究》已经成为重要的学术阵地,"海外中国学书系""国际汉学研究书系""列国汉学史"等多种系列丛书在学术界受到了欢迎。我们对各国的中国文化研究传统有了一个初步的了解。

其次,要注意海外中国文化研究的学术背景和文化背景。西方的中国研究是在西方的学术背景下展开的,他们的基本理论、框架、方法大都是西方的,因此,在把握这些国外的中国研究时,特别是西方的中国学时要特别注意这一点,万不可以为,他们讲述的是中国的知识和内容,就按照我们熟悉的理论和方法去理解他们。对待域外的中国文化研究应从跨文化的角度加以分析和研究。这是一个基本的出发点。

最后,积极与海外中国学展开学术互动,建立学术的自信与自觉。在当前的世界学术话语中,无论人文学术或者社会科学的研究,占主导地位的是西方的学术话语。由于长期以来,国内学术界未在国际学术领域展开,中国研究,这个原本属于我们掌握话语权的研究领域,在国际范围起主导作用的仍是西方的中国学研究者,这在社会科学研究领域十分明显。近年来有所好转,但基本格局尚未扭转。因此,我们走向世界的第一步是了解海外的中国文化研究,同时,我们所面临的第一波的学术论争也可能是和西方的汉学家们之间展开的。在解释中国文明与文化,在解释当代中国的发展上,西方中国学研究领域已经形成了一整套的理论和方法,这些理论和方法中有些对我们很有启发,值得我们深思,有些则明显是有问题的,这就需要我们和他们展开学术性的讨论。所以,在与国外汉学家们打交道时,文化的自信和自觉是一个基本的立场。

世界的重心在向东方转移,走出"西方中心主义"是一个大的趋势,西方文明和中国文明一样都是地域性的文明,同时都具有普世性的意义,一切理论都来自西方的看法肯定是有问题的。在中国文化研究上更不应如此。因此，在世界范围内展开中国文化研究，熟悉国际范围内的中国文化研究成果，学习汉学家们的宝贵经验，理解他们在跨文化背景下中国文化研究的特点的同时，纠正他们中一些汉学家在知识论和方法论上的问题，与其展开学术的对话。这是更新我们的学术和推动中国学术走向世界的重要任务之一，这是我们面临的双重任务。这是全球化时代中国学术走向世界的必由之路，也是中国学术重建的必由之路。

国外中国文化研究的存在，表明中国的学术已经是一个世界性的学术，我们只有在世界范围内展开与海外中国学界的对话与合作，才能逐步拥有在世界学术领域中的发言权；我们只有在世界范围表达我们中国学术的理想、立场、传统与文化，才能在当下这个"三千年未有之大变局"的背景下，真正重建中国当代学术体系和理论，开创属于我们这一代人的学术事业。

我们应该看到海外中国文化研究是在中西文化交流背景下展开的，从事海外中国文化研究的主体是汉学家，由此，我们在"国际汉学研究书系"再版之际对丛书做了适当的调整，本书系分为三个方面：

一、中西文化交流史翻译与研究系列。旨在介绍西方出版的中西文化交流史著作，同时展示国内对中西文化交流史的研究。近代以来的中西文化交流史涉及中国和西方的社会与文化思想变迁，它们构成了西方汉学的发生和中国明清思想文化裂变的基础。这是一批具有双边文化特点的著作，是研究全球化初期中国和西方文化关系的基础。

二、国际汉学经典译丛。旨在翻译和整理西方汉学历史名著，可以说，这方面已经形成了自己的风格与特点。目前国内西方汉学早期历史的重要著作基本是我们组织翻译的。我们将继续继承这个传统，将翻译的范围逐步扩大到能涵盖西方各国汉学历史的名著。

三、汉学家传记翻译与研究系列。汉学家是国际中国文化研究的重要力量，系统地展开对重要汉学家研究，系统整理和翻译重要汉学家的传记，可以为读者提供一个海外中国文化研究的更为生动、具象的画面。

"江山代有才人出，各领风骚数百年。"我们期盼国内外年轻的学者们加入到"国际汉学研究书系"的写作和翻译中来，在这里书写汉学研究的新篇章，我期待着你们。

2013 年岁末于游心书屋

**张西平**

# 目　　录

## 第五章 恒慕义



## 第六章 孙念礼



## 第七章 其他留学生

# 导言：留学生与美国专业汉学

## 一

第二次世界大战之后，西方汉学研究的中心开始从欧洲向美国转移，这一方面得益于战后美国政治、经济、军事地位的迅速提升，另一方面则和第一代美国专业汉学家的全面崛起密切相关。考察第一代美国专业汉学家的学术背景就会发现，他们虽然有着不同的师承和不同的研究领域，但却拥有一段共同的留学北京的经历，短则1—2年，长则5—6年，有的曾多次到北京留学。

本书的研究对象是民国时期（主要集中在20世纪30年代）在北京[①]留学的一批美国学人，他们是美国最早的一批以汉学研究为留学目的的学生，他们在北京的研究工作以及回国后的著述和活动为美国二战后的汉学大发展奠定了基础。

以到北京时间先后为序，将这批留学生的基本情况列表如下：

| 姓名 | 生卒年 | 在北京留学时间 | 回国后工作单位 | 学术领域和荣誉 |
|---|---|---|---|---|
| 恒慕义（Arthur William Hummel） | 1884—1975 | 1924—1927 | 国会图书馆 | 中国学术史；1940—1941年美国东方学会主席；美国远东学会（后亚洲学会）首任主席 |
| 孙念礼（Nancy Lee Swann） | 1881—1966 | 1925—1928 | 麦吉尔大学 | 汉史；美国首位女汉学博士 |

① 北伐成功后，国民政府迁都南京，1928年6月28日改北京为北平。（详见北京大学历史系著：《北京史》，北京出版社2012年版，第416页。）本书的时间跨度为1920—1950年。为方便起见，正文中一律用“北京”，引文中用“北平”的一律保留。特此说明。

（续表）

| 姓名 | 生卒年 | 在北京留学时间 | 回国后工作单位 | 学术领域和荣誉 |
|---|---|---|---|---|
| 毕乃德（Knight Biggerstaff） | 1906—2001 | 1928—1931、1934—1936 | 康乃尔大学 | 中国近代史；1965—1966 年美国亚洲学会主席 |
| 魏鲁男（James R. Ware） | 1901—1977 | 1929—1932 | 哈佛大学 | 中国哲学；《哈佛亚洲学报》创办人 |
| 富路特（Luther C. Goodrich） | 1894—1986 | 1930—1932 | 哥伦比亚大学 | 中国古代史；1946—1947 年美国东方学会主席；1956—1957 年美国亚洲学会主席 |
| 拉铁摩尔（Owen Lattimore） | 1900—1989 | 1930—1933、1934—1937 | 约翰·霍普金斯大学 | 中国边疆史 |
| 戴德华（George E.Taylor） | 1905—2000 | 1930—1932、1937—1939 | 西雅图华盛顿大学 | 中国近代史 |
| 西克曼（Laurence Sickman） | 1906—1988 | 1930—1935 | 堪萨斯纳尔逊艺术博物馆 | 中国艺术史 |
| 施维许（Earl Swisher） | 1902—1975 | 1931—1934 | 科罗拉多大学 | 中国近代史、中美关系史 |
| 韦慕庭（Clarence Martin Wilbur） | 1907—1997 | 1931—1934 | 哥伦比亚大学 | 中国近代史；1971—1972 年美国亚洲学会主席 |
| 卜德（Derk Bodde） | 1909—2003 | 1931—1937 | 宾夕法尼亚大学 | 中国哲学；1968—1969 年美国东方学会主席；1985 年美国亚洲学会杰出贡献奖 |
| 顾立雅（Herrlee G.Creel） | 1905—1994 | 1932—1935 | 芝加哥大学 | 中国上古史；1955—1956 年美国东方学会主席 |

（续表）

| 姓名 | 生卒年 | 在北京留学时间 | 回国后工作单位 | 学术领域和荣誉 |
| --- | --- | --- | --- | --- |
| 费正清（John K. Fairbank） | 1907—1991 | 1932—1935 | 哈佛大学 | 中国近代史；1958—1959年美国亚洲学会主席；1968—1969年美国历史学会主席 |
| 凯茨（George N. Kates） | 1895—1990 | 1933—1941 | 纽约布鲁克林博物馆 | 中国艺术史 |
| 毕格（Cyrus H. Peake） | 1900—1983 | 1933—1934 | 哥伦比亚大学、美国国务院 | 中国近代史 |
| 宾板桥（Woodbridge Bingham） | 1901—1986 | 1934—1937 | 伯克利加州大学 | 唐史 |
| 柯睿哲（Edward A.Kracke） | 1908—1976 | 1936—1940 | 芝加哥大学 | 宋史；1972—1973年美国东方学会主席 |
| 饶大卫（David N. Rowe） | 1905—1985 | 1937—1938 | 耶鲁大学 | 中国近代史、国际关系史 |
| 柯立夫（Francis W.Cleaves） | 1911—1995 | 1938—1941 | 哈佛大学 | 蒙古史；1953年法国铭文与美文学院儒莲奖 |
| 赫芙（Elizabeth Huff） | 1912—1987 | 1940—1946 | 伯克利加州大学 | 伯克利东亚图书馆首任馆长 |
| 海陶玮（James R. Hightower） | 1915—2006 | 1940—1941、1946—1948 | 哈佛大学 | 中国古代文学 |
| 芮沃寿（Arthur Wright） | 1913—1976 | 1941—1947 | 斯坦福大学、耶鲁大学 | 中国佛教；1964—1965年美国亚洲学会主席 |
| 芮玛丽（Mary C. Wright） | 1917—1970 | 1941—1947 | 斯坦福大学、耶鲁大学 | 中国近代史 |

上表所列的这批留学生日后均成为各自所在单位的中国(东亚)研究的开创者。其中的佼佼者曾担任美国东方学会和美国亚洲学会主席,说明其影响力已不限于中国(东亚)研究的范围。美国东方学会(American Oriental Society)1842 年 4 月 7 日成立于波士顿,乃北美最早的学术团体之一,其宗旨是“促进对亚洲、非洲、玻利尼西亚群岛的学术研究”。[1] 1941 年,为了适应美国在亚洲利益的需要,以费正清为代表的一批学者发起成立了远东学会(Far Eastern Association),该会得到福特基金会、洛克菲勒基金会的资助,很快成为美国研究东亚问题最重要的学术机构。远东学会开始时还和东方学会保持密切的联系,如一起开年会等。后来由于远东学会的迅速发展,使其终于在 1954 年完全离开母体,1956 年正式更名为亚洲学会(Association for Asian Studies)。这两个学会是美国研究亚洲和整个东方最大和最权威的学术团体。

上表列出的学者中有三分之二是由哈佛燕京学社派遣来北京的。[2] 哈佛燕京学社是美国最早建立的正规的汉学研究机构之一,也是中美之间第一个跨国学术交流机构。它的成立得益于霍尔教育基金的资助。查尔斯·霍尔(Charles M.Hall,1863—1914)是美国铝业巨头,1914 年去世后留下巨额遗产,由于受 19 世纪末 20 世纪初蓬勃发展的美国海外传教运动的影响,他在遗嘱中指定将其部分遗产用于资助和发展教会世俗教育事业。1924 年,哈佛大学向霍尔遗产委员会申请资助,但由于不符合资助范围而遭到拒绝。后来,哈佛大学接受霍尔遗产执行人的建议,联合燕京大学以中国文化作为研究方向共同申请,并最终获得了成功。之所以选择中国文化作为研究方向,是出于双方共同的需要。20 世纪初,甲骨文的发现和部分敦煌经卷被劫夺到西方刺激了西方汉学的发展,但美国在汉学研究上还是大大落后于法国等欧洲国家,因此哈佛大学希望利用这笔经费来开创汉学研究的新领域,改变哈佛在中国学研究方面的弱势地位,对于和燕京的合作很有诚意。而对于燕京大学来说,合作的愿望同样迫切。燕京大学正式成立于 1919 年,是一所由美国长老会、美以美会等基督教差会联合创办的教会大学。1922 年非基督教运动爆发后,民族主义思潮席卷中国知识界,教会大学轻视中国文

---

① “Constitution of the American Oriental Society”, *Journal of the American Oriental Society*, Vol. 1 (1843), p.vi.

② 不是由哈佛燕京学社派遣的留学生只有恒慕义、孙念礼、富路特、韦慕庭、费正清、毕格、宾板桥、饶大卫。

史常常成为众矢之的。因此，这些大学迫切希望通过加强国学教育来取得中国知识界的认同。燕京大学校长司徒雷登（John L.Stuart，1876—1962）也明确意识到，加强中国学研究是和中国的民族主义者取得一致立场的最佳途径，因此他极力促进与哈佛联合项目的形成。1925 年 9 月双方达成临时协议，经过共同努力于 1928 年 1 月 4 日正式成立联合学术机构“哈佛燕京学社”（The Harvard-Yenching Institute），总部在哈佛，燕京大学设办事处。哈佛燕京学社成立后，哈佛和燕京大学按照规定开展两校间的学术合作活动，其中互派研究生及访问学者成为合作的重要内容。这些当时的研究生和年轻学人后来都成为研究中国历史和文化的知名专家。哈佛燕京学社在人才培养方面取得了引人注目的成就。① 值得注意的是，哈佛燕京学社派往北京的美国留学生并不只在燕大进修，而是比较自由，可以转益多师。当然，燕京大学本来就有不少国学名师，如洪业、马鉴等，利用哈佛燕京学社的资金建立国学研究所后，师资更加雄厚。该所 1928 年秋正式建立后，聘请陈垣为所长，顾颉刚、容庚、黄子通、郭绍虞、冯友兰、许地山、张星烺等著名学者为研究人员。虽然 1931 年该所解散，陈垣辞职，但顾颉刚、容庚等均留在燕京大学继续任教，他们主持编辑的《燕京学报》（1927 年 6 月创刊）声誉日隆，成为美国留学生最常翻阅的中文文献。

需要说明的是，限于材料，本书无法对上表列出的所有留学生在北京的活动做出详细的研究。对于那些留学时间较长、著述较多的几位（费正清、毕乃德、卜德、顾立雅、恒慕义、孙念礼），本书将给予专章论述，其余将在第七章中一并论述。

## 二

这批留学生是美国第一批科班出身的汉学家，也可以称之为专业汉学家。在他们之前，美国汉学的主导权掌握在以传教士为主体的业余汉学家手中。

1784 年在第一艘到达中国的美国商船上，大副山茂召（Samuel Shaw，

---

① 由燕京大学派往哈佛攻读博士学位的中国留学生有齐思和、翁独健、王伊同、蒙思明、邓嗣禹、郑德坤、周一良、陈观胜等。关于哈佛燕京学社的历史和汉学贡献，参见张凤《哈佛燕京学社 75 年的汉学贡献》，《文史哲》2004 年第 3 期；陶飞亚、梁元生：《〈哈佛燕京学社〉补正》，《历史研究》1999 年第 6 期；Earl Swisher，“The Harvard-Yenching Institute”，*Notes on Far Eastern Studies in America*，No.11（June 1942）。

1745—1794)写下了他对中国的第一印象,美国汉学伴随着中美直接贸易的产生而产生。商人虽然很早就来到中国,但他们来去匆匆,无心他顾,中美通商50年后还几乎没有一个商人能懂中文,也就更谈不上对中国的研究。这种可悲的状况直到19世纪30年代传教士的到来才告结束。第一次鸦片战争前美国来华传教士的人数很少,长期生活在广州、澳门的只有裨治文(Elijah C. Bridgman, 1801—1861)、卫三畏(Samuel Wells Williams, 1812—1884)、伯驾(Peter Parker,1804—1888)等三四个人。1842年后美国传教士的人数迅速增加,到1850年已经达到88人,1877年新教入华70周年(是年召开第一次新教大会)时则达到210人。① 几乎所有的传教士都致力于汉语的学习和对中国的研究,他们的著作成为19世纪美国人关于中国信息的最主要来源。传教士主导美国的汉学研究将近一个世纪,20世纪20年代后才逐渐让位给专业汉学家。

这里只简要介绍一下裨治文、卫三畏的经历和学术研究,就大致可以管窥美国传教士汉学的特点。

裨治文是美国第一位来华传教士。他1801年生于马萨诸塞州贝勒塞屯(Belchertown)的一个农民家庭,1826年毕业于安贺斯特学院(Amherst College),此后到安道华神学院(Andover Theological Seminary)深造。1829年10月14日裨治文受美国海外传教部总会(American Board of Commissioners for Foreign Missions)差遣,自纽约登船远航,于1830年2月19日抵达广州,从此开始了在华30年的工作和生活。前17年他以广州、澳门为基地从事宣教和印刷出版工作,后13年在上海,主要工作之一是参与《圣经》的中译。1861年裨治文在上海去世。

1829年裨治文来华前夕,美国海外传教部总会给这位最早的传教士的指示中提出这样的要求:“在你的工作和环境允许的情况下,向我们报告这个民族的性格、习俗、礼仪——特别是他们的宗教如何影响了这些方面。”② 显然,当时的美国人士对于这些方面的情况是了解很少的。裨治文来华后,更加深切地感觉到西方人关于中国知识的贫乏,中西之间的交流基本还停留在物质层面,“思想道德层面的交流少之又少”,这样的状况不仅让他感到“吃惊”,更使他感到“遗憾”。虽然明清之际的天主教传教士关于中国写过

① S.W.Williams, *The Middle Kingdom*(New York: Charles Scribner's Sons, 1883), Vol.2, p.367.伦敦会传教士马礼逊(Robert Morrison)1807年来华是近代新教入华之始。

② *Report of the American Board of Commissioners for Foreign Missions*(Boston, 1829), p.96.

不少报道和文章，但在裨治文看来，它们不仅鱼龙混杂，有不少相互矛盾的地方，而且毕竟是多年前的信息了。他希望对中国进行全面的报道，提供更新和“不带任何偏见”的信息。[①] 于是他萌生了创办一份英文刊物《中国丛报》(*Chinese Repository*)的想法，他的想法得到了英国首位来华传教士马礼逊(Robert Morrison，1782—1834)和一些在广州的美国商人的支持，在大家的共同努力下刊物于1832年5月面世，此后每月一期，在1851年年底停刊前共出了232期。这份坚持了20年的刊物对中国的政治、经济、文化、宗教和社会生活等方方面面的内容进行了详细的报道和全面的研究，是西方早期最重要的汉学刊物。裨治文是《中国丛报》的创办人，也是主笔，特别是在创办初期作者队伍比较小的情况下他的文章尤其密集，他早期的一些重要文章，如《广州、澳门的气候》(Climate of Canton and Macao)、《耶稣会士提到的中国犹太人》(Jews in China Mentioned by the Jesuits)、《中国的印刷以及汉语学习》(Presses in China，and Study of Chinese)、《唐代女皇武则天的生平业绩》(Life and Actions of Wu Tsihtien，Empress of the Tang Dynasty)、《基督教在中国早期的传播》(Early Introduction of Christianity into China)等，从不同的角度为西方读者提供了各种有关中国的信息。裨治文后来虽然没有写出一部全面系统的著作，但他在《中国丛报》上的300多篇文章已经涉及中国的方方面面，它们汇总起来就是一本关于中国的小百科全书。裨治文被称为美国第一位汉学家，是当之无愧的。

裨治文的另外一部重要著作是《广东方言读本》(*Chinese Chrestomathy in the Canton Dialect*)，1841年在澳门印刷出版，这是美国人有史以来最早的汉语教材，也是在中国写作完成的第一本练习广东方言的实用手册。为了表彰裨治文的这一大贡献，纽约大学在《广东方言读本》出版的当年(1841)授予他神学博士学位。在裨治文之前，最早来华的英国传教士马礼逊也因其编写的《华英字典》(*A Dictionary of the Chinese Language*)被格拉斯哥大学授予神学博士学位，时间是1817年。19世纪的传教士最早往往是凭借语言学的业绩而得到学界承认的。

卫三畏于1812年出生于纽约州的尤蒂卡(Utica)，他的父母是当地长老会的成员。1832年，纽约的长老会向广州的美部会传教站运送了一套印刷机器，并请卫三畏的父亲帮忙寻找一名年轻的印刷工，父亲立刻推荐了自己

---

① E.C.Bridgman，“Introduction”，*Chinese Repository*，Vol.1(May，1832)，pp.1-5.

的儿子，当时卫三畏正在伦斯勒学院(Rensselaer Institute)读大学。大学毕业并接受了半年的印刷培训后，卫三畏于1833年6月起程前往中国并于同年10月抵达广州，从此开始了在中国长达40年的工作生涯。在最初的20年中，他的主要工作是编辑和印刷《中国丛报》。1856年印刷所在中英冲突中被烧毁后，他脱离了美部会，效力于美国驻华使团，直到1876年。1877年他返回美国后不久被耶鲁大学聘为该校第一位中国语言文学教授，从而也成为美国历史上第一位汉学教授。卫三畏于1884年去世。

综观卫三畏的一生，尽管各种事务缠身，但他从来没有停止对汉学的研究。1833年他刚到中国，就开始研习汉语和中国文化。在广州、澳门、北京长期居留期间，始终没有间断。1846年他加入美国东方学会，1881年被选为该会主席，并担任这一职务直到去世。这是卫三畏晚年继被任命为耶鲁首任汉学教授后的又一大荣誉。

卫三畏在汉学方面的著作主要有：《拾级大成》(*Easy Lessons in Chinese*, 1842)、《中国地志》(*A Chinese Topography*, 1844)、《中国总论》(*The Middle Kingdom*, 1848)、《英华分韵撮要》(*A Tonic Dictionary of the Chinese Language in the Canton Dialect*, 1856)、《汉英韵府》(*A Syllabic Dictionary of the Chinese Language*, 1874)、《我们与中华帝国的关系》(*Our Relations with Chinese Empire*, 1877)。其中《中国总论》和《汉英韵府》是他的代表作。

1844年年底卫三畏回美国休假，他利用这个机会在家乡及周边地区发表了关于中国的多次讲演，受到热烈欢迎。1846年卫三畏决定将这些讲演写出来，形成一部关于中国的书稿，这就是《中国总论》。该书于1848年初版后，多次印刷，很受欢迎，不仅成为研究中国的学者们的参考书，而且作为中国历史文化课的教材而被一些英美教育机构长期使用。《中国总论》的大部分内容还被翻译成德文和西班牙文出版，在西方的影响很大。1876年卫三畏回到美国后，又对《中国总论》做了一些修改，修订版于1883年出版，在1848年初版的基础上有所提高。

《中国总论》分上、下两卷，全书共23章，比较全面地介绍了中国的政治、经济、文化和社会状况。这23个章节是：(一)地理区划与特征、(二)东部行省、(三)西部行省、(四)边疆地区、(五)人口、(六)自然资源、(七)法律与政府机构、(八)司法、(九)教育与科举、(十)语言结构、(十一)经学、(十二)史学与文学、(十三)建筑服饰饮食、(十四)社会生活、(十五)工艺、(十六)科技、(十七)编年史、(十八)宗教、(十九)基督教在华传播史、

（二十）商业、（二十一）中外交通史、（二十二）中英鸦片战争、（二十三）战争的发展与中国的开放。不难看出，《中国总论》几乎涵盖了中国社会与历史文化的所有重要方面，将其书名定为“总论”，是很贴切的。法国学者考狄（Henri Cordier，1849—1925）在权威性的《西人论中国书目》（*Bibliotheca Sinica*）中将《中国总论》放在第一部《中国总说》的第一类“综合性著作”中，[①]这是放入这一类别中的第一部美国著作，从这个意义上讲，学术界普遍认同将《中国总论》看作美国传教士汉学的代表作。《中国总论》的影响力一直延续到20世纪，费正清认为它完全可以作为中国研究的“课程提纲”（syllabus）来使用。[②] 就卫三畏在学术上的总体成就，费正清也给予高度的评价，认为他是美国19世纪最重要的历史学家之一。[③]

卫三畏的另外一部重要著作是《汉英韵府》，出版于1874年，是美国人编写的汉英字典的集大成之作，与两位英国人马礼逊、翟理斯（Herbert A. Giles，1845—1935）先后编写的汉英字典并称“19世纪三大汉英字典”。

从以上对两位传教士汉学代表人物的分析，我们不难总结美国传教士汉学的一些特点：传教士来中国之前一般都受过大学或神学院教育，但没有受过严格的学术训练，对于汉学研究几乎一无所知；他们在中国的时间一般比较长，甚至大半生都在中国度过，因此汉语熟练，熟悉中国各方面的情况，但对中国某个领域的问题缺乏精深的研究，他们的著作往往“信息性”大于“学术性”；另外为了传教他们在汉语学习（特别是口语和方言）上投入大量时间和精力，在学习的过程中他们编写了大量的字典、词典以及各种帮助学习汉语方言的教材，几乎占了所有汉学著作的半壁江山。

在1883年版《中国总论》的前言中，卫三畏说：“我相信以后的学者不会再尝试写这样一部概论式的作品，而是会像李希霍芬、玉尔、理雅各等那样专注于一两个相关的领域。”[④]确实，学术的发展必然走向专业化和精密化。李希霍芬（Ferdinand P.W.Richthofen，1833—1905）是德国地质学家，19世纪六七十年代曾在中国做过广泛的地质调查，遂成为这一领域的权威学者；英国学者玉尔（Henry Yule，1820—1889）则以研究西方早期的中国游记（特别

---

① Henri Cordier, *Bibliotheca Sinica* (Paris: E.Guilmoto, 1904), p.85.

② John K.Fairbank, *China Perceived: Images and Policies in Chinese-American Relations* (New York: Alfred A.Knopf, 1974), p.214.

③ John K.Fairbank, “Assignment for the '70's”, *The American Historical Review*, Vol.74, No.3 (Feb., 1969), p.865.

④ S.W.Williams, “Preface”, *The Middle Kingdom* (1883), Vol.1, p.xii.

是《马可·波罗游记》)而闻名;理雅各(James Legge,1815—1897)是中国典籍,特别是儒家经典的翻译和研究专家。这三人虽然领域不同,但都学有专门,其学术成果处于各自领域的前沿。《中国总论》虽然对美国人了解中国起到了重要的促进作用,但从学术性的角度来看,其价值并不突出。衡量学术性的一个重要标准是创新,而《中国总论》主要的价值在于提供全面和准确的信息,虽然其中不乏作者的研究心得。它是一本很好的入门书和普及读物,而不是一部优秀的学术专著。

卫三畏虽然在 1877 年成为耶鲁大学首位(也是美国历史上首位)汉学教授,从业余汉学家转变为专业学者,但他在生命的最后几年并没有写出专门的著作,也没有带出专业的学生。实际上,尽管 1877 年耶鲁设立第一个汉学教授职位可以看作是美国专业汉学建立的标志,但专业汉学在 19 世纪末 20 世纪初发展很缓慢,赖德烈(Kenneth S.Latourette,1884—1968)在 1918 年的一篇文章中这样描述当时的情况:“我们的大学给予中国研究的关注很少,在给予某种程度关注的大约 30 所大学中,中国仅仅是在一个学期关于东亚的概论性课程中被涉及,只有在三所大学中有能够称得上对于中国语言、体制、历史进行研究的课程。美国的汉学家是如此缺乏,以至于这三所大学中的两所必须到欧洲去寻找教授。”①一个非常能说明问题的例子是加州大学。加州大学步耶鲁大学后尘于 1890 年设立了汉学教授席位,然而这一职位一直空缺,直到 1896 年才由英国人傅兰雅(John Fryer,1839—1928)充任。傅兰雅是著名的翻译家,曾在位于上海的江南制造局工作 28 年(1868—1896),其间将 100 多部西书译成中文,②但其汉学研究的水平难称上乘。

美国学术界逐渐意识到了这个问题,1929 年 2 月美国学术团体理事会(American Council of Learned Societies,1919 年建立的全国性学术促进机构)专门成立了“促进中国研究委员会”(Committee on the Promotion of Chinese Studies),以此来改变美国汉学研究落后于其他学科的局面。③ 1928 年建立的哈佛燕京学社也于 1929 年开始派遣留学生到中国进修,对培养美国第一批专业汉学人才起到了极大的推动作用。

---

① Kenneth S.Latourette,“American Scholarship and Chinese History”, *Journal of the American Oriental Society*, Vol.38(1918), p.99.

② 傅兰雅到美国后从 1896 年到 1909 年继续为江南制造局翻译西学书籍,三十多年间单独翻译以及与他人合作翻译的西学书籍共有 129 部,详见顾长声《从马礼逊到司徒雷登——来华新教传教士评传》,上海人民出版社 1985 年版,第 248—262 页。

③ *American Council of Learned Societies Bulletin*, No.10(Apr.1929), p.10.

可以说，从 20 世纪 20 年代末开始，美国专业汉学才开始真正走上发展的正轨。从 1877 年至 1928 年（哈佛燕京学社建立）或 1929 年（促进中国研究委员会建立）的这 50 年只能看作是从业余汉学向专业汉学的过渡时期。

## 三

这批美国留学生的出现，也改变了欧洲汉学一统天下的局面。在第二次世界大战之前，西方汉学研究的中心无疑是巴黎。20 世纪 20 年代留学法国的李思纯曾精辟地指出："西人之治中国学者，英美不如德，德不如法。"①

西方国家的汉学研究虽然可以追溯到 16、17 世纪，但汉学进入高等学府和研究机构却是 19 世纪的事情，这也标志着汉学作为一门学科的建立。最早设立汉学教席的是法兰西学院，具体时间是 1814 年 12 月 11 日，最初的两位教授雷慕沙（Abel Rémusat，1788—1832）、儒莲（茹里安，Stanislas Julien，1797—1873）是 19 世纪公认的汉学大师。现代意义上的汉学研究在法国诞生是有其历史必然性的。18 世纪法国成为欧洲思想文化的中心，启蒙运动带来的世界主义思潮使法国人比其他欧洲人更加关注外部世界。中国作为文明大国早在 18 世纪以前就已进入法国人的视野。从明末以来大批天主教传教士来华，留下了数量可观的关于中国的著作，奠定了西方汉学的基础。就 17 世纪中前期来看，汉学研究的中心是意大利、葡萄牙和西班牙，葡萄牙耶稣会士安文思（Gabriel de Magalhaes，1609—1677）的《中国新志》（*Nova Relação da China*，1688）被认为是这一时期的最高成就。② 但随着李明（Louis Daniel Le Comte，1655—1728）《中国近事报道》（*Nouveaux mémoires sur l' état présent de la Chine*，1696）、杜赫德（Jean Baptiste du Halde，1674—1743）《中华帝国全志》（*Description géographique, historique, chronologique, et physique de l' Empire de la Chine et de la Tartarie chinoise*，1735）以及《耶稣会士书简集》（*Lettres édifiantes et curieuses：écrites des missions étrangères par quelques misssionaires de la Compagnie de Jésus*，1702—1776）等著作的出版，法国开始取代它的欧洲邻国成为西方汉学研究的领袖。就在法兰西学院设立汉学教席的 1814 年，第十六卷也就是最后一卷《驻北京的传教士们所著关于中国人的历史、科学、艺术、风俗、习惯等方面的回忆录》（*Mémoires concernant l' histoire,*

① 李思纯：《与友论新诗书》，《学衡》1923 年第 19 期，"文苑"第 5 页。

② 详见计翔翔《十七世纪中期汉学著作研究——以曾德昭〈大中国志〉和安文思〈中国新志〉为中心》，上海古籍出版社 2002 年版，第 64—66 页。

*les sciences*, *les arts*, *les moeurs*, *les usages*, *etc.*, *des Chinois*, *par les missionnaires de Pékin*,又译作《中国杂纂》)在巴黎出版,为这项开始于1776年的庞大出版工程画上了圆满的句号。该书与另外两部法文巨著《中华帝国全志》《耶稣会士书简集》并称为"18世纪欧洲汉学三大名著"。

从19世纪初叶直到20世纪中叶,法国一直领导着西方汉学的潮流,其中三位学者对于建立"巴黎学派"起到了关键作用。用傅斯年的话来说:"最早一位是茹里安,此君之翻译《大唐西域记》及其对于汉语等之贡献,在同时及后人是有绝大影响的。其后一位是沙畹,中国学在西洋之演进,到沙畹君始成一种系统的专门学问,其译诸史外国传,今日在中国已生影响。最后一位,同时是最伟大的,便是伯希和先生。我们诚不可以中国学之范围概括伯先生,因为他在中亚各语学无不精绝。然而伯先生固是今日欧美公认之中国学领袖,其影响遍及欧美日本,今且及于中国。"[①]由于沙畹(Édouard Chavannes,1865—1918)、伯希和(Paul Pelliot,1878—1945)的卓越成就,也有人将20世纪上半叶的西方汉学称之为"沙畹—伯希和时代"。

沙畹于1918年去世。当这批美国留学生登上历史舞台的时候,正是沙畹几个得意弟子——马伯乐(Henri Maspero,1883—1945)、葛兰言(Marcel Granet,1884—1940)、高本汉(Bernhard Karlgren,1889—1978)——叱咤风云的时代,而伯希和更是独领风骚。哈佛燕京学社1928年创立后,曾计划不远万里请他来担任社长,却被他傲慢地拒绝了,只推荐了一位年轻同事、俄裔汉学家叶理绥(英利世夫,Serge Elisséeff,1889—1975),"伯希和认为没有法国人会舍得巴黎的学术条件而去犹如乡下一般的哈佛,而来自俄国的叶理绥也许是合适的人选"。[②] 后来叶理绥接受了美方的邀请,成为哈佛燕京学社首任社长(1934—1956),同时担任首任哈佛远东语言系(现东亚语言与文明系)系主任(1936—1956),但在任职期间他始终坚持法国汉学传统,退休后又回到了巴黎。[③]

20世纪30年代以前,在美国而具有国际影响的汉学家是三个德国人:"一为哥伦比亚教授夏德,二为加利福尼亚教授阜克(佛尔克),三即洛佛尔

① 《法国汉学家伯希和莅平》,《北平晨报》1933年1月15日。

② John K.Fairbank, *Chinabound*: *A Fifty-Year Memoir*(New York: Harper & Row, 1982), p.97.

③ 为了纪念这位首任社长、《哈佛亚洲学报》(1936年创刊)创始人和首位哈佛远东语言系主任,1957年《哈佛亚洲学报》第20卷第1、2期合刊被敬献给他。哈佛燕京学社第二任社长赖肖尔(Edwin O.Reischauer)特别撰写长文介绍叶理绥的生平和学术贡献,详见Edwin O.Reischauer, "Serge Elisséeff", *Harvard Journal of Asiatic Studies*, Vol.20, No.1/2(Jun., 1957), pp.1-35。

(劳费尔)氏也。此三人者皆条顿种,生于德国,学成于德国。"①

夏德(Friedrich Hirth,1845—1927)于1870—1897年在中国海关任职,1902年赴美国哥伦比亚大学,担任该校首任中国语言文学教授,1917年返回德国。夏德在哥伦比亚大学的讲稿经整理后出版,这就是《中国古代史》(*The Ancient History of China to the End of the Chou Dynasty*,1908),该书详细论述了从盘古开天辟地到秦始皇统一中国的历史,成为传诵一时的名著。②

佛尔克(Alfred Forke,1867—1944)于1890—1903年任德国驻华领事馆中文翻译,1903年任柏林东方语言学院教授,1913年赴美任伯克利加州大学汉学教授,在美国工作10年后于1923年转赴汉堡大学任职。佛尔克主要从事中国古代哲学研究,代表作是三卷本《中国哲学史》(*Geschichte der alten chinesischen Philosophie*,1927;*Geschichte der mittelalterlichen chinesischen Philosophie*,1934;*Geschichte der neueren chinesischen Philosophie*,1938),分别叙述先秦哲学、汉代到宋代哲学、明清至20世纪哲学。全书介绍了150多位中国哲学家,主要取材于中文原始资料,包含大量的译文和注释,出版后被公认为西方中国哲学研究的奠基之作。③

劳费尔(Berthold Laufer,1874—1934)于1897年获得莱比锡大学博士学位,精通中文、波斯文、梵文等多种语言。1898年他移居美国,20世纪初曾多次参加考察队到中国访问。他从1910年起直到去世一直在芝加哥自然历史博物馆工作,任该馆人类学部主任。劳费尔著作等身,代表作《汉代之陶器》(*Chinese Pottery of the Han Dynasty*,1909)、《中国古玉考》(*Jade:A Study in Chinese Archaeology and Religion*,1911)、《中国伊朗编》(*Sino-Iranica*,1919)等享誉国际学界。④

如果在这段时期一定要找出一位来自美国本土而有国际影响的汉学家,那只能是贾德(Thomas Francis Carter,1882—1925)了。贾德于1904年毕业于普林斯顿大学,获得学士学位,1910年从纽约协和神学院毕业后成为神职人员,1911年前往中国,在安徽宿州从事教育和宗教活动前后共12年(1911—1922)。1922年贾德前往欧洲访学并搜集研究资料,1923年他受哥

---

① 贺昌群:《悼洛佛尔氏》,《图书季刊》第2卷第1期(1935),第46页。

② 夏德生平著述详见 Eduard Erkes,"Friedrich Hirth",*Artibus Asiae*,Vol.2,No.3(1927),pp.218-221。

③ 佛尔克生平著述详见 Eduard Erkes,"Alfred Forke",*Artibus Asiae*,Vol.9,No.1/3(1946),pp.148-149。

④ 劳费尔生平著述详见 Herrlee G. Creel,"Berthold Laufer:1874-1934",*Monumenta Serica*,Vol.1,No.2(1935),pp.487-496;Arthur W. Hummel,"Berthold Laufer:1874-1934",*American Anthropologist*,New Series,Vol.38,No.1(Jan.-Mar.,1936),pp.101-111。

伦比亚大学之邀担任该校汉学教授和中文系主任。1925 年 6 月，贾德在哥伦比亚大学的博士论文出版，题为《中国印刷术的发明及其西传》(*The Invention of Printing in China and Its Spread Westward*)，该书问世后，立刻受到西方汉学界的高度评价，[①]但此时贾德已身患癌症，很快于同年 8 月去世，他的英年早逝让同行扼腕叹息，伯希和专门在《通报》上写了讣文。[②] 1931 年上海商务印书馆出版了贾德著作的中译本(题为《中国印刷术源流史》，刘麟生译)，这是民国时期最早被译成中文的美国汉学著作之一，受到中国学界的广泛关注。贾德在哥伦比亚大学工作的时间虽然不长，却培养了一批学生，下文将要论述的孙念礼、富路特、韦慕庭等留学生是其中的佼佼者。

可以说，正是由于这批来自美国本土的留学生的出现，西方汉学的整体格局开始发生变化。钱存训在纪念顾立雅的文章中对这批美国学者有一个很好的总结："在 1930 年以前，美国虽有少数大学开设有关中国的课程，但大都效法欧洲学术传统，聊备一格；而主要教授如果不是来自欧洲，便是曾在中国居留通晓中国语文的传教士。对中国文化作高深研究而有特殊成就的美国学者，实自 30 年代才开始。当时，由于美国学术团体的提倡和基金会的资助，美国学者开始前往中国留学访问，从事专业的学术研究。他们回国后在各大学或学术机构从事教学、研究和著述，并培养第二代和以后的青年汉学家。"[③]他们的努力为二战后美国成为西方汉学大国并取代法国的领导地位奠定了基础。在这批学者中最重要的无疑是费正清，他开创了具有美国特色的中国研究方法——"地区研究"(regional studies)模式，使美国汉学的进展不仅只体现为人员、著作和机构的增加。

## 四

20 世纪 20 年代末，当这批年轻的美国学人来到北京时，中国的政治中心已经移师南京，与十里洋场的上海相比，北京也要土气得多。1931 年结束北京留学的吉川幸次郎回忆道："留学结束前去南方旅行的第一站是南京，

---

① A.C.Moule, "*The Invention of Printing in China and Its Spread Westward* by Thomas Francis Carter", *Journal of the Royal Asiatic Society of Great Britain and Ireland*, No.1 (Jan., 1926), pp.140-148; B. Laufer, "*The Invention of Printing in China and Its Spread Westward* by Thomas Francis Carter", *Journal of the American Oriental Society*, Vol.47 (1927), pp.71-76.

② P.Pelliot, "Thomas Francis Carter", *T' oung Pao*, Second Series, Vol.24, No.2/3 (1925-1926), pp. 303-304.

③ 钱存训：《美国汉学家顾立雅教授》，《文献》1997 年第 3 期，第 243 页。

到处有高大的建筑刚刚建成，让人感到是刚刚得到安定的一个国家的首都。……与此相比，北京是非常寂寥，长时间作为国都，而今失去了它应有的地位。因此当时报纸上有议论，要把北京作为‘文化城’而发展。北京急剧不景气的结果之一，就是1929年秋人力车夫闹事，在长安街上阻截汽车。”①尽管北京的政治地位下降，经济不景气，但对于想要研究中国文化和学术的留学生们来说，北京却是首选。这里不仅有丰厚的文化遗产，更是首屈一指的文化和学术中心。这里集中了北大、清华、师大、燕京、辅仁等多所高等学府，中央研究院历史语言研究所也曾一度在北海静心斋办公，更有一大批一流学者在这里工作，如陈垣、陈寅恪、胡适、金岳霖、冯友兰、顾颉刚、汤用彤、杨树达、钱穆、梁思成等。北京图书馆、各大学图书馆以及琉璃厂、隆福寺等处的各类旧书肆也提供了其他地方难以企及的学术资源。20世纪30年代在燕大、北大等校教书的钱穆回忆说：“北平如一书海，游其中，诚亦人生一乐事。至少自明清以来，游此书海者，已不知若干人。”②与钱穆同为江苏人的顾颉刚在说明自己为什么一定要在北京时说：“只因北京的学问空气较为浓厚，旧书和古物荟萃于此，要研究中国历史上的问题这确是最适宜的居住地；并且各方面的专家惟有在北京还能找到，要质疑请益也是方便。”③

正因为如此，民国时期的北京吸引了一批海外的留学生。20世纪30—40年代，居住在北京的德国年轻汉学家有艾锷风（Gustav Ecke，1896—1971）、福华德（Walter Fuchs，1902—1979）、谢礼士（Ernst Schierlitz，1902—1940）、卫德明（Hellmut Wilhelm，1905—1990）、傅吾康（Wolfgang Franke，1912—2007）等。④ 正是在他们的积极参与下，著名的汉学刊物《华裔学志》（*Monumenta Serica*）得以于1935年在北京创办，并连续出版至1948年。⑤ 在创办这一刊物中发挥重要作用的鲍润生（Francis X.Biallas，1878—1936）神甫这样描述当时的情形：“现在的北京作为中国古老文明的中心，也正在成为科学运动的焦点。在这里，中国和欧洲学者通过合作从而在东亚研究方面

① 吉川幸次郎：《我的留学记》，钱婉约译，中华书局2008年版，第86—87页。

② 钱穆：《八十忆双亲·师友杂忆》，生活·读书·新知三联书店2005年版，第181页。

③ 顾颉刚：《自序》，《古史辨》第一册，北平朴社1926年版，第56页。

④ 关于民国时期德国汉学家在中国的活动，详见李雪涛编《民国时期的德国汉学：文献与研究》，外语教学与研究出版社2013年版。

⑤ 1948年第13期出版后，由于时局动荡《华裔学志》暂时停刊，《华裔学志》北京时期的历史就此结束。此后编辑部几经迁移，从日本东京、名古屋到美国洛杉矶。1972年落户德国波恩附近的圣·奥古斯丁（Sankt Augustin）直至今日。

做出最优秀的成果成为了可能。……我们决定停办《辅仁英文学志》而创办一个研究远东人民和文化的国际性杂志,并在北京进行编辑。”①《华裔学志》的出版进一步增进了北京学术的国际化程度。

法国留学生在北京的活动则更为活跃,特别是随着1941年9月北京中法汉学研究所的建立,一批年轻的法国学者为躲避二战来到北京进修和从事研究,其中韩百诗(Louis Hambis,1906—1978)、康德谟(Maxime Kaltenmark,1910—2002)、石泰安(Rolf A.Stein,1911—1999)、李嘉乐(Alexis Rygaloff,1922—　)等回国后均成为各自领域的领军人物。著名汉学家戴密微(Paul Demiéville,1894—1979)在论述法国汉学发展史的文章中明确指出:“法国新一代的多名汉学家都曾在北京汉学研究所受到了培养。”②

民国时期来自日本的留学生就更多了,一位学者这样描述当时的状况:“1927年以前,北京是政治文化中心,各类留华学生汇聚于此。仅位于东城东四牌楼演乐胡同三十九号延英舍住宿的就达二十人之多。北伐以后,国民政府定都南京,与政治军事关系密切的外务省和陆军留学生纷纷转移,延英舍住宿者下降到不足十人。但为学问而来的留学生人数反而有所增长,当时在北京东有延英舍的吉川幸次郎、水野清一、江上波夫、三上次男;北有六条胡同本愿寺的塚本善隆、大渊慧真;南有船板胡同日本旅馆一二三馆的加藤常贤、玉井是博、楠本正继,绒线胡同盛昱故宅的奥村伊九良;西有寄居孙人和家的仓石武四郎,所以吉川幸次郎戏称这是留中史的鼎盛时期。其实此后来华者更多……这时东单牌楼附近有所谓‘日本人村’,留学生还组织了大兴学会。”③当时执教清华的著名学者杨树达曾在日记中(1929年7月6日)这样描述来访的北大旁听生仓石武四郎:“此君头脑明晰,又极好

① 转引自张建华《〈华裔学志〉的创办及其对中西文化交流的影响》,《北方论丛》2004年第4期,第80页。

② 戴密微:《法国汉学研究史》,载戴仁主编《法国当代中国学》,耿昇译,中国社会科学出版社1998年版,第44页。关于北京中法汉学研究所的详细情况,参见葛夫平《中法教育合作事业研究(1912—1949)》一书(上海书店出版社2011年版)第六章。

③ 桑兵:《国学与汉学——近代中外学界交往录》,中国人民大学出版社2010年版,第234页。另外吉川幸次郎本人这样回忆:“我在的三年时间(按:即1928—1931)……与我一起住在延英舍的,有考古学的水野清一君,东京大学东洋史的三上次男君,此外,还有最近去世的东大考古的驹井和爱君,此外,还有也已成为故人的九州大学的楠本正继,当时在韩国京城大学工作的加藤常贤、玉井是博,住在日本旅馆里;有佛教学的塚本善隆、道教研究的大渊慧真,住在本愿寺的别院里。大学院的研究生和文部省的留学生,加起来约有十来人。但并非全在北京大学作旁听生,在北京大学的旁听生只有仓石君(按:即仓石武四郎)、水野君和我。”此外当时在北京的还有中江丑吉(中江兆民的儿子)等人。详见吉川幸次郎《我的留学记》,第65页。

学，可畏也。”①其他日本留学生的情况可以推想而知。

对于这批美国留学生来说，北京的时光是他们一生难忘的美好经历。当时美元与银元的兑换率是 1∶5，留学生们在大部分情况下可以住宽敞的房子，并至少有一名仆人。他们苦读的夜晚也不缺少红袖添香，而在白天，太太们则或者料理家务，或者干点零活（如教授英语）以补贴家用。来中国前还没有女朋友的卜德在北京找到了自己的幸福，新娘来自俄国，1935 年结婚后一直支持丈夫的学术事业，后来还帮助丈夫撰写了《托尔斯泰与中国》（*Tolstoy and China*）一书（1950 年由普林斯顿大学出版社出版）。毕乃德在北京进修期间结识了任教于燕京大学家政系的宓乐施（Camilla Mills，1899—1982），两人于 1931 年喜结连理。费正清也是在北京完婚的，新娘是他在哈佛读本科时的校友，两人于 1932 年 6 月底在西总布胡同二十一号的院子里举行了简朴的婚礼。新娘的父亲是哈佛大学鼎鼎大名的生理学教授，1935 年曾应协和医学院的邀请来华讲学，同时当然也公私兼顾地看望自己的女儿与女婿。

除了家人的陪伴，留学生们还有定期和不定期的朋友聚会。1934 年毕士博（Carl Whiting Bishop，1881—1942）任华盛顿弗利尔艺术馆（Freer Gallery of Art）驻北京代表时，曾组织每月一次的聚会，大家在轻松的气氛中讨论一些共同关心的学术问题。美国驻华公使詹森（Nelson Johnson，1929—1935 在任）也时不时地请年轻学者们打打牙祭，以示作为在华最高官员的关心。

让留学生们更为兴奋的是，他们可以在汉语还不熟练的情况下和中国学者用英语进行交流，并向他们请教。民国建立前后留学欧美的一批中国学人在 20 世纪 30 年代已经成为学界的领袖，占据着北京各大高校的要津。洪业曾给来燕京大学进修的饶大卫以悉心的指导；蒋廷黻曾就如何使用《筹办夷务始末》等晚清档案给予费正清很大的提示，并帮助他发表了最初的几篇论文；卜德则在冯友兰的指导下翻译了冯著《中国哲学史》，奠定了一生的学术基础。如果说故宫、天坛、长城代表了中国的古老文明，那么这批从欧美留学回国的年轻教授则给北京带来了一种前所未有的生气和活力。这种新与旧、现代与传统的交织让北京充满了魅力，美国学生们不约而同地用“黄金时代”来称呼他们留学的那段时光。

1932 年刚到北京的费正清在一封家信中这样描写他和中国学者的第一

① 杨树达：《积微翁回忆录》，北京大学出版社 2007 年版，第 29 页。

次接触:"我感到惊讶的是一位现代的伏尔泰——胡适坐在我身旁,敬我笋片和鸭肫肝,别的人也对我异常亲密。我全然不明白之所以如此的道理,但是我一点也没有不快之感,喝着中国人待客常见的白酒,我感到胸怀开朗,什么事都对他们说了……这要花多大的功夫才能当之无愧地享有这份荣耀呢?"①这种受宠若惊的感觉除学识的差距外,也有地位的差距,当时的费正清还处于前途未卜的状况,无论如何也不会想到自己日后会成为美国乃至世界的中国学"教父"。实际上,当时他和他的留学生同学最担心的是毕业后能否找到一份工作,能否把他们在北京学到的东西派上用场。有一次在和詹森公使吃饭时,卜德情不自禁地问了这一方面的问题,公使半开玩笑地回答道:"完全没有可能,孩子们,你们只能去揩富人的油,而且最好是去洛杉矶。"时隔 30 多年,这句话仍然让卜德记忆犹新,1967 年 5 月 24 日在费正清 60 大寿那天,他在贺信中旧事重提,不胜感慨。② 确实,20 世纪 30 年代无论是汉语教学还是中国研究,在美国大学中都处于极其边缘的地位。眼前北京的留学生活虽然美好,但日后的工作前景却很黯淡。

好在历史的发展出现了重大的转机。随着太平洋战争的爆发,美国在华的利益越来越受到关注,在美国政府、学术团体和基金会的支持下,中国研究以前所未有的势头得到迅速的发展。在这样的有利形势下,最早的这批留学生很快找到了用武之地,他们在回国后分别执教于哈佛大学、康奈尔大学、哥伦比亚大学等著名学府,成为美国战后中国研究的中流砥柱。

## 五

本书的主要研究对象是民国后期在北京的美国留学生,他们在北京期间写作、翻译和出版的著作无疑是研究的重点。这些著作均具有开创美国汉学某个学科或分支的重要意义,如孙念礼的《班昭传》(*Pan Chao, Foremost Woman Scholar of China*, 1932)是最早的汉代研究专著,顾立雅的《中国之诞生》(*The Birth of China*, 1936)则是西方第一部利用甲骨文和金文对商周史进行综合研究的著作。

目前学界研究的焦点是二战后特别是当代的美国汉学,对二战前的情况则关注较少。有关民国时期第一批美国留学生的研究还几乎是空白,本

① J.K.Fairbank, *Chinabound*, p.46.

② Paul A.Cohen & Merle Goldman, eds., *Fairbank Remembered*(Harvard University Press, 1992), p.11.

书以此为研究对象，目的就是为了追本溯源，回到美国专业汉学的起点，也回到这些日后的中国研究专家自身的学术起点。本书的研究可以从源头上厘清美国汉学，这是本书的意义之一。

在这批美国学者中，国内外研究比较多的是费正清，他所开创的“地区研究”方法和“冲击—回应(impact-response)”模式是被讨论的热点，但这些都是他二战后作为哈佛大学教授的活动。他作为一名年轻研究生在北京的活动则很少有人关注。至于其他学者无论是二战前还是二战后的活动，学术界的研究则更少。① 而把他们作为一个团体，系统考察他们在北京的学术活动、思想状况以及对二战后美国汉学的深远影响，这在国内外都是首次。

由于这批美国留学生中有不少人是由哈佛燕京学社派来的，所以有关哈佛燕京学社和燕京大学的中英文论著中会提到这些人的名字，但无论是30多年前出版的《燕京大学与中西关系》(*Yenching University and Sino-Western Relations*,1916-1952,Harvard University Press,1976)还是新近问世的《燕京大学,1919—1952》(浙江人民出版社2013年版)都没有对这批学者的活动给予详细的论述。对本书最具参考价值的是李孝迁的《北京华文学校述论》(载《北美中国学的历史与现状》,上海辞书出版社2013年版)一文，华文学校是民国时期由传教士创办的一家著名的语言培训机构，这批美国留学生的大半曾在这里学过汉语。

本书的另外一个重要内容是研究这批留学生和中国学者的交往。近代以来随着国外汉学家对中国研究的深入和国内学者外语程度的提升，中外学者的交流日益频繁，层次也日益提高。伯希和说：“研究中国古代之文化，而能实地接触当今代表中国之人，此种幸运，绝非倾慕埃及或希腊者所可希冀。知有此幸运而能亲来享受者，以沙畹为第一人。”②在沙畹之后，他的弟子伯希和、马伯乐、葛兰言、高本汉等均十分重视与中国学人的交流，特别是伯希和和高本汉，更将这种交流和对话推上了一个前所未有的高度。在东亚，日本学者与中国学者的交流同样达到了很高的水准。中国一流学者罗振玉、王国维、梁启超等与日本汉学家的交往早已成为国际学界的佳话。

作为汉学界的后起之秀，这批美国留学生也十分重视结交中国学者并

① 比较集中的研究是近年的三篇硕士论文：蔡慧清《德克·卜德研究三题》(华东师范大学2005年版)；李艳《论美国汉学家顾立雅对中国古代思想文化的研究》(华东师范大学2007年版)；吴成领《恒慕义的中国学研究》,(华东师范大学2008年版)。

② 《法国汉学家伯希和莅平》,《北平晨报》1933年1月15日。

向他们请教。除前文提到的洪业、冯友兰、蒋廷黻等人外，没有留学背景的陈垣、顾颉刚等也曾给予这批留学生多方面的学术指导和提携。可以说，美国专业汉学的起源不仅是美国学术自身发展的结果，也是中美学术交流的结果。本书的研究可以从汉学的角度揭示民国时期以北京为中心的中美学术交流，这是本书的意义之二。

关于近代以来中外学者的交往和互动，国内学者已有一些研究成果，特别是桑兵的《国学与汉学——近代中外学界交往录》（浙江人民出版社 1999 年初版、中国人民大学出版社 2010 年再版）一书，无论是材料还是方法，都很具有启发性。桑书中对民国时期的中美学术交流有所论及（特别是第二章《欧美汉学界与中国学者》和第五章《胡适与国际汉学界》），但比较简略，英文原始文献的运用也比较少。本书将在资料允许的范围内全面梳理这批留学生与中国学界（特别是北京学界）的交往。

总之，本书希望通过研究这批美国留学生的活动，加深学界对于美国汉学史、北京文化史以及中美关系史的认识。

# 第一章　费正清

费正清(John King Fairbank,1907—1991)是20世纪美国最具影响力的中国学家。他1907年5月24日出生于南达科他州的休伦(Huron),1911年随全家迁往南达科他州的苏费尔斯(Sioux Falls)。1923年他进入新罕布什尔州菲力普斯·埃克塞特学校(Phillips Exeter Academy)学习,1925年入威斯康星大学学习,两年后转入哈佛大学学习,并于1929年毕业。1929年秋费正清前往牛津大学巴利奥尔学院(Balliol College)攻读博士学位,从此开始了对中国的研究。在著名的中外关系史学者马士(Hosea B. Morse,1855—1934)的指导下,费正清把中国海关问题定为博士论文的题目,从而确立了从外交史和制度史入手,以近代中国为课题的研究方向。1936年费正清以《中国海关的起源:1850—1858》(The Origin of the Chinese Maritime Customs Service,1850-1858)一文获得牛津大学博士学位,回到美国后开始在哈佛大学执教。1937年春,费正清首次开设了“1793年以来的远东史”课程,第二年又开设了晚清文献资料研讨班,从此中国近代史正式进入哈佛大学的课程体系。太平洋战争爆发前四个月,费正清被征召到情报协调局(战略情报局前身)远东部工作,1942年9月至1943年12月他在中国担任战略情报局官员并兼任美国驻华大使特别助理,1943年年底回国后调往陆军情报局远东部工作。1945年9月费正清再度来华,担任美国新闻署驻华分署主任,直至1946年7月。1946年8月费正清重返哈佛,担任地区研究(中国)项目的第一任主持人。1952年他受到麦卡锡运动的冲击,曾到参议院国内安全委员会做陈述。1955年,费正清获得哈佛大学的支持以及福特基金会、卡内基基金会的资助,创建了哈佛大学东亚中心(1961年更名为东亚研究中心),并担任主任,直至1973年。在他退休的1977年,哈佛大学决定将“东亚研究中心”更名为“费正清东亚研究中心”,以纪念他在推动全美和全世界的东亚研究上所做出的巨大贡献。① 在哈佛执教的40年中,费正清培养了几千名学生,包括100多名在他的指导下取得博士学位的学生,著名的如史华慈(Benjamin I.Schwartz,1916—1999)、芮玛丽(Mary Clabaugh Wright,1917—1970)、列文森(Joseph R.Levenson,1920—1969)等,他们毕业后占据了美国各大名校的讲坛,有时同一个地方就有好几位。有人评价说,费正清所创立的学派

① 2007年,考虑到哈佛大学已先后建立了专门的日本研究中心和韩国研究中心,“费正清东亚研究中心”更名为“费正清中国研究中心”,以凸显其中国研究的最大特色。关于费正清中心的发展史,参见薛龙《哈佛大学费正清中心50年史(1955—2005)》,路克利译,新星出版社2012年版。

只有法国的年鉴学派才能与之相比。费正清于1958年当选为美国亚洲学会主席,1968年当选为美国历史学会主席。美国历史学会自1968年起设立"费正清奖",奖励东亚史研究方面的优秀著作,每年授奖一次。①

费正清是一位十分勤奋的优秀学者,他一生笔耕不辍,独著、合著、编辑、合编的作品多达60余部,此外还有大量的论文及书评,确实是著作等身。他的论著大致可分为四类。第一类是严格意义上的学术著作,他根据博士论文改写的专著《1842—1854中国沿海的贸易与外交》(*Trade and Diplomacy on the China Coast*:*The Opening of the Treaty Ports*,*1842-1854*,Harvard University Press,1953)是这一类著作的代表。第二类是为学生和从事东亚研究的学者编写的关于中国研究的目录提要和文献介绍,他与刘广京合编的《近代中国:1898—1937年中国著述指南》(*Modern China*:*A Bibliography Guide to Chinese Works*,*1898-1937*,Harvard University Press,1950)是这一类著作的代表。第三类是为教育广大公众而写的关于中国及其中美关系的著作,其中最广为人知的当属《美国与中国》(*The United States and China*,Harvard University Press,1948)。第四类是直接论述中美关系、提出政策建议的文章。这些文章在发表以后多被汇集成册,如《人民中国和美国》(*China*:*The People's Middle Kingdom and the U.S.A.*,Harvard University Press,1967)、《认识中国:中美关系中的形象与政策》(*China Perceived*:*Images and Policies in Chinese-American Relations*,New York:Knopf,1974)等。另外,费正清还参与主编了影响巨大的《剑桥中国史》(*The Cambridge History of China*,Cambridge University Press,1978-2009)。②

费正清作为学术领导人则更为成功。在二战后的30多年中,他以哈佛为基地,将自己开创的"地区研究"模式推广到全美,以至全世界。1991年9月14日费正清去世后,曾经听过他课程并和他共事多年的余英时给予了这样的盖棺论定:"半个世纪以来,他一直是美国的中国研究的一个重要的原动力;哈佛大学历史系正式把中国近代史包括在课程之内是从他开始的。

① 关于费正清的生平参见 Marius B.Jansen,"Obituary:John King Fairbank(1907-1991)",*The Journal of Asian Studies*,Vol.51,No.1(Feb.,1992),pp.237-242;Paul A.Cohen & Merle Goldman,eds.,*Fairbank Remembered*(Harvard University Press,1992)。

② 关于费正清的学术成就详见陶文钊《费正清与美国的中国学》,《历史研究》1999年第1期;Paul M.Evans,*John Fairbank and the American Understanding of Modern China*(New York:Basil Blackwell,1988)。

他的逝世象征着这一学术领域的一个时代的落幕。”①

费正清曾于1932—1935年在北京留学，一方面进修汉语，一方面进行博士论文的写作，并与中国学者广泛交往。三年半的留学生活是费正清一生中极为重要的一段时期。

## 第一节 汉语学习

### 一

费正清日后被誉为美国汉学之父。要研究汉学，首先要学汉语，汉学之父更得首先通过这个跳不过去的阶段。

1929年费正清从哈佛大学毕业后，作为罗德斯奖学金(Rhodes Scholarship)②的获得者于同年秋赴牛津大学攻读博士学位。早在1876年，牛津大学就设立了汉学讲座，聘请著名传教士汉学家理雅各为首任教授。但遗憾的是，其时对汉学感兴趣的学生一直很少，汉学课程处于聊备一格、装点门面的状态。1929年秋费正清在巴利奥尔学院注册时，牛津大学仍然没有正规的汉语课程，而且对于博士学位也没有语言必修的规定。

对于选定中国近代外交史作为研究对象的费正清来说，掌握汉语自然是必不可少的，于是巴利奥尔学院特别为他安排了一位指导教师苏慧廉(William E.Soothill，1861—1935)。苏慧廉曾经作为传教士在中国生活多年，汉语熟练，1920年被聘请为牛津大学汉学教授，接替1915年去世的布勒克(Thomas L.Bullock，1845—1915)。③ 1929年费正清抵达牛津时苏慧廉正忙于编写一本中国佛教术语词典，无心帮助费正清学习汉语，只是给了他一本布勒克编写的《汉语书面语渐进练习》(*Progressive Exercises in the Chinese Written Language*)让他自学。

---

① 余英时:《开辟美国研究中国史的新领域:费正清的中国研究》，载傅伟勋、周阳山主编《西方汉学家论中国》，台湾正中书局1993年版，第2页。

② 罗德斯奖学金是根据英国政治家、实业家塞西尔·罗德斯(Cecil J.Rhodes，1853—1902)为增进英语国家间关系的遗愿而于1902年在牛津大学设立的教育基金。

③ 关于苏慧廉生平活动的最新研究，参见沈迦《寻找·苏慧廉》，新星出版社2013年版。

布勒克自1869年起一直服务于英国驻华使馆,1897年退休回国后于第二年被任命为牛津大学汉学教授,接替刚刚去世的首任教授理雅各。布勒克的研究工作不太出色,除几篇文章外,主要的业绩就是编写过一本《汉语书面语渐进练习》。

《汉语书面语渐进练习》出版于1902年,费正清使用的是经过翟理斯修订的1923年第三版。全书分为六个部分:(一)导论;(二)部首;(三)论汉字;(四)练习和注释;(五)按字母顺序的汉字索引;(六)按部首顺序的汉字索引。在第一部分导论中,作者简要介绍了用罗马字拼写汉字的通行方案,即威妥玛(Thomas F.Wade,1818—1895)方案。第二部分简要介绍了汉字的214个部首,并按照笔画顺序列出了每个部首的发音和意思,如"201 黄,huang,yellow"。① 第三部分简要介绍了汉字的构成方法。第五、六部分是对本书中出现的汉字所做的索引。

该书的重点在第四部分,这里列出了83篇练习,每篇练习都是先给出词汇——汉字、读音、英译;然后是若干段文字,每段文字给出英译,并对其中关键的字词进行解释。从例句的选择来看,前一半的练习主要选自《道德经》《论语》《荀子》等古代哲学家的言论,后一半则是海关、司法等方面的常用语。如练习八在给出词汇表后,选择的第一个例句是"知者不言,言者不知也",英文翻译是:"Those who know do not speak, those who speak do not know."随后作者又在注释中对"者"的各种用法做了一番说明。②

不难看出,这本教材的目的是通过各类例句练习来帮助学生掌握汉语书面语。费正清后来在谈到这本书时说:"它是一本内容充实的自学手册,使初学者通晓简单的古典文学语句,附加逐词或逐字的英语译文。……布勒克没有谈四声,只解释部首,并且列举了214个部首。我仅仅凭借它们的形状和结构开始熟记部首和其他汉字。"③为了记忆汉字,费正清将它们抄写在小卡片上,正面写汉字,反面写英文,不断进行练习。

这种方法只能让费正清学会阅读汉语,而听和说的能力则无从练习。为了进一步掌握汉语,从而为自己的研究做好准备,费正清决定前往中国。1931年春,他说服苏慧廉为他进行了一次汉语能力测验,并请老师就他的成

---

① Thomas L.Bullock, *Progressive Exercises in the Chinese Written Language* (Shanghai: Kelley & Walsh, 1923), p.12.

② Thomas L.Bullock, *Progressive Exercises in the Chinese Written Language*, p.40.

③ John K.Fairbank, *Chinabound*, pp.22-23.

绩和他的真诚努力出具一份书面证明。利用这一证明费正清向罗德斯奖学金委员会申请前往北京进修。他的申请很快获得了批准。1932 年 2 月费正清抵达上海,稍后到了北京。

费正清抵达北京后进入了华文学校学习。该校 1913 年建立,本来主要是为来华的英美传教士提供语言培训,后来招生范围扩大,也招收外交和商业人员。到 20 世纪 30 年代,这所学校由于优良的教学方法和生活条件早已名声在外,成为年轻学者们的不二选择。

费正清在这所学校前后学习了两年,主要是提高口语能力。他后来回忆说:“开始上口语课时,我发觉‘直接法’与布勒克的方法不一样,它是以北京话的四声开始的,四声以数字来标示。我们朗读 ma1,ma2,ma3,ma4,像小学生上课似的。”①关于“直接法”(direct method),曾在这所学校半工半读过两年的韦慕庭是最有发言权的,他回忆道:“我们用直接法学习汉语。在开始的几个星期,我们听不到一句英语,所有的人坐在一间教室里听老师慢慢地说汉语,他一边说,一边会指着脸上和身体上的器官——鼻子、眼睛、嘴巴、胳膊,或者会介绍人称代词——我、他、他们的用法,或者用动作来演示动词的意思。课后我们有个别的辅导,在一个小房间里,一个老师对一个学生,帮助我们复习已经学过的东西。这些辅导老师一般年纪较大,而且不会说一句英语。对于我这样此前没有学过口语和汉字的人来说,我从这一说话练习中获益良多。说话对我们来说最难的是记住——不,是内化——每一个多音节字和词组的发音的声调。”②

至于这所学校的生活条件,只要提两点就足以说明,一是该校位于东四的主楼是一幢三层的建筑,它在周围平房的包围中显得鹤立鸡群;二是该校有个网球场,这在当时的北京颇不可多得。韦慕庭与费正清正是在网球场上开始了他们的友谊。对于这所学校的外观,费正清有这样的第一印象:“华文学校是一片棕色砖瓦建筑群,楼宇之间是大片的草坪,整体感觉就像是用直升飞机从加州空运到北京一样。”③费正清刚到北京时就住在华文学校,直到 1932 年 6 月底才搬到西总布胡同二十一号。

在学校学习口语的同时,费正清还在不断提高自己的阅读能力,对于他

---

① John K. Fairbank, *Chinabound*, pp.39-40.

② C. Martin Wilbur, *China in My Life: An Historian's Own History* (Armonk, N.Y.: M.E.Sharpe, 1996), pp.27-28.

③ John K. Fairbank, *Chinabound*, p.38.

的研究来说，阅读能力是更为重要的，在这方面他主要是借助字典——特别是翟理斯的《华英字典》(*A Chinese-English Dictionary*)——进行自学。在牛津大学两年多的时间里，费正清在汉语学习上的最大收获就是培养出了一种自学能力，现在这种能力又一次得以发挥作用。费正清在牛津时制作的卡片也带到了北京，据他在北京的邻居回忆，“不管我们干什么或到什么地方去，费正清总是带着装满汉字卡片的盒子，并且不管将会发生什么事情或谈话的内容是什么，他总是不断地翻阅着自己的卡片，专心致志地学习着”①。

离开华文学校后，费正清继续聘请中国人到家里授课。“授课时间为早上两位老师每人一小时，下午则由另一位老师授课”。关于如何授课和授课内容，费正清在回忆录中没有提供更多的信息。当时在北京的留学生请私人教师辅导的情况比较普遍，吉川幸次郎的经历或许可以提供一个参考：“我在北京开头的一年几乎每天都是埋头于语言学习。方法是由一位叫奚待园的旗人——旧满洲贵族——给我和仓石君两人念《红楼梦》。因为是旗人，他对《红楼梦》中描写的贵族生活非常熟悉。在我们到北京后不久，就开始由他来唐家我们共同的那间屋子，每天念一回《红楼梦》。首先是解释原文，对不懂的地方我们就详细质疑。……这学习对我非常有用。每天从九点或九点半开始，学习三小时到中午，中午以后，另有一先生来，教我们实用会话。也是一位旗人先生。当时，旗人由于清朝的灭亡，十几年间都处于失业状态。留给旗人的工作：不识字的人就当人力车夫，识字的人就给外国来的留学生教北京话。都是上门教书的，这样的人不少。奚先生是这些人中有学问的人。下午的旗人先生，开始是教实用会话，后来是进行‘四书’素读。下午都是上两小时的课。”②

1935年年底费正清离开北京时，他的汉语能力已有了很大的提升。1991年费正清去世后，很多学生、学者写文章回顾费正清一生的丰功伟绩。在赞美肯定的同时，也有不止一人提到，费正清的汉语水平并不如他的研究和活动能力那么突出，特别是口语水平比较一般，他也很少开口讲汉语。这应该和他早年没有受过系统的科班训练有关，另外当然也是因为他把更多功夫花在了学术研究方面。英国人常说，懂英语并不等于就懂莎士比亚。

---

① Paul A.Cohen & Merle Goldman, eds., *Fairbank Remembered*, p.21.

② 吉川幸次郎：《我的留学记》，第55页。

在费正清看来，这句话无疑同样适用于中国的语言和学问。

## 二

在北京接受过华文学校培训的不仅有费正清，还有毕乃德、孙念礼、韦慕庭、富路特等多人，这里应该对这所学校做一个更为详细的介绍。

华文学校最初称为“华北协和华语学校”(North China Union Language School)，1910年由英国伦敦会传教士瑞思义(W.H.Rees，1859—1924)负责筹备，1913年正式建立，地址位于北京东城灯市口大街路南八十五号，1925年搬迁至东四头条五号。这所学校本来主要是为来华的英美传教士提供语言培训，后来招生范围扩大，也招收外交、军事和商业人员。美国驻华外交官范宣德(John C. Vincent，1900—1972)、谢伟思(John S. Service，1909—1999)以及军人史迪威(Joseph W. Stilwell，1883—1946)、包瑞德(David D. Barrett，1892—1977)等都曾在该校学习过。

该校由12家机构共同管理：美部会、美以美会、美国长老会、安立甘会、伦敦会、青年会、女青年会、美国公使馆、华北美国协会、英国商会、英国公使馆、中国医学会。从1916年起长期在这里担任管理工作的是美国人裴德士(W.B.Pettus，1880—1959)——北京基督教青年会干事。据美国学者甘博(Sidney D.Gamble，1890—1968)1921年发表的调查报告称，其时该校“学生人数达到226人，来自26个传教团体，12个商户，5家公使馆”。[①]

1925年夏，华语学校和燕京大学合作办学，校名改为“燕京华文学校”(Yenching School of Chinese Studies)，简称“华文学校”，教学内容除语言培训外，增加了不少中国文化课程。参与这所学校事务并在该校兼课的冯友兰在1926年写过一篇介绍该校的文章，要言不烦，值得全文抄录：

> 燕京华文学校是外国人研究中国语言及文化的机关，至少有一部分在中国的外国人，对于中国之知识，都是从此学校得来。
>
> 这个学校是华北华语学校改组成的。华北华语学校成立于一千九百十年，到现在已经有了很长的历史。截至去年暑假，该校共收过一千六百二十一个学生，其中一千一百四十个是美国人，三百二十三个是英国人，一百五十八个是别的国人；统共是二十四国的人。

---

① Sidney D.Gamble, *Peking: A Social Survey* (New York: George H.Doran, 1921), p.383.

自从去年夏天，华语学校与燕京大学合作，于教授语言的功课以外，又加所谓“高等功课”，讲授中国的哲学、文学、历史、美术、宗教等科目。于是华语学校一进而为外人研究中国文化的学校，于是华北华语学校亦改名为燕京华文学校。

华文学校校址，现在东四牌楼头条胡同，是就怡王府旧址改建的。其中的功课，大约可分为两种：一种是关于语言的，一种是关于文化的。关于语言的功课，大部仍是华语学校功课之旧。这种功课分配为五年的课程：第一年第二年，都是十五学分，第三年八学分，第四年四学分，第五年三学分。学生大部分的工作，都在第一第二两年。学生在第一学期（十一个星期为一学期）须要认三百五十个字，并熟悉其用法及其所构成之话，第二学期，须加认三百字，第三第四学期，又各加认三百字，并熟悉其用法及其所构成之话。此一千余字，学生能看、能听，并能说，但不一定能写。他们所必须会写的字，不一定就在这一千余字之内。此一千余字及其所构成之话，乃一切学生所必须学的，此外又有因学生之职业而设的特别功课。学校因学生之职业不同，将他们分为四类：（一）医生及看护妇，（二）商人，（三）外交界翻译，（四）不属于上三种者。每一学生除学会上述之普通功课外，并须学其职业中所常用之字及语言。此等字乃学生所必须会写的，大约以三四百字为度。上述功课，构成第一学年，及第二学年一部分之课程，大部分学生即学到此而止。以后关于文言、文字学及作文等较深功课，学者较少。

关于文化之研究方面，华文学校现有六部：一中国文学部，二中国历史部，三中国美术部，四中国哲学部，五研究中国学术方法部（讲目录学等），六推广部。此数部之内容，现在是非常简单，每部至多不过一个教授，几个学生。除推广部外，此数部中所设之功课，即上所谓高等功课，其程度，照规程所定，应与大学及研究院之功课相等，不过实际上因为学生的中文程度之差池，并不能到这样高的程度。推广部现在所作的事，是请校外学者，到校作对于中国美术、哲学、历史等之临时讲演，大约每星期一次或二次。①

华文学校还拥有自己的图书馆，《北平图书馆指南》一文对此有比较详

① 冯友兰：《燕京华文学校》，《新教育评论》第2卷第5期（1926年），第16—18页。

细的记录：

华北协和华文学校图书馆，东西牌楼头条胡同五号，电话：东一六三三，阅览时间：上午八时至十二时半，下午一时半至六时。

成立年月：约在民国5年至民国6年之间。

组织：分汉文部及西文部。

职员：主任满薏德（Miss E.C.Boynton），馆员三人。

馆舍：位于本校之东南隅，约占楼下全面积四分之一。西首为主任办公室，再东为储藏室，南至北敞屋为陈列西文书籍及阅览室，室内西北隅暗楼上为汉文部，楼下为西文杂志庋藏室。

藏书统计：一万八千九百八十二册。中文书籍：一万一千七百七十八册。西文书籍：英文七千二百册，德文法文书籍未计。日文书籍：二册。满文书籍：二册。杂志：现在按期到馆者：中文十九种，英法德文共四十七种；已装订成册者：英文一千一百七十册，中文一千七百五十册。报纸：中文三十六册，英文十二册（1908—1919），俱已装订者。地图：中文共十八种，计八册又十一张（登录号数在中文书籍内）。金石拓片：已托裱者一千五百九十张，未托裱者六百五十张，又法帖三十四册。其他：珂罗版印中国名画十七册，手卷六帧，字画屏联等七十九帧，佛经十四册。

特藏：中文善本书及金石考古等书共二十八种二百九十二册（登录号数在中文书籍内），英德法三国文字研究中外美术之书藏有多种，皆系贵重之品，数目未计。

分类：中文书籍采取杜威十进法，并参酌本国各地图书馆中文图书分类法编成一种中法分类法。西文书籍采取杜威分类法。

编目：用卡片。

所采检字方法：中文书籍检字方法按首字笔画多寡及永字八法之先后次序排列；西文书籍按英文字母之先后次序排列。

装订：中文古籍装订仍旧，套用四合式，新书平装者改为洋装，或四合布套。西文书画之洋装者仍旧，平装者改为洋装。

阅览及借书：本校教员学生占十分之七，校外人占十分之三。①

---

① 《北京图书馆协会会刊》1930年第4期，第66—67页。

华文学校建立之初曾有志加大汉学研究,将其建成美国在中国的汉学研究中心。可惜这一工作后来并未能落实。但由于地处北京,又和燕京大学合作;加上拥有自己的图书馆,华文学校还是为有志于汉学研究的学生提供了不错的学术环境。

由于管理和资金等问题,华文学校与燕京大学的合作于 1928 年结束。此后在裴德士校长的努力下,华文学校得到加州各大学和各界人士的支持,成立了"加州华文学校基金会"(The California College in China Foundation),基金会支持华文学校直到 1949 年停办。从 20 世纪 30 年代初开始,华文学校的中文名一仍其旧,英文名则改成 College of Chinese Studies Cooperating with California College in China。

华文学校的外籍教师多为久居中国、精通汉语的传教士或汉学家,如盈亨利(James H. Ingram, 1858—1934)、芳泰瑞(Courtenay H. Fenn, 1866—1953)、卜郎特(J. J. Brandt, 1869—1946)、博晨光(Lucius C. Porter, 1880—1958)、明义士(James M. Menzies, 1885—1957)、王克私(Philippe de Vargas, 1888—1956)、芳亨利(Henry C. Fenn, 1894—1978)、马尔智(Benjamin F. March, 1899—1934)等。中籍教师数量虽多,但流动性大,除少数几位(如冯友兰)外,其余生平皆不详。[①] 关于在华文学校的工作,冯友兰晚年有这样的回忆:"在 20 年代,有些外国人想了一个集体学习的办法,他们搞了一个组织,叫'华语学校'……后来有些外国人想要多学一点中国文化,提出了比较高的要求。华语学校计划加一点关于中国文化的课程。博晨光说请我到华语学校帮一点忙,开一门课,并且替他们组织一套关于中国文化的讲演。这些讲演,并不由我讲,我只管组织人去讲。我在华语学校,开了一门课,讲《庄子》,每星期讲一次。商务印书馆出版的我的英译本《庄子》(没有全译),就是那门课用的读本。那一套关于中国文化的讲演,每星期举行一次,我替他们组织了一些人,其中有梁启超、王国维,还有黄侃、顾颉刚等。我在华语学校只做了一年,以后燕京大学搬到西郊,我也不再到华语学校去了。"[②]冯友兰提到的《庄子》节译本是 1931 年由商务印书馆出版的。

另外冯友兰提到的学术讲演也是华文学校的一大特色,这类讲演大大有助于活跃学术气氛。《燕大周刊》上刊登过一则相关通知:

---

① 关于中外教职员的情况,详见李孝迁《北京华文学校述论》,载朱政惠、崔丕主编《北美中国学的历史与现状》,上海辞书出版社 2013 年版,第 388—398 页。

② 冯友兰:《三松堂自序》,生活 · 读书 · 新知三联书店 1984 年版,第 65—66 页。

本校附设之燕京华文学校，最近于每星期四日下午五时三刻在该校大礼堂，请有中国名人演讲，兹将其人名讲题列下，望我同学多往参加。

二月二十五日　林语堂：言语与文化
三月四日　周作人：文学
三月十一日　徐志摩：诗
三月十八日　赵元任：音乐
三月二十五日　梁漱溟：孔教
四月一日　洪　深：戏剧
四月八日　吴稚晖：古代大学教育制度
四月十五日　张君劢：中国历史上之乡间民治
四月二十二日　余绍宋：绘画
四月二十九日　李　济：中国人（依人类学理研究）
五月六日　梁启超：佛教与中国文化①

这些讲演是否都如期举行，现在无法确知。但从人员和讲题来看，均是一时之选，从中不难看出华文学校的学术号召力和影响力。通过以上简要的介绍，我们也不难明白，年轻的美国留学生到北京后为什么都会选择华文学校作为进修汉语的场所。

## 第二节　第一篇论文

### 一

1935年年底，费正清向牛津大学巴利奥尔学院提交了题为《中国海关的起源：1850—1858》的博士论文，并于1936年4月通过答辩获得博士学位。这篇论文的主要部分是在北京完成的，但选题和构思则可以追溯到他刚到牛津时和马士的交往。

---

① 《燕大周刊》第91期（1926年2月27日），第18页。

马士于1874年毕业于哈佛大学，同年与三位同学一起考入中国海关，在上海学习汉语三年后，于1877年出任天津海关帮办，翌年调入北京总税务司任职，1887年任上海副税务司，嗣后又在北海、淡水、龙州、汉口、广州等多处海关任职。1903—1907年马士任总税务司的统计秘书。1909年退休后马士择居伦敦郊区的坎伯莱(Camberley)，开始着手研究中国海关史。马士在中国海关工作三十多年，又曾经当过总税务司赫德(Robert Hart，1835—1911，1863—1911年担任中国海关总税务司)的助手，对以赫德为核心的海关史进行研究可谓近水楼台，最合适不过了。但赫德的家人却不予以配合，不愿意将赫德的日记(共74册)和一些重要的书信提供给马士作为研究之用。无奈之下，马士只好重新设计自己的思路，把研究对象扩大为自1834年至1911年的中国外交史，其最终成果就是三卷本的《中华帝国对外关系史》(*The International Relations of the Chinese Empire*)，这部巨著自1910—1918年陆续出版，并很快成为国际汉学界标准的中国近代史参考书。① 但尽管如此，马士还是念念不忘自己的初衷，在为《中华帝国对外关系史》第二、三卷所写的前言中，他这样说："在我着手写这部书的时候，我的最初的念头就是想使赫德爵士和他所组织的那个伟大的中国海关成为全书的核心，并且就拿他们作为线索来编写中国的对外关系的历史。……我终于不曾获得赫德的日记，并且有几大扎重要的书信也没有归我利用；因为得不到这项遗漏的资料，所以要写那本曾经由我计划好了的历史性的传记，自然是无法实现的。因此，我就只好极其遗憾地不得不用一部历史来代替一本传记。"②但遗憾也并非无可弥补，在《中华帝国对外关系史》中，马士还是利用自己掌握的材料对晚清海关以及赫德本人做出了不少的论述，如第二卷第一章(《上海税务司》)、第二章(《总税务司》)、第七章(《海关权力的确定》)，在第三卷第十四章(《协定中的海关》)中他对赫德做了这样的评价："赫德爵士是另一种类型的人。自从早期耶稣会教士起，没有一个外国人能像他那样了解中国人的性格；他洞悉中国人的心理状态，并且因深通中国语文，所以能把事情敷陈作那样一种形式，致使西方读者看来似乎瑕疵百出，幼稚可笑，可是却

---

① 马士的另外一本代表作是《东印度公司对华贸易编年史》(*The Chronicles of the East India Company Trading to China*，*1635-1834*，Oxford：The Clarendon Press，1926-1929)。关于马士的生平，参见C.A.V.Bowra，"Hosea Ballou Morse"，*Journal of the Royal Asiatic Society of Great Britain and Ireland*，No.2(Apr.，1934)，pp.425-430。

② 马士：《中华帝国对外关系史》第二卷，张汇文等译，上海书店出版社2006年版，第2—3页。赫德的日记直到1971年由其长孙捐献给北爱尔兰贝尔法斯特女皇大学才大白于天下。

颇投精细有余而胸襟开阔不足的那些中国知识分子所好；虽然在财政经济方面能力不强，可是在组织和指导别人的工作上，他是一个奇才；但是他的最优异的品质则是他的谨慎。”①由此可见，赫德在晚清错综复杂的各种权力关系中能够长期控制海关并发挥自己的影响力，是自有他的一套官场经验的。

1929年秋天，费正清在横渡大西洋前往英国的轮船上，仔细阅读了马士的《中华帝国对外关系史》，特别是其中关于鸦片战争的章节。到达牛津大学后，费正清很快通过苏慧廉的介绍前去拜访住在伦敦郊区的马士。深居简出、专心著述的马士对于这位来访者表现出了很高的热情，一来这个年轻人与自己有着同样的研究兴趣，二来两人又都是哈佛大学的校友。初次见面，兴奋不已的马士就滔滔不绝地向费正清讲了一大通有关海关和晚清政府的情况，并承诺以后会给费正清的研究提供一切可能的帮助。马士没有子女，他显然已经把费正清当作了自己的某种继承人，而费正清也在马士身上找到了“一位精神上的父亲，或者可以说是精神上的祖父”②。1934年2月马士去世时，费正清正在北京留学，他得知这一不幸消息后，立刻在当地的一份英文报纸上撰写了讣文，纪念这位精神导师。③

在和马士见面后，费正清决定研究中国海关的创建问题，而这个问题与英国的关系最为密切，所以第一步就是要考察英国的立场。按照当时牛津大学的规定，一个学生在撰写博士论文之前，必须首先获得副博士（B.Litt.）学位，为此费正清每天从牛津前往伦敦的英国公共档案馆（Public Record Office）查阅资料。利用各条约口岸英国领事馆的档案，费正清完成了题为《1850—1854年英国对中国海关创建的政策》（British Policy in Relation to the Origin of the Chinese Imperial Customs Service，1850-1854）的论文。1931年春天，费正清正式递交了这篇论文，并获得了通过。如果说这篇论文存在什么问题的话，那就是没有使用任何中文材料。这也是马士的问题。马士的著作体大思精，考证翔实，但他完全依靠外文资料。马士并非不懂中文，他这样做固然有学术上的偏见——认为中文材料不甚可靠，但更主要的还是因为中文材料不易获得。这一状况在20世纪20年代开始转变，特别是随着《筹办夷务始末》等档案的影印出版，越来越多的学者认识到，研究近代中外

---

① 马士：《中华帝国对外关系史》第三卷，第429页。

② John K. Fairbank, *Chinabound*, p.22.

③ John K. Fairbank, “Obituary: Hosea B. Morse”, *Peiping Chronicle*, February 25, 1934.

交往中中方的态度不仅是完全必要的，而且已经是可能的了。

费正清知道自己要想超越马士，就必须在中文方面下功夫。1932 年年初，他再次漂洋过海，来到了上海。上海是中国近代最早建立海关的地方，时间是 1854 年，费正清希望从这个起点开始，一步步地进入赫德的世界。但一个意外人物的出现把费正清挡在了这个世界的门口。这个早已埋伏在半路上的"程咬金"就是魏尔特（Stanley F. Wright，1873—1951）。魏尔特出生于英国，1903 年来华进入海关工作，历任帮办、副税务司、税务司等职务，并长期担任总税务司机要秘书。对于这样一个重要人物，费正清一到上海就拿着马士的介绍信前往拜访。总税务司是辛亥革命予以保留的晚清机构之一，1929 年后从北京移至上海。费正清在魏尔特那里没有得到马士那样的欢迎，他的到来一下子让主人大为警惕。原来魏尔特正在计划写一部海关史，或者说是一部赫德的传记，因为在他看来，中国海关在赫德工作的那段时间，基本上就是赫德的传记。

这样的传记由魏尔特来写自然颇为合适。魏尔特长期供职海关，熟悉业务，接触过海关有史以来的大量材料，而且作为机要秘书还能够看到一般海关人员无缘一见的机密文件。面对这样一个优势明显的对手，费正清立刻决定把自己研究课题的下限划定在 1858 年——赫德是 1859 年才入海关的，这样绝对不会和魏尔特冲突；并且他明确地告诉魏尔特，他将把以后四年的留学时间主要用来学习汉语和阅读中文文献，并把自己的工作重心放在北京而不是上海。

魏尔特长达 900 多页的《赫德与中国海关》（*Hart and the Chinese Customs*）一书于 1950 年问世，三年后，费正清的博士论文《中国沿海的贸易与外交》（*Trade and Diplomacy on the China Coast*）也出版了，该书是在他 1935 年提交给牛津大学的博士论文的基础上修改和扩写而成的，那篇论文讨论了 1850—1858 年中国海关的起源问题，而 1953 年的论著则不仅把论题扩大了，而且时间也调整为 1842—1854 年，离赫德掌管海关的时间更远了。

从博士论文的参考书目我们知道费正清在北京期间阅读的中文文献至少有如下这些：《钦定大清会典事例》《清史稿》《清史列传》《筹办夷务始末》《爵秩全函》《皇朝掌故汇编》《皇朝经世文编》《皇朝经济文编》《皇朝续文献通考》《皇朝道咸同光奏议》《三十三种清代传记综合引得》《文宗显皇帝圣训》《史料旬刊》《史料丛刊初编》《大清缙绅全书》《大清律例增修统纂集成》《东华续录》《文献丛编》《燕京大学图书馆目录初编类书之部》《福建驻防

志》《重纂福建通志》《厦门志》《广州府志》《宁波府志》《同治上海县志》《松江府志》《粤海关志》。①

费正清除在北京阅读中文文献外，还曾几次到沿海口岸查阅外文资料。他集中写作的时间是 1935 年。在 1936 年 4 月他获得牛津大学博士学位之前，这部论文中的部分章节曾以单篇的形式在北京的英文学术刊物《中国社会及政治学报》(*Chinese Social and Political Science Review*)以及天津的《南开社会经济季刊》(*Nankai Social and Economic Quarterly*)上发表。②

## 二

费正清第一篇正式发表的论文是他的博士论文的一个章节，在北京撰写，并发表在北京的英文学术刊物《中国社会及政治学报》上。

这篇题为《1858 年条约前鸦片贸易的合法化》(The Legalization of the Opium Trade before the Treaties of 1858)的论文围绕这样一个中心问题展开：为什么鸦片输入中国为合法这一条款会被写入 1858 年 11 月 8 日中英签订的《通商章程善后条约》？是由于英国的武力逼迫(这是普遍流传的看法)，还是有其他原因？

中国人对鸦片并不陌生，制造鸦片的罂粟早在唐代的文献中就提到过，但只是用来入药。吸食鸦片的方法则是 17 世纪以来从传入中国的吸食烟草的方法发展来的。一般说来，服用鸦片的其他国家民众都是把鸦片从口吞食到胃里去，唯有中国人是吸食的。外国鸦片流入中国始于 18 世纪初葡萄牙人的贩运，开始时每年只有几百箱，但随着中外贸易特别是中英贸易的扩大，鸦片的进口量越来越大，到 1836 年已经达到一年两万箱之巨。③ 鸦片不仅毒害中国人的身体和精神，而且导致大量白银外流，国内银价上涨，所以清朝皇帝自雍正起就屡申禁令，但只是收效于一时，而无法彻底杜绝，直到 1907 年 12 月，中英两国终于达成《禁烟协定》六条。1911 年 5 月中英又达

① John K. Fairbank, "The Origin of the Chinese Maritime Customs Service, 1850-1858", PhD thesis, University of Oxford, 1936, pp.685-698.

② 具体情况如下：《1853—1854 年上海的临时体制》("The Provisional System at Shanghai in 1853-1854")分上、下篇刊于《中国社会及政治学报》第 18 卷第 4 期(1935 年 1 月)和第 19 卷第 1 期(1935 年 4 月)；《上海税务司的建立》("The Creation of the Foreign Inspectorate of Customs at Shanghai")分上、下篇刊于《中国社会及政治学报》第 19 卷第 4 期(1936 年 1 月)和第 20 卷第 1 期(1936 年 4 月)；《1854—1855 年对外国税务司职位的界定》("The Definition of the Foreign Inspectors' Status, 1854-1855")刊于《南开社会经济季刊》第 9 卷第 1 期(1936 年 4 月)。

③ 参见马士《中华帝国对外关系史》第一卷，第 192—208 页。

成《禁烟条约》十条，同意在中国禁烟确有成效时停止对华鸦片输入。中国由此开始了近代历史上第一次成功的禁烟运动。

费正清的论文共分六个小节：一、19世纪50年代的间歇期；二、英国政府的鸦片政策；三、中国实施禁烟；四、中国对鸦片贸易课税的建议；五、中国地方当局征收烟税的情况；六、一点阐释。在文章的开篇，费正清明确指出："鸦片贸易是19世纪的一件大事，历史学家迟早都应该分析其原因、活动和影响。它同中外关系的各个方面——商业、政治和文化息息相关，因此它的具体情况应该和其他方面一样考订出来，并把两者之间的关系阐述清楚。"① 他写这篇文章正在于利用掌握的资料，揭示事实，引起更多学者对这一问题的关注。在文章的第一小节，费正清指出，19世纪50年代英美商人为了能在条约口岸买到更多的丝绸和茶叶，必须在口岸外销售更多的鸦片，以便筹集必要的资金。"由于中国人不买外国制成品，外国商人购买中国产品最方便的方法，要么像17、18世纪那样使用带来的成船的白银，要么像19世纪初以来日益普遍的做法那样，使用成箱的鸦片。"②这样丝、茶贸易和鸦片贸易就像一个连体婴儿那样不可分离，但问题在于前者是合法的，而后者是非法的——1842年的《南京条约》没有给予鸦片贸易以法律根据。在接下来的两个小节中，费正清考察了1842—1858年中英双方的政策，中国是厉行禁烟，而英方则采取不予支持和保护，实际是放任自流和纵容的政策。但中方的禁止也不是各地都一样，"禁烟在北方较为得力，特别是京畿地区，一直坚持到较后的日子；在南方各省，鸦片输入与日俱增，种植鸦片也已经开始，而镇压措施却越来越少"③。在鸦片泛滥，难以禁止的情况下，中国官员开始陆续建议将鸦片作为合法贸易进行征税。费正清在文章的第四小节对此进行了考察，他指出，第一个建议征收烟税的官员是湖广监察御史汤云松，时间是1851年1月16日，但这位御史的奏疏未见下文。两年后张炜、吴廷溥两位御史上了同样内容的奏折，这次得到了皇帝和军机处的重视，但他们的意见未被采纳，军机大臣在答复中强调补救的办法不是使鸦片合法化，而是更严厉地镇压。但不久太平军占领了南京（1853年3月）并席卷东南几个最富庶

① John K. Fairbank, "The Legalization of the Opium Trade before the Treaties of 1858", *Chinese Social and Political Science Review*, 17(1933-1934), p.215.

② John K. Fairbank, "The Legalization of the Opium Trade before the Treaties of 1858", *Chinese Social and Political Science Review*, 17(1933-1934), p.216.

③ John K. Fairbank, "The Legalization of the Opium Trade before the Treaties of 1858", *Chinese Social and Political Science Review*, 17(1933-1934), pp.225-226.

的省份，造成了清政府的财政危机，于是征收烟税的问题再次提出并在一些地区得到了部分实施。在文章的第五节，费正清以上海、宁波、福州、厦门四个口岸为例，具体说明了1855—1858年征收鸦片烟税的情况。1853年以来尽管北京政府还在强调禁烟，但地方政府为了解决军饷等财政问题已经开始悄悄地向鸦片征税，而福州、厦门则更把征税公开化(1857年)，这些都成为在全国范围内将鸦片贸易合法化的前奏。通过以上分析，费正清在结论部分指出，那种认为1858年英国强迫清政府使鸦片贸易合法化的流行说法是不完全正确的，只说出了一半事实。另一半事实是"中国人希望通过对鸦片贸易全面征税，增加收入"，所以"应该承认鸦片贸易也是中国内政问题产生的结果"。①

费正清这篇文章的重大突破在于使用了中文资料，特别是军机处档案。在费正清之前，马士在《中华帝国对外关系史》一书中也讨论过鸦片贸易问题(第一卷第八章《鸦片问题》、第二十三章《鸦片，1842—1858》)，但马士完全依靠外文材料，没有直接使用中文资料，他所使用的一点中文材料来自《北华捷报》(*North China Herald*)、《中国丛报》(*Chinese Repository*)上英译的清朝文献的片段，所以在讨论中国官方的政策时就显得比较薄弱。费正清的论文一半是讨论1853—1858年中国地方官员如何不执行中央政府的禁烟令而自行征收烟税的史实，这部分内容在马士的书中是完全没有的。利用原始的中文档案进行近代史研究是费正清的一大特色。这一特色的形成除费正清自己的努力外，更大大得益于时任清华大学历史系主任蒋廷黻的指导与帮助(详见下一节)。

费正清在写这篇文章时有关清代对外关系的重要中文文献《筹办夷务始末》已经影印出版。《筹办夷务始末》是清代官修的对外关系档案资料汇编，又称《三朝筹办夷务始末》，计道光朝八十卷，文庆等编；咸丰朝八十卷，贾祯等编；同治朝一百卷，宝鋆等编。《三朝筹办夷务始末》编成之后藏于宫中，均系手写稿本，没有刊刻付印。清朝覆亡后，这三种稿本连同宫中其他档案均为故宫博物院所有。故宫于1929年开始陆续将其全部影印出版，为学者研究提供了极大的便利。

由于《筹办夷务始末》"1842年以后很少提到鸦片问题"，费正清写此文

① John K.Fairbank, "The Legalization of the Opium Trade before the Treaties of 1858", *Chinese Social and Political Science Review*, 17(1933-1934), p.263.

所依据的材料"主要来自藏于北京大高殿未出版的军机处档案"。① 对此费正清在第六条注释中做了这样进一步的说明:"这项资料是从编纂《筹办夷务始末》的同一档案中搜集来的,其中有的文件没有收入《筹办夷务始末》中。得以使用该项资料,我要十分感谢清华大学的蒋廷黻教授。"②军机处是清政府的重要机构,对于和它有关的资料蒋廷黻自然不会放过,他在回忆录中有这样的记叙:"清华五年是我一生中最快乐的岁月。我乘便可以接触故宫博物院的档案。有一段时间,我们有好些人在故宫博物院抄录档案,把未公布的重要文件抄录下来。故宫中收藏的最重要档案是清代军机处的。自18世纪30年代起到清代终止为止,军机处是大清皇帝的真正秘书处。该处人员管理档案非常制度化,每天来文均有收发登记,这些来文主要的是中央各部及地方首长的奏折。此外,对皇帝批复的奏折也有专人登记。每件档案都详细登录日期及摘要。这种简单小心处理档案的制度,对满清政府说实在是一种光荣。由于革命和武装政变在北平接二连三地发生,有些老衙门的档案均被弃置,无人管理。有些档案在北平当废纸卖。我为清华成吨购买。清华图书馆所存的资料大部分都是清朝军机处和海军方面的资料。"③蒋廷黻本人利用这些资料写了不少文章,是最早使用这批资料的中国学者。而在他的指导下费正清则成为利用这一资料最早的外国学者。

费正清的这篇论文完成后,发表在《中国社会及政治学报》第17卷第2期(1934年7月)上。中国社会及政治学会(Chinese Social and Political Science Association)是1915年由一批中外人士共同在北京发起建立的。1916年该会创办了英文会刊《中国社会及政治学报》,第一期于4月出版,以后每个季度出版一期,四期为一卷,1941年终刊。蒋廷黻在北京期间一直是该刊的编辑。在蒋廷黻的帮助下,费正清的处女作得以在这份英文刊物上发表。此后,费正清又陆续在这份刊物上发表了其他几篇文章,同样得到了蒋廷黻的关照。

① John K. Fairbank, "The Legalization of the Opium Trade before the Treaties of 1858", *Chinese Social and Political Science Review*, 17(1933-1934), p.172.

② John K. Fairbank, "The Legalization of the Opium Trade before the Treaties of 1858", *Chinese Social and Political Science Review*, 17(1933-1934), p.205.

③ 《蒋廷黻回忆录》,岳麓书社2003年版,第132—133页。

## 第三节　与中外学人的交往

### 一

费正清在北京期间交游广泛,对他学术方面帮助最大的无疑是蒋廷黻。蒋廷黻于1895年出生于湖南,早年在美国基督教长老会所办的益智学堂学习,1912年赴美留学,先后就读于派克学堂、奥柏林学院、哥伦比亚大学,1923年获博士学位后回国任教,先后任南开大学、清华大学历史系教授。1935年后从政,效力于国民党政府,1965年在纽约病逝。蒋廷黻作为学者是中国近代外交史研究的开创者,所著《中国近代史》(1938)和所编《近代中国外交史资料辑要》(1931)影响深远。

蒋廷黻对近代中国历史研究的最大贡献在于首倡研究原始档案资料。他指出,社会科学与自然科学的研究一样,要以事实为基础;历史研究有其自身的规律,规律之一就是必须从原始资料的研究入手。在谈到中国近代外交史的研究时他强调指出:"外交史的特别在于它的国际性质。一切外交问题,少则牵连两国,多则牵连数十国。研究外交史者必须搜集凡有关系的各方面的材料。根据一国政府的公文来论外交等于专听一面之词来判讼。关于中国外交的著作,不分中外,大部分就犯了这个毛病。"①因此要克服这个毛病,就要从原始文献,特别是中国的原始文献入手。

蒋廷黻自己身体力行,为搜集和整理中国近代外交原始资料付出了大量心血。在南开执教时,为了搜寻史料线索,他想方设法地接触各类收藏家,频繁地访亲问友。为了掌握李鸿章甲午战争前后从事外交活动的史料,他投入大量时间精力走访了许多李鸿章在天津的旧部。1929年秋到北京执教清华大学后,他更加关注资料的收集和整理,并经常去故宫查阅原始档案。据故宫的报告记载,仅1931年他就曾查阅和摘抄道光、咸丰时期的折件950件、上谕档81本、随手档80本。此外蒋廷黻还多次组织清华历史系的

① 蒋廷黻:《近代中国外交史资料辑要》上卷,上海商务印书馆1931年版,第1页。

学生到故宫参观各种明清档案，让他们从一开始就了解原始文献的重要性。①

费正清早在哈佛大学读本科的时候就从一位访问教授那里听说过蒋廷黻的名字，这位访问教授名叫韦伯斯特(Charles K. Webster，1886—1961)，是英国著名的国际关系史学者。他在来哈佛之前刚刚访问了中国和其他东亚国家，会见了包括蒋介石在内的中国政要以及蒋廷黻等一批学者。在1929年年初哈佛大学学生俱乐部的一次午餐会上，韦伯斯特介绍了自己的中国之行，特别提到了《筹办夷务始末》的即将出版，对它的使用前景感到异常兴奋。他认为“这一文献能更清楚地说明东亚的疑难问题，所以很可能对改写中西关系史有着决定性的意义”②。参加午餐会的费正清当时正上四年级，对近代史领域有浓厚的兴趣，但对于具体研究哪个国家的近代史，则还在犹豫之中。韦伯斯特的讲演使他茅塞顿开，为什么不研究中国的近代史呢？几天后费正清去拜访韦伯斯特，并与他进一步讨论了这个十分吸引人的课题，韦伯斯特建议费正清要用外国人了解甚少的中国原始资料来研究中国近代史。1929年秋天费正清前往牛津大学攻读博士学位时正式将中国近代外交史确定为自己的研究方向。

韦伯斯特在讲演中提到的《筹办夷务始末》和蒋廷黻有着很大的关系。蒋廷黻在美国读书时，就对中国近代外交史很感兴趣，当时有关中国外交的标准著作是马士的三卷本《中华帝国对外关系史》，蒋廷黻认为该书的英文资料无懈可击，但同时觉得马士的观点是片面的，因为他忽视了中文资料。蒋廷黻在哥大时就开始收集中文资料，回国后继续收集，在这一过程中发生了一件有趣的事情：“当外界获悉我对清代历史文献有兴趣时，各方鉴定家和收藏家都来和我接头。透过一位朋友的介绍，某君带来大批资料。这批资料原标题为《筹办夷务始末》，实则可称之为《中国外交文献史》。就我所见，这份资料几乎包括了清朝皇帝所发的每项命令，大臣们所有的奏折以及各地大臣向皇帝奏请有关中国外交事务的材料。我发现这简直是一座宝库，因而急于要为南开图书馆弄到这份资料。但物主开价三千银元，南开实在买不起。……我从南开转到清华后，我可以自由支配经费购买书籍和资料。我立志要完成我的愿望，首先要买上述那份资料。但，事实竟有出人意

---

① 详见张会超《民国时期明清档案整理研究》，上海世界图书出版公司2011年版，第63—64页。

② Paul M. Evans, *John Fairbank and the American Understanding of Modern China*, pp.15-16.

料者，我到北平清华任教不久，常赴故宫博物院。有一天，和某保管人闲谈，他拿出一份上述资料故宫本给我看。经我鉴定，证明故宫本才是原本。而前述的私人本乃是抄本。我立刻建议故宫博物院当局将它影印。后来故宫博物院采纳了我的建议，发行影印本，每套一百银元。那份抄本，经此一来，竟抵不上影印本的价值。”①韦伯斯特向费正清介绍的就是这套影印版。

《筹办夷务始末》影印版 1929—1930 年陆续问世后，蒋廷黻率先利用这套资料进行历史研究，写出了《琦善与鸦片战争》（《清华学报》1931 年第 6 卷第 3 期）等名文。此外，蒋廷黻还大力宣传这套资料的价值，希望引起中外学者的关注。道光朝《筹办夷务始末》最先面世后，他用英文写了《道光朝中国外交的新资料》（载美国《现代史学》1931 年第 4 期）一文予以介绍，②后又用中文写了《道光朝筹办夷务始末之史料的价值》（《清华周刊》1932 年第 37 卷第 9、10 期合刊）、《外交史及外交史料》（1932 年 10 月 10 日天津《大公报·文学副刊》第 249 期）等文章。在《外交史及外交史料》一文中蒋廷黻写道：“外交史与别种历史不同之点，就是它的国际性质。……我们研究外交史者，在三年以前，就感无穷困难了。尤其是道光咸丰两朝的外交。关于这两朝的文件，三年以前，我们仅有《东华录》及《圣训》二书所载的不全的上谕，林文忠的奏议，夏燮的《中西纪事》，梁廷枏的《夷氛闻记》（此书尚无刊本），七纮河上钓叟的《英吉利广东入城始末》一小册，及徐广缙的奏议（不全）。此外如琦善、耆英、叶名琛、桂良、花沙纳、恭亲王奕䜣诸人的文稿，均尚未出世。二等人物如宫慕久、吴健章、黄恩彤、潘仕成诸人，则更不必说了。幸而在最近三年之内，北平故宫博物院有道光咸丰同治三朝的《筹办夷务始末》出版。以先所感的欠缺虽未因有《始末》遂补齐了，但官方的文件实已补足十之七八。”③作为官修的资料汇编，官方文件自然是《筹办夷务始末》的主要内容。其中道光朝自道光十六年（1836）议禁鸦片开始，至二十九年（1849）止，收录这一期间涉外事项的上谕、廷寄、奏折、照会等档案约 2700 余件，220 万字。咸丰朝起自道光三十年（1850）正月，迄咸丰十一年（1861）七月，共收档案约 3000 件，200 万字。同治朝自咸丰十一年七月至同治十三年（1874）十二月止，共收档案约 3600 件，250 万字。综计三朝筹办夷务始末

---

① 《蒋廷黻回忆录》，第 100—101 页。

② 详见 T.F.Tsiang，“New Light on Chinese Diplomacy，1836-1849”，*The Journal of Modern History*，Vol. 3，No.4（Dec.，1931），pp.578-591.

③ 蒋廷黻：《外交史及外交史料》，《大公报·文学副刊》1932 年 10 月 10 日。

内容，凡中外关系史上的重要事件，如两次鸦片战争、沙俄强占东北，以及教案问题、租界问题等都有记载，确实是一个资料的宝库。用蒋廷黻在另外一篇文章中的话来说，《筹办夷务始末》的出版是“中国外交史的学术革命”。①

费正清到北京后，立刻和蒋廷黻取得了联系，并就如何使用《筹办夷务始末》和其他中文资料向蒋廷黻请教。费正清的第一篇论文正是在蒋廷黻的指导下完成的，他也成为最早使用《筹办夷务始末》的外国学者。历史学家何炳棣回忆1953年7月第一次见费正清的情形时写道：“我自我介绍1934年秋清华入学之时，费已赴牛津完成博士学位，刚刚错过在北平结识的机会。然后极度诚恳地恭维他是蒋廷黻之后，举世第二位学者研究引用《筹办夷务始末》的。他马上纠正我：‘是第三人，张德昌早我半年。’”②与何炳棣一样，张德昌也是20世纪30年代求学于清华，是历史系的高才生，他利用晚清档案写出了《胡夏米货船来华经过及其影响》（《中国近代经济史研究》1932年第1卷第1期）、《清代鸦片战争前之中西沿海通商》（《清华学报》1935年第10卷第1期）等高水平的论文。虽然事隔近20年，费正清对于当时的北京学界和自己最初使用《筹办夷务始末》的情形显然还记忆犹新。

费正清在以后的研究中经常利用《筹办夷务始末》，如发表于1939年的《清朝公文的传递方式》（On the Transmission of Ch'ing Documents）一文就通过考察《筹办夷务始末》中的资料分析了北京和各省之间的邮政体系及其工作效率。③ 1938年费正清在哈佛大学开设了晚清文献资料研讨班，讲课内容最终以《清季史料入门》（*Ch'ing Documents：An Introductory Syllabus*）为名由哈佛大学出版社于1952年正式出版。在书中选用的20份晚清文献中，第一份就选自《筹办夷务始末》——1870年10月18日总理衙门关于天津教案的

---

① 蒋廷黻：《〈清季外交史料〉序》，《蒋廷黻选集》，台湾传记文学出版社1978年版，第439页。

② 何炳棣：《读史阅世六十年》，广西师范大学出版社2009年版，第290页。此处何炳棣记忆有误，费正清是1935年年底离开北京赴牛津大学提交并答辩博士论文的。何炳棣（Ping-ti Ho，1917—2012）早年求学于清华大学，1944年考取清华第六届留美公费生，1952年获哥伦比亚大学博士学位，1963年后长期担任芝加哥大学中国历史教授。他的代表作《1368—1953中国人口研究》（*Studies on the Population of China，1368-1953*，Harvard University Press，1959）及《明清社会史论：1368—1911社会流动性面面观》（*The Ladder of Success in Imperial China：Aspects of Social Mobility，1368-1911*，Columbia University Press，1962）已成为国际明清史研究的经典著作。20世纪70年代以后何炳棣的兴趣转移到中国古代史，特别是中国文化的起源，代表作《东方的摇篮》（*The Cradle of the East*，University of Chicago Press，1975）详论中国文化的特征，为中国文明的起源提出全新的看法。

③ 详见J.K.Fairbank & S.Y.Teng，“On the Transmission of Ch'ing Documents”，*Harvard Journal of Asiatic Studies*，Vol.4，No.1（May，1939），pp.12-46。

奏折，由此不难看出费正清对这一文献的重视。

这里顺便提一下三位曾经留学北京并与《筹办夷务始末》有关的美国学者。第一位是毕格（Cyrus H.Peake，1900—1983），早年毕业于哥伦比亚大学，1927—1937 年在哥伦比亚大学教授中国历史，此后服务于美国国务院。1933—1934 年毕格曾到北京进修。毕格是最早关注北京明清档案出版情况的美国学者之一，1932 年就在《美国历史评论》上撰文予以介绍。在论及《筹办夷务始末》时他写道："这是 1836—1874 年有关中国外交的记录，大部分是上谕、廷寄、奏折、照会等。仔细研究这些文献无疑将会消除中国对外关系史上的很多疑点，使我们比以往任何时候都更完整、清晰地了解这段历史。"接着他赞扬蒋廷黻率先使用这一史料，其作品"至少是部分重写了这段历史"。[①]

第二位是施维许（Earl Swisher，1902—1975），早年曾在广州的岭南大学学习，接触过蒋介石、毛泽东等国共领导人，还采访过孙中山，他这段时期的见闻后来以《革命中的广州》（*Canton in Revolution*）为题出版，[②]1931—1934 他在北京留学。1941 年施维许以《筹办夷务始末中的中美关系：1840—1860》（The Management of the American Barbarians：A Study in the Relations between the United States and China from 1840 to 1860）一文获得哈佛大学博士学位。论文在修订的基础上（如将时间调整为 1841—1861 年）于 1953 年在远东学会的资助下出版，[③]是远东学会最早的出版物之一。该书的主体是将 1841—1861 年《筹办夷务始末》中有关中美交往的资料翻译成英文。该书出版后立刻成为研究早期中美关系史的基础文献。结束北京留学回国后，施维许一直在科罗拉多大学任教，开创了该校的汉语教学和亚洲研究。[④]

第三位学者是饶大卫（David N.Rowe，1905—1985）。他和中国学者合作为《筹办夷务始末》（以下简称"《始末》"）编制了索引。《始末》原为稿本，没

---

① Cyrus H.Peake，"Documents Available for Research on the Modern History of China"，*The American Historical Review*，Vol.38，No.1（Oct.，1932），pp.61-70.关于毕格的其他成就，详见本书第二章第二节。

② Earl Swisher，*Canton in Revolution：The Collected Papers of Earl Swisher，1925-1928*，（Boulder，Colo.：Westview Press，1977）.

③ Earl Swisher，*China's Management of the American Barbarians：A Study of Sino-American Relations，1841-1861，with Documents*（New Haven：Published for the Far Eastern Association by Far Eastern Publications，Yale University，1953）.

④ John K.Fairbank and Joyce C.Lebra，"Obituary：Earl Swisher 1902-1975"，*The Journal of Asian Studies*，Vol.35，No.3（May，1976），p.461.

有索引。1929—1930 年故宫出版的影印本也没有索引，对于使用者和研究者来说，《始末》这样大型的文献汇编不附索引是极为不便的。关于饶大卫和中国学者合作编制索引的过程和这一索引的特色，有学者做过专门的研究：“1938 年左右，当时燕京大学引得编纂专家洪业教授即已指导自己的学生张某利用西方索引的编纂方法来编制《始末》索引，后张某在战事中死亡，又由其他人继续编纂，共纂得卡片一万七千张左右，此卡片后来为美国人饶大卫所有。……饶大卫于 1954 年携带一万七千张经过编制的卡片到了台湾，与‘中央研究院’近代史研究所筹备主任郭廷以合作，重新着手编制工作，并由该所研究员杨绍震带领若干助手实际从事进行，这次协同工作主要是对在北平最初编制的卡片分类法作了许多修改。经过两年工作，1956 年他携回美国，再经过出版前的一切必要的最后检查订正工作，至 1960 年 2 月全书由美国亚洲基金会正式印行。本书将《始末》内含的专门和普通名词分作十四类：人名、地名、勋位或身份、官名或职称、机关或组织、宗教称谓与名辞、种族名辞、商业品目、交易项目、征税类目等，类别详细，并且将若干当时汉译的外国人名、地名、职称或术语附注原名并指出其国籍，甚至刻意求精，在每一名目下除指明著录的卷数和书页正反面外，更注出其行数，以便读者检索。”①从 1938 年开始编制，到 1960 年正式出版，这份跨越 20 多年的索引见证了中美两代学人之间的合作。

《筹办夷务始末》出版后，不仅有翻译、索引，还有补遗，在这方面蒋廷黻也是先驱。1929 年蒋廷黻到清华任教后，开始利用大高殿军机处档案编制《始末》的补遗，一年后基本完成，约 50 万字，但未刊行。费正清是最早看到这一稿本的学者，并选抄了一部分带回美国。1965 年蒋廷黻去世后费正清将其抄稿送给台湾“中央研究院”近代史研究所，经过整理加工后于 1966 年以《道光咸丰两朝筹办夷务始末补遗》名义出版，这无疑是费正清对蒋廷黻去世的最好纪念了。②

蒋廷黻不仅在学业上给予费正清指导，在生活上也给予他帮助。1932 年费正清到北京后不久罗德斯奖学金就到期停发了，为解决生活费用，他曾

---

① 朱梅光：《〈筹办夷务始末〉研究综述》，《兰州学刊》2007 年第 4 期，第 149 页。《索引》的英文版本是：*Index to Ching tai chou pan i wu shih mo*, edited by David Nelson Rowe and with the assistance of Shao-tseng Yang and Sophia S.F.Yen (Hamden, Conn.: Shoe String Press, 1960)。

② 1966 年台湾版《道光咸丰两朝筹办夷务始末补遗》只是蒋廷黻《补遗》原稿的部分内容，北京大学出版社于 1988 年 8 月将原稿全文影印，学界得窥全豹。详见朱梅光《〈筹办夷务始末〉研究综述》，《兰州学刊》2007 年第 4 期，第 149 页。

两次申请哈佛燕京学社奖学金,但均告失败。这时蒋廷黻伸出了援助之手,安排费正清在清华大学历史系兼课,帮助他渡过经济危机。

关于两次被哈佛燕京学社拒绝的情形,费正清本人有比较详细的回忆,第一次是这样的:"我在申请书中说明我正从事中英外交关系的研究,同时在一家传教士培训中心(按:即华文学校)学习汉语口语。我的申请让人难以看出我能够成长为一名传统的汉学家。我没有说明自己要在像洪业教授那样的学者的指导下研习中国古代经典,或者去巴黎、莱顿等汉学中心从事这样的研修。……我的申请被拒应该说是不奇怪的。"第二次还是同样的结果:"当1932年快要结束时,我再一次向哈佛燕京学社提出申请,申请内容没有太多变化,只是说明除了学汉语,我还会学日语。我说明我将继续在北京完成我的牛津大学博士论文,但是需要去最早开放的五个通商口岸(上海、宁波、福州、厦门以及广州)查看当地领事馆的原始档案。这几乎与哈佛燕京学社关注的研究方向完全无关,所以我的申请再次遭到拒绝。"①

哈佛燕京学社自建立以来,基本上还是沿袭欧洲汉学的传统,关注古代中国,重视经典文献。这从当时派遣到北京来的哈佛燕京学社的留学生那里也能看得很清楚,如顾立雅主要从事中国上古史和哲学史的研究,西克曼专攻中国艺术史,卜德则潜心研究中国思想史。总体来说,由哈佛燕京学社派来的留学生基本以古代中国作为研究对象,采用的依然是传统汉学亦即文献考证的方法。他们对于近现代中国的历史只是一般关心,并不纳入自己的研究领域。他们的老师叶理绥甚至非常极端地认为,1793年以后的中国不能构成真正的学术研究的对象,顶多只能属于新闻学的范围。与这种"厚古薄今"的倾向不同,费正清将自己的课题锁定在近代中国沿海的贸易和外交,其研究方法在历史学之外又特别注重使用社会学、经济学等多学科交叉的方法。所有这些使费正清显得与众不同。他两次申请哈佛燕京学社奖学金都被拒绝是不奇怪的,这一经历也使费正清清楚地认识到,20世纪30年代"美国人研究中国问题存在两大阵营:一个是哈佛燕京学社,它资金雄厚,并真诚地遵从欧洲的模式;另一个是更富有本土色彩的美国阵营,较为分散,基本上没有资金支持"②。费正清日后全力以赴将要做的就是募集资金发展美国阵营,并在方法论上建立具有美国特色的中国学。1955年他在

---

① J.K.Fairbank, *Chinabound*, p.98.

② J.K.Fairbank, *Chinabound*, p.99.

哈佛大学倡导建立东亚研究中心来与哈佛燕京学社分庭抗礼，就是这一努力的一个集中体现。费正清在北京的两次失败经历对他日后决心另起炉灶一定产生了某种心理影响。一个人早年的经验往往会影响他后来的发展。

在蒋廷黻的帮助下，费正清渡过了1933年的经济危机，1934年他获得了哈佛大学研究生院和美国学术团体理事会的资助，不必再为生计奔波，可以安心地撰写论文了。1935年年底就在费正清基本完成论文并准备离开北京之际，蒋廷黻也辞去清华教职前往南京国民政府任职。1935年12月21日，蒋廷黻从南京行政院政务处给费正清写了一封情真意切的信，解释了自己的转变并向费正清道别："你可能会对我的工作变动感到惊讶。当我离开北京来南京的时候，我也没想到会有这种转变。但是当我得知提供给我的是一个非常重要的职务，而且我利用这个职务可以做很多事情的时候，我接受了。……就生活而论，我更喜欢当一名教授。……在你们离开中国回到美国之前，我恐怕没有机会再见到你和你太太了。但是不要因为地域、工作的差异而中断我们之间的联系。无论出现什么变故，我始终希望我们永远是亲密的朋友。"①对于中国近代史研究来说，蒋廷黻这位优秀学者的从政无疑是一大损失。1965年蒋廷黻离开政坛准备重拾学术，但因病很快去世。在蒋廷黻从政的30年间，费正清与他的交往并不多，但从来没有忘记这位在留学期间给予他多方面帮助的良师益友。

1972年费正清受周恩来邀请重返北京，在一次讲演中他首先提到了蒋廷黻，费正清知道这在当时的环境中并不适合，但他还是这么做了，因为在他的心目中，蒋廷黻首先是一位老师，一位学者。

## 二

费正清在北京期间最尊敬的师长是蒋廷黻，最亲密的朋友则是梁思成夫妇。"费正清"这个中文名字正是由梁思成起的。不仅费正清本人，他的妻子费慰梅(Wilma Cannon Fairbank，1909—2004)也成了梁思成夫妇终身的好友。

费慰梅于1932年6月底抵达北京。此前费正清通过朋友的介绍租住了西总布胡同二十一号的房子。② 这栋房子很快见证了费正清和费慰梅简朴

---

① J.K.Fairbank, *Chinabound*, pp.90-91.

② 费正清夫妇后来搬入大羊宜宾胡同十号。

的婚礼,主持婚礼的是赫约翰牧师(John D.Hayes,1888—1957,美国北长老会传教士),证婚人则是美国领事。

费慰梅自小爱好绘画,1931 年从哈佛大学拉德克利夫女子学院(Radcliffe College)艺术史系毕业。到北京后她开始学习汉语并研究中国的美术和建筑,很快她结识了梁思成、林徽因夫妇,并得到了他们的悉心指导。当时梁、林夫妇住在不远处的北总布胡同三号,梁家小院成了他们经常聚会的地方。1934 年 8 月,费氏夫妇还曾与梁思成夫妇一起去山西考察古建筑,在这期间,费慰梅学会了测绘古建筑的基本方法。

费慰梅的研究成果在回到美国后陆续发表出来,第一篇是 1941 年刊登在《哈佛亚洲学报》上的《汉武梁祠建筑原型考》(The Offering Shrines of Wu Liang Tz' u)一文,该文得到中国和西方学者广泛的好评,并被王世襄翻译成中文发表在 1945 年 10 月出版的最后一期(第 7 卷第 2 期)《中国营造学社汇刊》上。由于在汉代画像艺术研究上的贡献,1944 年费慰梅被营造学社接纳为社员,成为少数几个外国社员之一。此后费慰梅又发表了多篇关于汉代石刻和商周青铜器艺术的论文,[①]1972 年结集为《复原历史的探险》(*Adventures in Retrieval*)一书,作为"哈佛燕京学社丛书"第二十八种由哈佛大学出版社出版。费慰梅将这本书献给了林徽因,该书扉页上写着:"纪念林徽因——艺术家·建筑学家·诗人,合众为一","林徽因"三个汉字取自林徽因本人的笔迹。"合众为一"是美国国徽上的格言(原文为拉丁文:E pluribus unum,费慰梅这里用的是英文:One out of many,many in one),这里费慰梅显然是借用来表达对林徽因多才多艺的仰慕。从费慰梅晚年的回忆来看,她和林徽因的交往是异常频繁和亲密的:"随着我们友谊的加深,我经常骑自行车或坐人力车在天黑时到梁家。红漆双扇大门深锁,一个佣人把庭院入口的门闩打开,我就径直穿过内花园去找徽因。在客厅一个舒适的角落里坐下,泡上两杯热茶,我们迫不及待地把那些为对方保留的故事和想法讲出来。我们有时分析和比较中国和美国的不同价值观和生活方式,但接着我们就转向彼此在文学、艺术和旅行方面的许多共同兴趣,谈谈对方

---

① 分别是:"The Offering Shrines of Wu Liang Tz' u",*Harvard Journal of Asiatic Studies*,Vol.6,No.1(Mar.,1941),pp.1-36;"A Structural Key to Han Mural Art",*Harvard Journal of Asiatic Studies*,Vol.7,No.1(Apr.,1942),pp.52-88;"Han Mural Paintings in the Pei-Yuan Tomb at Liao-Yang,South Manchuria",*Artibus Asiae*,Vol.17,No.3/4(1954),pp.238-264;"Piece-Mold Craftsmanship and Shang Bronze Design",*Archives of the Chinese Art Society of America*,Vol.16(1962),pp.8-15.关于费慰梅的学术成就,参见郑岩《费慰梅的一个侧影》,《读书》2003 年第 2 期。

不认识的朋友。”①

二战期间费慰梅和丈夫一同服务于美国政府，从 1942 年 1 月起任职于美国国务院文化关系司对华关系处。尽管费正清被派往中国，费慰梅却一直在华盛顿工作，直到 1945 年 5 月她才被派往中国，任美国驻华大使馆文化官员，先在重庆，后来在南京。

1944 年梁思成用英文撰写了《图像中国建筑史》(*A Pictorial History of Chinese Architecture*)一书，1946 年带到美国，由费慰梅编辑，但因种种原因未能及时出版。在费慰梅的努力下，1984 年该书终于由麻省理工学院出版社出版，并荣获当年全美出版奖。1994 年费慰梅又在宾夕法尼亚大学出版社出版了《梁思成与林徽因：一对探索中国建筑的伴侣》(*Liang and Lin: Partners in Exploring China's Architectural Past*)一书，作为对自己终身好友的纪念。宾夕法尼亚大学正是梁、林夫妇的母校。

费慰梅没有博士学位，无法在大学任教，只能做一名教授夫人，但她一直坚持研究中国艺术史，直至 2004 年去世。

通过梁思成夫妇，费正清结识了一批从英美留学回来的知识精英：哲学家金岳霖，考古学家李济、梁思永，历史学家傅斯年，政治学家钱端升、张奚若，经济学家陈岱孙，物理学家周培源，文学家叶公超、温源宁等。

胡适是当时英美归国留学生的领袖，费正清当然不会错过和他的交往。费正清的岳父瓦尔特·坎农(Walter B.Cannon，1871—1945)是国际知名的生理学家，1906—1942 年担任哈佛大学生理系主任。费正清到北京后，坎农通过协和医学院的熟人将自己的女婿介绍给了胡适。1932 年 5 月 10 日费正清被邀请参加在东兴楼的一次宴会，在饭桌上结识了胡适、陶孟和、丁文江等人。这次见面后的两个星期，胡适主编的《独立评论》创刊号问世了，立刻引起了费正清的关注，“从此将其作为教科书来进行研究”。胡适还将自己的《四十自述》送给费正清，让其十分惊讶，因为“几乎没有人会这么早写自传”②。此后费正清还多次与胡适见面讨论学术问题。

1935 年瓦尔特·坎农来北京讲学，胡适曾去听讲，并多次参加宴请。胡适 1935 年 5 月 25 日的日记有这样的记录：“思成、徽因请 Professor Cannon

---

① Wilma Fairbank, *Liang and Lin: Partners in Exploring China's Architectural Past* (Philadelphia: University of Pennsylvania Press, 1994), p.61.

② J.K.Fairbank, *Chinabound*, pp.46-47.

父女吃饭，我与孟真同去。Cannon 是少年学人 Fairbank 之妻父。”①当时胡适可能不会想到，这位少年学人日后会成为美国汉学的旗手。

## 三

1935 年费正清结识了邓嗣禹——“燕京大学一位年轻而富有专业知识技能的文献目录学家”②。两人从此成为合作时间最长、成果最丰富的一对中美学者。③

邓嗣禹（1906—1988）于 1928 年考入燕京大学历史系，1932 年毕业后继续攻读研究生，1935 年毕业后留校任教。1937 年夏他赴美留学，1942 年获得哈佛大学博士学位，此后长期任教于美国印第安那大学（至 1976 年退休），是该校中国史和东亚研究的奠基人。④

邓嗣禹在燕京大学读书期间，曾在导师洪业的指导下，先后编纂、出版了《太平广记篇目及引书引得》（1934）、《燕京大学图书馆目录初稿·类书之部》（1935）等书，所以费正清刚结识他时称他为“文献目录学家”。20 世纪 30—40 年代洪业在燕京大学主持编写了一系列引得（64 种，81 册），为包括费正清在内的外国汉学家查找中文文献提供了极大的便利，是燕京大学学术研究的一大亮点。⑤

费正清与邓嗣禹的第一次合作开始于清代名人传记的编纂工作。1937 年 7 月，邓嗣禹接受美方邀请，辞去燕大教职，前往华盛顿参加由国会图书馆

---

① 《胡适日记全编》（六），安徽教育出版社 2001 年版，第 478 页。胡适听讲是在 1935 年 5 月 31 日：“听 Professor Cannon 讲演，讲得极清楚。”详见《胡适日记》（六），第 481 页。

② J.K.Fairbank, *Chinabound*, p.147.

③ 以下论述参阅了彭靖《亦师亦友五十年：邓嗣禹与费正清的学术因缘》，《中华读书报》2013 年 5 月 22 日。

④ 邓嗣禹的英文著作有《张喜与〈南京条约〉》（*Chang Hsi and the Treaty of Nanking*, University of Chicago Press, 1942）、《太平天国史新探》（*New Light on the History of the Taiping Rebellion*, Harvard University Press, 1950）、《捻军起义》（*The Nien Army and Their Guerrilla Warfare, 1851-1868*, Paris: Mouton, 1961）、《太平天国的史学》（*Historiography of the Taiping Rebellion*, Harvard University Press, 1962）、《〈颜氏家训〉译注》（*Family Instructions for the Yen Clan: Yen-shih chia-hsün*, Leiden: E.J.Brill, 1968）、《太平天国与西方列强》（*The Taiping Rebellion and the Western Powers: A Comprehensive Survey*, Oxford: Clarendon Press, 1971）等。

⑤ 哈佛燕京学社汉学引得丛刊（Harvard-Yenching Institute Sinological Index Series）分“正刊”和“特刊”两种。“正刊”只有引得，包括《史记及注释综合引得》《四库全书总目及未收书目引得》等共 41 种；“特刊”则在引得前附有原文，原文后面才是引得，包括《毛诗引得》《周易引得》等共 23 种。详见马学良《哈佛燕京学社汉学引得丛刊的文献学价值与思想》，《河北大学学报》2010 年第 2 期；陈毓贤《洪业传》，商务印书馆 2013 年版，第 191—199 页。

东方部主任恒慕义主编的《清代名人传略》(*Eminent Chinese of the Ch'ing Period,1644-1912*)的编纂工作。费正清则是参与其事的美国学者之一。除各自的任务外,他们两人合作撰写了三位清朝官员(徐广缙、怡良、穆彰阿)的传记。

1938 年,邓嗣禹获得哈佛燕京学社奖学金,前往哈佛师从费正清攻读博士学位,在撰写博士论文的同时,他协助费正清完成了《清朝公文的传递方式》(On the Transmission of Ch'ing Documents)、《清朝公文的种类及其使用》(On the Types and Uses of Ch'ing Documents)、《论清代的朝贡制度》(On the Ch'ing Tributary System)三篇论文,先后发表在《哈佛亚洲学报》1939 年第 4 卷第 1 期、1940 年第 5 卷第 1 期和 1941 年第 6 卷第 2 期上。后来,这三篇论文于 1960 年由哈佛大学出版社以《清代行政管理研究三题》(*Ch'ing Administration:Three Studies*)为名结集出版。

二战结束后,费正清重返哈佛,邓嗣禹正好也回母校进修,于是两人再度合作,将鸦片战争以来中国人开眼看世界的 65 篇代表性文献翻译成英文,在此基础上研究了近代中国与西方的关系,初稿于 1950 年完成,1954 年以《中国对西方的反应:1839—1923 年文献概览》(*China's Response to the West: A Documentary Survey,1839-1923*)为题由哈佛大学出版社出版。

在《中国对西方的反应》一书中,费正清与邓嗣禹首次提出了"冲击—回应(impact-response)"理论,并用这一理论对中国 19 世纪的历史作了如下经典的描述:"既然中国是人口最多的大一统国家,又有着最悠久的连续不断的历史,它在过去百年中遭受西方蹂躏就必然产生连续不断、汹涌澎湃的思想革命,对这场革命我们至今还看不到尽头。……在充满'不平等条约'的整整一个世纪中,中国这一古老社会和当时居于统治地位的、不断扩张的西欧与美国社会接触日益频繁。在工业革命的推动下,这种接触对古老的中国社会产生了灾难沉重的影响,在社会活动的各个领域——包括政治、经济、社会、意识形态和文化领域——对古老的秩序进行挑战,展开进攻,削弱它的基础,乃至将它征服。中国历史进程是由一个更加强大的外来社会的入侵所推动的。"①根据这一理论,19 世纪以来中国历史变化的根本内容,就是西方对中国社会不断冲击以及中国社会对这些"冲击"所做出的"回应"。

---

① Ssu-yu Teng and John K.Fairbank, *China's Response to the West*(Harvard University Press,1954),p.1.

这一理论在20世纪50—70年代的美国和西方汉学界有着广泛的影响。[①]

1964年,费正清与邓嗣禹又再次合作完成了《中国的外交传统》(The Chinese Tradition of Diplomacy)一文,载于《世界政治比较论》(*Comparative World Politics*, Belmont, Calif.: Wadsworth Pub.Co., 1964)一书。

1988年邓嗣禹因车祸不幸去世后,费正清专门写了讣文,对于他的道德文章给予了高度评价,其中特别强调了他与毕乃德、顾立雅以及费正清本人的合作,在合作过程中"邓嗣禹的热忱和博学让这几位美国汉学的先驱者获益良多"[②]。邓嗣禹与顾立雅合作主要是一部汉语教材(*Translations of Text Selections and Exercises in Newspaper Chinese by the Inductive Method*),1943年由芝加哥大学出版社出版,用于二战时美国士兵的汉语培训。邓嗣禹和毕乃德在北京合作完成了《中国参考书目解题》(*An Annotated Bibliography of Selected Chinese Reference Works*)一书,该书1936年由燕京大学正式出版,是一部影响广泛的著作,将在本书第二章第二节予以详细介绍。

## 四

费正清在北京期间还和不少美国同胞有过交往。这里从汉学研究的角度简要介绍其中三位。

福开森(John C.Ferguson, 1866—1945)是民国时期在北京的美国人的领袖,著名的中国通。他一生的大部分时间在中国度过,1887—1911年在南京和上海,自民国建立直到1945年去世一直生活在北京。福开森对中国美术很有研究,写有大量著作,代表作有《中国美术大纲》(*Outlines of Chinese Art*, 1919)、《中国绘画》(*Chinese Painting*, 1927)、《历朝瓷器》(*Noted Porcelains of Successive Dynasties*, 1931);编有《历代著录画目》(1934)、《历代著录吉金目》(1939)。[③] 他本人在中国期间也收集了大量艺术品,由于数量太多,1935年

---

① 这一理论后来遭到以柯文(Paul A.Cohen)为代表的美国学者的批判,柯文同时批判了其他两个在20世纪50—70年代影响深远的理论——"传统—现代"(tradition—modernity)、"帝国主义"(imperialism),认为这三种理论虽然在课题的设定、材料的选择、问题意识等方面不尽相同,但都是"以西方为中心的"(Western-centric)。柯文在书中呼吁学者们转向一种新的"以中国为中心的"(China-centered)研究方法。详见 Paul A.Cohen, *Discovering History in China: American Historical Writing on the Recent Chinese Past*(New York: Columbia University Press, 1984)。

② J.K.Fairbank, "Obituary: S.Y.Teng(1906-1988)", *The Journal of Asian Studies*, Vol.47, No.3(Aug., 1988), p.723.

③ 关于福开森的生平参见 R.H.van Gulik, "Dr.John C.Ferguson's 75th Anniversary", *Monumenta Serica*, Vol.6, No.1/2(1941), pp.340-356.

借故宫文华殿存放并展出，中国学人多去参观。他在北京的家经常接待来自世界各地的汉学家和中国艺术爱好者。20世纪40年代留学北京的芮沃寿（Arthur Wright，1913—1976）在一封家信中（1941年4月）这样描述他第一次见到福开森的情形："在北京的时候，我见到了几个'老北京'，其中有福开森博士，他曾是清廷的顾问，而且还是以后历届政府的顾问。福开森是一个热心中国事物的学者，收藏了大量珍奇的中国古玩、善本书，还有瓷器等。他的居所是一个大的四合院，需要雇用数名佣人看管。博士很英俊，面色红润，是一个长着白胡子的老绅士，举止庄重，但不失慈祥和蔼。在和他讨论过几篇论文之后，我发现他对任何问题都有相当独到的见解。在他家我还吃了几顿饭，其美味让人回味无穷。"①福开森对来自美国的留学生如费正清、芮沃寿等总是给予特别的照顾，常常在他们需要时伸出援助之手，"每到感恩节，他就会组织大家聚在一起"②。他给费正清开具的介绍信使他得以顺利地参观北京和外地的各种中国文物。

西克曼（Laurence C.S.Sickman，1906—1988）是费正清到北京后最早结识的留学生同学。费正清刚到北京时住在华文学校，第一次出门就是去西克曼家吃晚饭，此后还和他去过龙门和云冈。西克曼1926年入科罗拉多大学学习，两年后出于对东方艺术的浓厚兴趣转入哈佛大学，在哈佛大学他开始学习汉语，并上了兰顿·华纳（Langdon Warner，1881—1955）③有关中国艺术和考古的课程，这让他大开眼界。1930年西克曼获得哈佛燕京学社奖学金到北京留学，在华文学校学习汉语一年后，他开始为位于堪萨斯的纳尔逊艺术博物馆（Nelson Museum of Art）购买中国艺术品。费正清回忆说："每天午饭之后，商人们会带来大量的绘画、玉器、拓印以及漆器等供西克曼鉴别，他会逐一过目，选出上好的艺术品。"④1932—1939年曾在北京生活的英国学者艾克敦（Harold Acton，1904—1994）对西克曼则有这样的回忆："我没有找

---

① 转引自史景迁的《芮沃寿》一文，详见史景迁《中国纵横：一个汉学家的学术探索之旅》，夏俊霞等译，上海远东出版社2005年版，第368—369页。

② J.K.Fairbank, *Chinabound*, p.57.

③ 兰顿·华纳（Langdon Warner）是美国著名的东方艺术史专家。他1903年获得哈佛大学学士学位，1912年开始在哈佛教授东方艺术，并担任该校福格艺术博物馆（Fogg Museum of Art）东方部研究员（后任主任），曾多次代表福格艺术馆前往东亚收购艺术品，1923—1925年曾两次专程来中国收购艺术品。他对中国和日本艺术有深厚的研究。关于华纳的生平参见 L.Sickman, "Langdon Warner 1881-1955", *Archives of the Chinese Art Society of America*, Vol.9(1955), pp.6-7; James Marshall Plumer, "Langdon Warner(1881-1955)", *Ars Orientalis*, Vol.2(1957), pp.633-637.

④ J.K.Fairbank, *Chinabound*, p.41.

到住处之前借住在美国艺术家汉德福斯(Tom Handforth)位于甘雨胡同的家中,在那里我遇见过他的几位同胞,他们对中国艺术的深厚修养让我吃惊,其中最有鉴赏力的是西克曼,虽然他出生在科罗拉多的丹佛,但他完全中国化了。每当他带着新收集的宝贝走进来时,我们就会立刻兴奋起来。从青铜器到玉器,他总是不断有新的收获。"[①]西克曼 1935 年秋结束留学生涯回到美国后就任纳尔逊艺术博物馆东方部主任,1945 年成为副馆长,1953 年任馆长。由于他多年的努力,使堪萨斯成为世界著名的中国艺术品中心之一。[②] 西克曼去世后,费慰梅特别写了讣文,对这位北京老友的学术成就和管理能力给予了高度评价。从学术兴趣上看,费慰梅显然比费正清更接近西克曼。

韦慕庭(C.Martin Wilbur,1907—1997)与费正清在华文学校的网球场相识,此后成为终身的好友。韦慕庭出身于传教士家庭,父亲是基督教青年会在中国的传教士,所以他小时候在上海长大,后回美国接受教育。1931 年他从奥伯林学院(Oberlin College)毕业后入哥伦比亚大学攻读硕士学位。1932 年在没有申请到奖学金的情况下韦慕庭自费到北京留学,在华文学校半工半读。1933 年 3 月他在北京完成硕士论文《中国乡村管理》(Village Government in China)并寄回哥伦比亚大学,5 月获得学位。此后他想转学至燕京大学,继续留在北京撰写博士论文,但未能如愿。[③] 除了硕士论文,韦慕庭在北京期间还搜罗有关资料撰写了《中国铜镜文献目录初编》(Contribution to a Bibliography on Chinese Metallic Mirrors)一文,后发表于《中国科学美术杂志》(*China Journal of Science and Arts*)第 20 卷第 4 期(1934 年 4 月),这是韦慕庭第一篇正式出版的学术论文。1934 年韦慕庭回国后继续在哥伦比亚大学学习,1941 年凭借《西汉奴隶制研究》(Slavery in China During the Former Han Dynasty,后于 1943 年正式出版)一文获得哥伦比亚大学博士学位,此后他一直服务于哥伦比亚大学,直至 1976 年退休。在哥伦比亚大学任教后韦慕庭的学术兴趣转向中国近代史特别是民国史,并很快成为这一领域的开拓者和权威学者,代表作有《孙中山:壮志未酬的爱国者》(*Sun Yat-sen: Frus-*

① Harold Acton, *Memoirs of an Aesthete*(London: Faber and Faber, 2008), pp.323-324.

② Wilma Fairbank, "Laurence Chalfant Stevens Sickman: 1906-1988", *Archives of Asian Art*, Vol. 42 (1989), pp.82-84.

③ 在转学和选择研究课题等问题上韦慕庭曾向顾颉刚请教,顾颉刚 1934 年 1 月 30 日的日记有这样的记录:"C.Martin Wilbur 中姓为韦,美国人,来平学于华语学校,今欲转学燕大史学系,欲研究井田制。"(《顾颉刚日记》卷三,中华书局 2011 年版,第 155 页。)

*trated Patriot*, Columbia University Press, 1976)等。韦慕庭于 1971—1972 年任美国亚洲学会主席。①

除西克曼、韦慕庭外，费正清在北京期间还和毕乃德、卜德、顾立雅等留学生有过交往。关于这些留学生的情况本书有专章讨论，这里不再赘述。

① 关于韦慕庭的生平和学术成就参见 William T.Rowe, Joshua A.Fogel and Madeleine Zelin, "C.Martin Wilbur(1907-1997)", *The Journal of Asian Studies*, Vol.56, No.3(Aug., 1997), p.878; Joshua A. Fogel and William T.Rowe, eds., *Perspectives on a Changing China: Essays in Honor of Professor C.Martin Wilbur on the Occasion of His Retirement*(Boulder, Colo.: Westview Press, 1979)。

# 第二章　毕乃德

毕乃德(Knight Biggerstaff,1906—2001)1906年2月28日生于加利福尼亚州的伯克利(Berkeley)。他于1927年在加州大学获得学士学位,同年进入哈佛大学攻读研究生,并选择了汉学作为研究方向。由于当时哈佛的汉语教学才刚刚开始,无法满足毕乃德进行中国史研究的要求,他决定前往中国学习。1928年,在没有得到哈佛资助的情况下,毕乃德向父亲借了一千美元,登上了横跨太平洋的"杰斐逊"号(Jefferson)轮船。轮船抵达上海后他很快又踏上前往北京的火车。火车上一路的见闻让他看到了一个和美国完全不同的世界,这个新世界深深地吸引了他,更加坚定了他研究中国的决心。

毕乃德在北京的华文学校进修了一年汉语,同时积极向哈佛申请奖学金。1928年哈佛燕京学社成立后,开始提供一种为期两年的奖学金。毕乃德成为首位获得该奖学金的"哈佛燕京研究生"(Harvard-Yenching Fellow,同时还有一位是魏鲁男)。他利用这笔奖学金在燕京大学继续进修汉语并进行学术研究(1929—1931)。在此期间,他和当时任燕京大学家政系主任的宓乐施(Camilla Mills,1899—1982)①相识并相恋。1931年两人在北京结婚后不久,毕乃德回到哈佛进行论文写作,1934年他完成了博士论文《1860—1880年清政府对派遣外交使节态度的转变》(The Change in the Attitude of the Chinese Government toward the Sending of Diplomatic Representatives Abroad,1860-1880),由于当时哈佛历史系还没有专门指导中国史研究的教师,毕乃德的论文最终由政治学系通过,并被授予博士学位。

获得博士学位后,毕乃德向哈佛的社会科学研究委员会(Social Science Research Council)申请了为期两年的奖学金,利用这笔奖学金他在北京又做了两年研究工作(1934—1936)。这两年是他极富成效的两年。他阅读了大量中文文献,并且利用这些文献撰写出了高水平的学术论文。这段时间他光在北京、天津出版的英文刊物上就发表了三篇重要论文:《同文馆考》(The Tong Wen Guan,《中国社会及政治学报》第18卷第3期,1934年10月)、《崇厚使团访法》(The Chung-Hou Mission to France,1870-1871,《南开社会经济季刊》第8卷第3期,1935年10月)、《中国常驻外交使团的建立》(The

---

① 宓乐施(Camilla Mills)1922年从俄勒冈州立大学家政系毕业后,随该系系主任来到北京,开创了燕京大学家政系,宓乐施成为该系最早的教员。1927年宓乐施开始担任燕京大学家政系主任,直至1931年随毕乃德离开中国。1934—1936年毕乃德在北京进修期间,宓乐施在燕京大学做兼职教师。关于宓乐施的生平详见燕京研究院编《燕京大学人物志》第一辑,北京大学出版社2001年版,第194—195页。

Establishment of Permanent Chinese Diplomatic Missions Abroad,《中国社会及政治学报》第20卷第1期,1936年4月)。此外他还和中国学人邓嗣禹合作出版了英文本《中国参考书目解题》,该书1936年由燕京大学出版后,多次再版,影响十分深远。在北京期间毕乃德还积极参与了由恒慕义主编的《清代名人传略》的编写工作。该书收录有清一代约八百位著名人物的传记,经过多人多年努力完成后于1943—1944年在华盛顿出版,是20世纪上半期美国汉学的重要成果。

在北京留学期间毕乃德不仅成果丰硕,还结交了很多朋友。这一时期的生活让他终身难忘,他晚年回忆说:"北京的时光真是美好。我们随时向中国学者请教,翻阅各类参考书和档案文献,练习从华文学校学来的口语,游览各种宫殿、庙宇、书店、市场,在城墙上漫步,到西山远足,偶然还去北京之外的地方参观。"①

从北京回国后,毕乃德于1938年受聘康乃尔大学,成为该校首位全职的中国历史教员。太平洋战争爆发后,毕乃德先在康乃尔负责美军汉语培训项目,此后在美国国务院担任中国事务顾问。1945—1946年他担任美国驻重庆使馆的中文秘书,这段时间他的主要工作之一是协助马歇尔(George C. Marshall,1880—1959)调停国共达成停火协议,在这一过程中他和毛泽东、周恩来、蒋介石等国共领导人均有接触。

1946年6月,毕乃德重返康乃尔大学执教。1949年,他利用学术休假再次来到中国,这次他选择了位于南京的金陵大学作为进修地点。进修期间正值"百万雄狮过大江"的历史时刻,毕乃德在家信中利用他的亲眼所见和历史知识真实地记录了这段历史。30年后,这批家信以《1949年南京书信》(*Nanking Letters, 1949*)为题由康乃尔大学公开出版。

和其他不少中国观察家一样,20世纪50年代毕乃德受到了以"丢失中国"为幌子的麦卡锡运动的冲击,好在毕乃德一直得到康乃尔大学校方和一位人权律师的大力支持,使他在这场风波中有惊无险。

在经历了中国和美国的政治风云之后,毕乃德重新开始了自己的学术研究,并把重点聚集到了中国近代教育史。他的专著《中国最初的官办洋学堂》(*The Earliest Modern Government Schools in China*, Cornell University Press,

---

① 转引自 Sherman Cochran and Charles A.Peterson,"Knight Biggerstaff(1906-2001)",*The Journal of Asian Studies*, Vol.60, No.3(Aug.,2001), p.934.本节关于毕乃德生平的介绍参考了这篇讣文。

1961)奠定了他在这一领域的权威地位。他的另外一本代表作是 1975 年出版的《中国早期现代化》(*Some Early Chinese Steps toward Modernization*, San Francisco:Chinese Materials Center, 1975)。毕乃德不仅最早将“现代化”理论用于研究中国近代史,也用于他的教学之中。他是二战后第一个在美国大学开设“中国的现代化”(The Modernization of China)课程的老师,他的这一研究和教学方法后来被广大的中国史教师所效仿。毕乃德于 1974 年从康乃尔大学退休。2001 年 5 月 13 日他在纽约州的伊萨卡(Ithaca)去世。

毕乃德于 1946—1956 年担任康乃尔大学亚洲研究系主任,1956—1963 年担任该校历史系主任。他是康乃尔大学中国和亚洲研究的创始人。由于其杰出的成就,毕乃德被选为 1965—1966 年度美国亚洲学会主席。

## 第一节　英文论文

毕乃德在北京进修期间发表了多篇高水平的英文论文。最早的一篇是《同文馆考》(《中国社会及政治学报》第 18 卷第 3 期),该文对同文馆从产生到终结的历史做了全面的研究。全文分为七个部分:(一)同文馆的前身(从明代四夷馆到清代的俄罗斯文馆);(二)同文馆的建立;(三)同文馆教学内容的扩大(从外语扩大到西学);(四)同文馆的管理;(五)同文馆毕业生的去向与活动;(六)上海和广州的同类学校;(七)同文馆的终结。

在说明自己为什么要研究同文馆时毕乃德说:“19 世纪 60 年代初建立的同文馆是现代教育理念引入中国后的最早成果之一。它开始是一所教授外语的学校,但在其后的近四十年中它的主要功能则是用现代教育方法为清政府培养翻译和外交官。这所学校位于北京并在总理衙门的管理之下。同文馆产生了广泛的影响,它的毕业生遍布全国。20 世纪初同文馆与京师大学堂合并而失去了自身的独立性,但它在中国教育现代化中起了重要作用,它的历史非常值得探讨。”[1]教育是中国现代化的一个重要方面,也是毕乃德留学时期最为关注的一个方面,后来他撰写了专著《中国最初的官办洋

---

① Knight Biggerstaff, “The Tong Wen Guan”, *Chinese Social and Political Science Review*, 18 (1934-1935), p.307.

学堂》,正是延续了自己早年的研究兴趣。

《同文馆考》发表在北京的英文刊物《中国社会及政治学报》上。此后毕乃德又在这份刊物上发表了《中国常驻外交使团的建立》(《中国社会及政治学报》第20卷第1期)一文。这篇长文探讨了晚清中国建立外交使团的曲折过程,全文分为十五节:(一)外国使团在北京的建立;(二)中国建立使团的最早动议;(三)斌椿出使;(四)1867年的上谕;(五)蒲安臣使团;(六)崇厚使团;(七)1871年前的其他行动;(八)1871年李鸿章和曾国藩的奏折;(九)派往秘鲁和古巴的调查团(陈兰彬使团);(十)文彬1874年的奏折;(十一)清廷同意派遣常驻使节;(十二)马嘉理事件及在英国建立使团;(十三)在美国、西班牙、秘鲁建立使团;(十四)在日本、德国、法国、俄罗斯建立使团;(十五)驻外使节的规章制度。

中国近代的外交史是毕乃德在教育史之外的另一个研究重点。他1934年的博士论文就是以此为研究对象的。到北京后,毕乃德阅读了大量中文文献,和费正清一样,他十分清楚,要研究中国的外交史,光使用外文文献是远远不够的。大量使用中文文献,特别是《筹办夷务始末》成为他这段时期研究的显著特点。他在《同文馆考》中多次引用恭亲王等人的奏折①,在《中国常驻外交使团的建立》中引用的范围则更为扩大,这从上文列举的小节标题中就不难看出。

也正是在充分利用中文资料的条件下,毕乃德修订了自己的博士论文并发表了《中国官员对蒲安臣使团的态度》(The Official Chinese Attitude Toward the Burlingame Mission)一文(载《美国历史评论》1936年第4期)。蒲安臣(Anson Burlingame,1820—1870)是美国驻华公使(1862—1867年在任),卸任后率领晚清第一个外交使团出使美国和欧洲(1868—1870)。在任命他的前后清政府曾有种种考量。以往西方研究蒲安臣使团的学者由于只使用英文史料,普遍认为蒲安臣在出使前中方并没有给予他任何指示,②但事实并非如此。毕乃德在仔细阅读同治朝《筹办夷务始末》后有了重大发现——1867年11月26日总理衙门曾给予蒲安臣八条明确的指示:

---

① Knight Biggerstaff, "The Tong Wen Guan", *Chinese Social and Political Science Review*, 18 (1934-1935), pp.312, 315.

② 代表性的观点如 F. Wells Williams, *Anson Burlingame and the First Chinese Mission to Foreign Powers* (New York: Charles Scribner's Sons, 1912), pp.103-104。

一、现因贵大臣深愿为中国出力，凡有交涉事件，必使中外均有益无损，彼此不得丝毫勉强。本王大臣早欲请派中国官员，前往各国，惟未经历练，恐于外国风土人情，不甚相习，又深知贵大臣公正和平，是以奏请我大皇帝特降谕旨，派令贵大臣前往各国，办理各等事宜，即是中国官员一样，而仍须中国再行派员前往，以便与贵大臣公商者，一则事无窒碍，而中国所派之员，亦得历练一切，所有细话，均经当面言明。兹奉我大皇帝谕旨，酌派中国官员，偕贵大臣前往各国，查中国定例，无论何项职官，一经奉旨派往何处，即系钦命之员。此次出使官员，既奉特旨，应按照中国定例，与贵大臣及各国无论何项大臣，皆一体平行。

一、中国派员会同贵大臣前往各国，所办之事，所到之处，该员自必与贵大臣和衷商酌。但无论何项大小事件，务望贵大臣逐细告知。俾该员一切了然，以便寄知总理衙门覆定。

一、英国条约第三款内载代国秉权大员，觐大清皇上时，遇有碍于国体之礼，是不可行等语。此次中国所派之员，将来到各国时，似可暂无庸相见。或偶尔相遇，亦望贵大臣转达。彼此概免行礼。俟将来彼此议定礼节，再行照办。

一、英国条约第四款，内载大英钦差并各随员等，皆可任便往来，收发文件。行装囊箱，不得擅行启拆。又泰西各国于此等大臣，向为合宜。例准应有优待之处，皆一律行各等语，此次中国派员，应即照英约办理。各国不可稍形薄待。至预备馆舍，采买火食，雇备船只车辆，一切事件，应由贵大臣代为照料妥协。一切不能尽言之事，亦应由贵大臣照约格外保护。其资斧均中国自备，丝毫不向外国索取。

一、中国钦命之员，会同贵大臣前赴各国。遇有彼此有益无损事宜，可准者，应即由贵大臣与钦命之员酌夺妥当，咨商中国总理衙门办理。设有重大情事，亦须贵大臣与钦命之员开具情节，咨明中国总理衙门候议，再定准否。

一、贵大臣为中国出使各国，我大皇帝特颁木质关防，以资取信。我中国钦派之员，亦经我大皇帝一体颁给木质关防，此项关防，系专为发递文书函信而设，至所办事件，应准应驳，经贵大臣及钦命之员，咨商总理衙门，均候总理衙门酌定办理，以总理衙门关防为定。其贵大臣与钦派之员，均给关防，以便分别钤用。

一、中国钦命之员，系属试办，并非驻扎各国大臣，其归期以一年为满。期满仍回中国,如该员回中国后,察看试办有效,再行令议久远章程。

一、现在钦命之员,前赴各国,应带同文馆熟悉西文西语学生一二名作为通事。此外仍酌带书手、弁兵数名以资听用。此项人员,各国亦应照约一体保护。①

这份题为《给蒲安臣阅看条款》的文献不仅很好地说明了蒲安臣使团的性质,也清晰地显示了中方的态度,其价值是毋庸置疑的。毕乃德在文中充分利用了这份宝贵的文献,超越了前人在这一问题上的认识。② 回国后他仍意犹未尽,又将这份文献全文翻译并发表出来。③

这类利用中文文献取得学术进展的例子还有不少,这里不再一一论述。

## 第二节 《中国参考书目解题》

### 一

毕乃德在北京期间还与中国学者邓嗣禹通力合作完成了英文本《中国参考书目解题》一书,1936 年由燕京大学哈佛燕京学社正式出版。编写这本书的目的,正如前言中所说:"是为了向西方学者初步介绍中国研究领域最为重要的参考书。"④该书将中国参考书分为八大类,每一类下又分若干小类。具体情况如下:

Ⅰ.书目(Bibliographies)

A.综合性书目(Bibliographies Useful for General Reference Purposes)

---

① 文庆等纂辑:《筹办夷务始末·同治朝》卷五十二,故宫博物院 1930 年版,第 2—5 页。

② Knight Biggerstaff, "The Official Chinese Attitude Toward the Burlingame Mission", *The American Historical Review*, Vol.41, No.4(Jul., 1936), pp.688-690.

③ Knight Biggerstaff, "A Translation of Anson Burlingame's Instructions from the Chinese Foreign Office", *The Far Eastern Quarterly*, Vol.1, No.3(May, 1942), pp.277-279.

④ Ssu-yu Teng and Knight Biggerstaff, *An Annotated Bibliography of Selected Chinese Reference Works* (Peiping: The Harvard-Yenching Institute, Yenching University, 1936), p.iii.序言写于 1936 年 6 月 6 日。

B.古人所编书目(Bibliographies Related to Historical Periods)

C.现代人所编书目(Modern Critical Annotated Bibliographies)

D.版本书目(Bibliographies of Editions)

E.珍本书目(Reference Catalogues of Rare Editions)

F.珍本注解书目(Annotated Catalogues of Rare Editions)

G.专业书目(Bibliographies for Special Subjects)

1.道教与佛教(Taoism and Buddhism)

2.经书与辞书(Classics and Dictionaries)

3.考古(Archaeology)

4.绘画与书法(Painting and Calligraphy)

5.地图(Maps and Atlases)

6.地方志(Gazetteers)

7.戏剧与小说(Drama and Fiction)

8.农业(Agriculture)

9.法律(Law)

10.政府出版物(Official Publications)

11.满语文献(Manchu Books)

H.丛书书目(Catalogues of Tsung Shu)

I.书目之书目(Bibliographies of Bibliographies)

J.当代出版物书目(Bibliographies of Recent Publications)

K.期刊报纸索引(Indexes to Periodicals and Newspapers)

Ⅱ.类书(Encyclopedias)

A.综合类(General Encyclopedias)

B.词语典故类(Encyclopedias Elucidating Phrases and Literary Allusions)

C.事物缘起类(Encyclopedias Giving Material on Origins)

D.艺术与科学类(Encyclopedias of Arts and Sciences)

E.政治性类书(Encyclopedias Dealing with Government)

1.通志(The Tung)

2.会要(The Hui Yao)

3.其他(Other Encyclopedias Dealing with Political, Social and Economic Matters)

F.掌故类(Collections of Anecdotes and Stories)

G.检索类(Encyclopedias Useful for Rapid Reference)

Ⅲ.辞书(Dictionaries)

A.字词类(Dictionaries of Words and Phrases)

B.词源和碑帖类(Etymological and Calligraphists' Dictionaries)

C.语法类(Works on Grammar)

D.语音类(Works on Pronunciation)

E.其他专业类(Dictionaries for Special Fields)

Ⅳ.地理著作(Geographical Works)

A.辞书类(Geographical Dictionaries)

B.历史地图类(Historical Atlases)

C.现代地图类(Modern Atlases)

D.图表类(Geographical Tables)

E.索引类(Indexes to Geographical Works)

Ⅴ.传记著作(Biographical Works)

A.辞书类(Biographical Dictionaries)

B.名人生卒年类(Works Useful for Dating Important Persons)

C.传记汇编索引类(Indexes to Collections of Biographies)

D.作家传记索引类(Indexes to the Biographies of Writers)

E.同姓同名考证类(Works on Identical Names)

F.名号谥号类(Works Giving Alternative and Posthumous Names)

G.姓氏研究类(Special Studies of Surnames)

Ⅵ.表格(Tables)

A.中西历对照表(Concordances with the Western Calendar)

B.其他表格(Miscellaneous Tables)

Ⅶ.年鉴(Year-Books)

Ⅷ.其他索引(Miscellaneous Indexes)

在这八大类中编者共介绍了近300种参考书目。每一种书目都是先介绍作者、主要版本,然后对内容和价值进行简要评述。如综合性书目类中的《书目答问补正》条是这样的:"《书目答问补正》,五卷。张之洞在缪荃孙的协助下编写,张的序言写于1875年(清光绪元年)。范希曾又对之进行了修订、增补。南京国学图书馆1931年(民国20年)活字版,两册。这份精心编选的书目收录了晚清时期依然存在的2266种重要书籍。一代鸿儒张之洞于1870年代编写了这本书,目的是方便初学者查找文献。该书原名《书目答问》,多次印刷。1920年代目录学家范希曾对原书进行了修订增补,他的增补在现在的版本中用'补'字标示。前四卷按照传统的经史子集顺序编排,每一种书给出卷数、作者名字、朝代以及编者和修订者所知道的所有不同版本,不少条目还有关于该书内容和价值的简要说明。第五卷开列了一些丛书目录,使本书成为中国第一本将丛书单列的书目。另外本书还附有编者认为对初学者而言最为重要的书籍目录,以及清朝著述诸家名录。这些著述家被分为十四类,按照时间先后排列,名字第一次出现时编者也给出了他们的字号和籍贯。本书无疑是《四库全书总目》之后最为重要和最广泛使用的书目。对于某个领域的专门研究者来说,本书目可能不够完备,但对于想全面了解中国典籍的人来说,本书是必不可少的。"①

书目是通向学术研究的起点,重要性不言而喻。而对于中国研究来说,则显得更加重要。因为中国历史长,文献多,目录学自刘向、刘歆父子以来早已成为专门的学问。所以该书出版后立刻得到了国际汉学界的广泛欢迎。美国汉学家施赖奥克(John K.Shryock,1890—1976)在书评中写道:"在这本书之前,这个领域唯一的英文书是伟烈亚力编写的《中国文献提要》(*Notes on Chinese Literature*)。这两本书内容不尽相似,难以详细比较。但我们完全可以说,最近出版的这一本更有价值。……这本书涵盖的范围很广,对于不知道如何着手寻找资料的学人来说,本书是最好的门径。"②

英国传教士汉学家伟烈亚力(Alexander Wylie,1815—1887)编写的《中国文献提要》于1867年由上海美华书馆出版。该书"基本以《钦定四库全书总目》为底本,采用经史子集四部分类法,共收入1745种中文图书的提要"③。从目的上看,《中国文献提要》也和《中国参考书目解题》一样,都是为西方学者提供基本的文献参考,但由于两者的重点不同,一个是全面介绍中文基本文献,而另外一个则是介绍中文参考书目,所以应该说各有其价

① Ssu-yu Teng and Knight Biggerstaff, *An Annotated Bibliography of Selected Chinese Reference Works*, pp. 2-3.

② John K.Shryock, "Review of An Annotated Bibliography of Selected Chinese Reference Works", *Journal of the American Oriental Society*, Vol.57, No.3(Sept., 1937), p.350.

③ 胡优静:《英国十九世纪的汉学研究》,学苑出版社2009年版,第38页。

值,很难说谁更有价值。这也可以解释,为什么《中国参考书目解题》于1936年出版后,《中国文献提要》仍在1939年、1967年、1969年被多次重印。

值得一提的是,《中国文献提要》中也列有一些书目,集中在史部第十四类"目录"(Catalogues)一节中,在这一节中伟烈亚力简要介绍了以下重要目录:《直斋书录解题》《文渊阁书目》《千顷堂书目》《世善堂藏书目录》《国史经籍志》《汲古阁校刻书目》《勿庵历算书目》《钦定四库全书总目》《钦定四库全书简明目录》《汇刻书目合编》《禁书目录》《集古录》《金石录》。同这些书目在《中国参考书目解题》中的介绍相比,伟烈亚力的文字显得过于简略。以《直斋书录解题》为例,《中国文献提要》中的介绍是这样的:"《直斋书录解题》,二十二卷,宋陈振孙编,此乃他个人藏书的分类目录,有注解。"①而《中国参考书目解题》中的介绍则要详细得多:"《直斋书录解题》,二十二卷,陈振孙编,据载陈振孙于1234—1236年(宋端平时)曾在浙江任职。主要版本:江苏书局1883年(清光绪九年)版,六册;三种"武英殿聚珍版丛书"版本:(一)1868年(清同治七年)福建重刻版,第564—575册;(二)1874年(清同治十三年)江西书局重刻版,第49—56册;(三)1895年(清光绪二十一年)福建重刻版,第397—408册。这是编者对自己所藏书籍的编目,他是13世纪最大的私人藏书家。全部书籍按照四部分类,又细分为53小类,其中经部370种,史部838种,子部830种,集部1032种,共计3070种。解题文字与《郡斋读书志》一样,简明清晰而切中肯綮。原书已佚,现书是从《永乐大典》中辑佚而来,经四库馆臣的编订,并偶有增补,增补文字用小字印刷。书前有目录。《直斋书录解题》与《郡斋读书志》是最著名的,也很可能是最重要的宋代书目。《文献通考》中的经籍考部分就基本以两书为依据。这两部书目非常有用,因为它们不仅提供了现在已佚书籍的信息,而且对现存旧籍的真伪也提供了判断的参照。"②

编写《中国参考书目解题》时毕乃德和邓嗣禹两人还很年轻,邓嗣禹1935年燕京大学历史系硕士毕业后留校任讲师,毕乃德1934年获得哈佛大学博士学位后,正在燕京大学做为期两年的博士后研究。《中国参考书目解题》出版的1936年,两人刚好三十而立。

---

① Alexander Wylie, *Notes on Chinese Literature* (Shanghai: American Presbyterian Mission Press, 1867), p.60.

② Ssu-yu Teng and Knight Biggerstaff, *An Annotated Bibliography of Selected Chinese Reference Works*, p. 17.

对于两个初出茅庐的年轻人来说，编写《中国参考书目解题》既是机遇，也是挑战。这个课题涉及中国研究的各个领域，要想全面把握绝非易事。好在两人周围有众多师长友人可以请教，在致谢名单中我们可以看到这样一些活跃在当时北京学术界的中美学人：博晨光、洪业、卜德、聂崇岐、顾廷龙、谭其骧、朱士嘉、裘开明、毕格、富路特、岳良木、张尔田、邓之诚、恒慕义、贾德纳、王力、周一良。从这个名单我们或许可以下这样一个结论：《中国参考书目解题》不仅是中美两个学者合作的成果，也是中美两国学术界合作的产物。

## 二

在上文的致谢名单中出现了多位美国学者的名字，卜德、恒慕义等本书均有专门的讨论，这里简要介绍其他几位。

博晨光（Lucius Chapin Porter，1880—1958）生于天津，其父是公理会来华传教士。博晨光在山东德州庞庄度过童年后，返回美国接受高等教育，先后就读于伯洛伊特学院（Beloit College，1901 年毕业）和耶鲁大学神学院（1906 年毕业）。1909 年返回中国后，博晨光在通州华北协和大学（North China Union College）任教，直至 1918 年，最后两年担任该校校长。此后他长期在燕京大学教授中国哲学，直至 1949 年。他的代表作是《中国对基督教的挑战》（*China's Challenge to Christianity*，New York：Missionary Education Movement of the United States and Canada，1924）一书。在任教燕大期间他曾几次短暂回美国工作：1922—1924 年任哥伦比亚大学丁龙汉学讲座教授；1928—1929 年、1931—1932 年任哈佛大学中国哲学讲师。博晨光自 1928 年哈佛燕京学社建立起一直担任干事（至 1939 年），对哈佛燕京学社的建设做出了重要贡献。①

博晨光在中国工作生活长达 40 年之久，其间结识了很多中国学者，其中和冯友兰交往最为密切，冯友兰在哥伦比亚大学读博士时两人就已认识，冯友兰晚年回忆说："我还在纽约的时候，燕京大学有一位教授，名叫博晨光，他是美国人，到美国去休假，在哥伦比亚大学教中文。他想在中国留学生中找一个人帮他的忙，找来找去就找着我了。他在中文方面，遇见他解决不了

---

① 博晨光生平详见燕京研究院编《燕京大学人物志》第一辑，第 236—237 页。

的问题就来找我，好在课程的要求也不很高，没有碰见我所不能解决的问题。”[①]1923 年冯友兰获得博士学位回国后，两人继续保持联系。1925 年应博晨光的邀请，冯友兰执教燕京大学哲学系，直至 1928 年。在这期间两人合作将《周易·八卦》《尚书·洪范》《庄子·天下》《荀子·非十二子》《荀子·天论》《史记·论六家要旨》等有关中国古代哲学文献译成了英文，1934 年以《中国哲学研究指南》(*Aids to the Study of Chinese Philosophy*)为题由燕京大学哈佛燕京学社出版。博晨光长期在北京生活，是著名的中国通，对于来北京进修的年轻美国学者一向给予各方面的帮助。

毕格(Cyrus H.Peake，1900—1983)1927 年获得哥伦比亚大学博士学位后留校任教，1937 年后服务于美国国务院，长期从事对日外交。他的代表作是《近代中国的民族主义与教育》(*Nationalism and Education in Modern China*，Columbia University Press，1932)。1933—1934 年毕格到北京进修，与中国学者多有交往。顾颉刚在日记中多次提到毕格，如 1933 年 11 月 27 日："到哈燕社……(邓)嗣禹偕毕格来。……毕格博士，美国哥伦比亚大学中国历史讲师，戴闻达之弟子，来中国研究中国法律史，来询此方面之材料。"[②]胡适在日记中也多次提到毕格，如 1934 年 3 月 9 日："Cyrus Peake 来谈。……哥伦比亚大学中国部 L.C.Goodrich 来信，约我于一九三四年九月到那边讲学半年……又托 Dr.Peake 来说。"[③]

上文引顾颉刚日记中提到毕格来北京进修的内容之一是中国法律史，他在这一方面的研究成果最终以《近代以来的中国法律研究》(Recent Studies on Chinese Law)一文面世(载于 1937 年美国《政治学季刊》第 1 期)。毕格在论述这篇文章的目的和内容时写道："近年来，中国、日本和西方学者对中国行政法和司法机构的研究显示出越来越多的兴趣，他们运用现代研究方法撰写了一批专著和论文，虽然数量不多，但无疑是良好的开端，这一工作继续下去必将能使我们更好地了解中国的社会、经济和政治体系。"[④]毕格这篇长文的主体是对现有中外成果的总结和评述，论文内容翔实，评论公允，充分显示了他在北京期间治学之勤奋。

---

① 冯友兰:《三松堂自序》，第 62—63 页。

② 《顾颉刚日记》卷三，第 115 页。

③ 《胡适日记》(六)，第 346 页。

④ Cyrus H.Peake，"Recent Studies on Chinese Law"，*Political Science Quarterly*，Vol.52，No.1(Mar.，1937)，p.117.

此外值得一提的是，毕格是最早关注北京明清档案出版情况的美国学者之一，早在1932年就在《美国历史评论》上撰文予以介绍。他在文章的开头写道："第一次世界大战和俄国革命使欧洲的一些档案公诸于世，否则学者们还不知道要等多久才能看到这些档案。同样，1911年的辛亥革命也使清朝的档案公诸于世。清朝皇宫转变成博物馆和图书馆后，学者们得以接触大批文献，这是前所未有的。批判地使用这些文献将会使近代中国（1620—1911）的历史面貌清晰地显示出来，其清晰程度无疑将大大超过此前所有时代的中国。对于新成立的民国来说，完整地公布和研究这些档案是不需要担心其结果的。近年来，中国学界在这批文献的保存、编目和出版方面投入了大量人力物力。"①在文章的主体部分，毕格详细介绍了内阁大库档案、军机处档案等档案文献，以及故宫博物院的《史料旬刊》、中央研究院史语所的《明清史料》等出版物。毕格还在文中提到了北京当时一些重要学者如陈寅恪、朱希祖、陈垣、傅斯年、徐中舒等在明清档案保护和出版上的努力，由此可见他对中国史学界的注意和了解。

贾德纳（Charles S.Gardner，1900—1966）1935年获得哈佛大学博士学位后留校任教。20世纪30年代他曾几次到北京访学，在北京期间和中国学者联系密切，其中和杨联陞的关系尤为密切。杨联陞（1914—1990）1937年毕业于清华大学经济系，1941年赴美就读于哈佛大学，1946年获得博士学位后一直执教于哈佛东亚系，20世纪50年代逐渐成为西方汉学界最具影响力的华裔学者，有"汉学界第一人"之誉。有意思的是，杨联陞之所以能去美国读书完全是偶然的机遇，而这个机遇是由贾德纳提供的。对此杨联陞有如下追忆：

> 贾德纳是我最好的西友，也是我能来美国的大恩人。要说我的英文，在清华做学生时成绩只在乙丙之间，做梦也没有过考取留美公费生的妄想。后来竟然来美，只是偶然而又偶然的机会。那时贾德纳是哈佛大学远东语文系助教授，照例有一年休假进修，全家在北平住南池子，请了一位中国青年学人帮他看中文书日文书，就是周一良。钱稻孙与贾德纳本不认识，周一良是燕京大学出身，中英日文都好，治南北朝

---

① Cyrus H.Peake，"Documents Available for Research on the Modern History of China"，*The American Historical Review*，Vol.38，No.1（Oct.，1932），p.61.

隋唐史,曾在中央研究院工作。那一年由洪煨莲(业)等推荐,得了哈佛燕京学社的奖学金,要到美国读博士学位,想找一个替身,写信问钱稻孙,钱先生就推荐了我。

我与贾德纳一见投缘。除了帮他看学报(如《支那学》《东方学报》——东京、京都两种),用英文做提要之外,还帮他选择各书铺送来的他要替哈佛买的同他自己要买的书。每星期去三次,谈话兼用中英文。贾德纳著有《中国旧史学》(*Chinese Traditional Historiography*,1937,后来绝版,重印时我略加补正),精于目录之学。除了对西洋汉学著作如数家珍之外,对中国日本学人的造诣,也颇了解。他的博士论文是《清史稿康熙本纪译注》(A Chapter of the Basic Annals from the Draft Tsing History),因叙论太长,牵涉太广,修改不易,没有出版。我虽帮他中日文,在其他方面,实在是他的学徒。

1939年贾德纳回国时,知道我要失业,特意留下一部百衲本《宋史》,一部《后汉书》,请我替他用朱笔标点校对,每月仍有酬报。

1940年8月,贾德纳忽然来了一个电报,说他自己肯出钱邀我去美国一年,半时帮他工作,半时在哈佛研究院选课。这真是喜从天降。虽然办出国手续等等,有意外的繁难,费了好几个月,毕竟在1941年2月初赶到哈佛上课。贾德纳供给我全部学费生活费一年有余。1942年夏季,我得到历史系的硕士学位,又得到哈佛燕京学社的奖学金,以后就读博士学位了。如今回想,如果没有这段因缘,我真难想象今日身在何处,叫我如何不感激钱稻孙同贾德纳呢![①]

上文提到的《中国旧史学》是贾德纳的代表作,1938年(杨联陞误记为1937年)由哈佛大学出版社出版,该书全面介绍了中国古代历史学的特点,并对中西历史写作和研究方式的差异做了简明的比较,是西方最早的中国史学史著作。该书出版后受到国际汉学界的好评,[②]成为西方中国史研究者的必读书。1961年该书再版时杨联陞做了部分修订,他在修订版"前言"中

---

① 杨联陞:《忆钱稻孙先生——兼忆贾德纳》,《哈佛遗墨》,商务印书馆2004年版,第51—53页。

② 详见J.J.L.Duyvendak,"Chinese Traditional Historiography by Charles S.Gardner",*T'oung Pao*,Vol.34,No.3(1938),pp.238-239;J.K.Shryock,"*Chinese Traditional Historiography* by Charles S.Gardner",*Journal of the American Oriental Society*,Vol.59,No.1(Mar.,1939),pp.152-153。贾德纳的全部著作参见"Bibliography of The Works of Charles Sidney Gardner",*Harvard Journal of Asiatic Studies*,Vol.27(1967)。

写道:“《中国旧史学》出版二十三年后,无论是初学者还是研究专家都发现,这本开创之作中的大量信息和洞见依然很有教益。……毫无疑问,它还将被业内的学者所参阅,正是基于读者的不断要求,本书原来的赞助者哈佛大学历史系决定利用哈佛燕京学社的补助再版此书。由于贾德纳博士身体不佳,无法做全面的修订,本人在征得作者同意的情况下做了一些增补和修订。”[①]修订版此后又多次印刷。杨联陞研究中国传统思想时很重视“报”——人的来往关系,“总必先有两人:我可以先施,你后报;或你施我报,其中缺一不可”[②]。他本人和贾德纳的关系不正是“报”的最好说明吗?

---

① Lien-Sheng Yang, “Foreword”, in Charles S. Gardner, *Chinese Traditional Historiography* (Harvard University Press, 1961), p. vii.

② 杨联陞:《中国文化中“报”、“保”、“包”之意义》,贵州人民出版社 2009 年版,第 4 页。

# 第三章 卜德

卜德(Derk Bodde,1909—2003)于1909年3月9日生于马萨诸塞州的布兰德罗克(Brant Rock)。卜德十岁时,他的父亲被聘请为上海南洋公学(上海交通大学前身)的物理教师,卜德随父亲在上海生活了三年(1919—1922),学会了一些汉语,这为他后来选择汉学研究打下了基础。1922年回国后他曾在当时一份面向少年学生的刊物《圣尼古拉斯》(*St. Nicholas Magazine*)上发表过几篇讲述自己中国经历的小文章。1926年卜德进入哈佛大学学习,本科毕业的时候,刚刚建立不久的哈佛燕京学社正在努力招募人才拓展东亚研究。卜德于1930年申请获得了哈佛燕京学社的奖学金,开始攻读汉学方向的研究生。在哈佛学习了一年汉语后,卜德于1931年前往北京留学,哈佛燕京学社的奖学金原本为期两年,卜德通过申请将之延长至四年,后来实际在北京留学了六年(1931—1937)。他的留学生涯主要是在燕京大学和清华大学度过的。在六年中,他结识了许多中国学者,其中对他影响最大的是当时任教清华哲学系的冯友兰,他们成为终身的好友。1935年卜德在北京结婚,新娘是一位俄国侨民,婚后他们住在西裱褙胡同一所四合院中。

在北京期间卜德结识了到北京访学的荷兰著名汉学家戴闻达(J.J.L. Duyvendak)①,并决定前往戴氏工作的莱顿大学继续深造。卜德于1937年秋天离开北京前往莱顿,并于次年凭借对于李斯研究的论文获得博士学位。离开莱顿回到美国后卜德于1938年秋天开始担任宾夕法尼亚大学东方研究系中文讲师,这个讲师位置是由洛克菲勒基金会提供的,合同期三年。三年期满后宾大决定继续聘用卜德,此后卜德一直在宾大工作。1950年卜德被聘为教授,在担任教授25年后于1975年退休。卜德在宾大建立起了正规的汉语和汉学课程,并帮助建立了东亚图书馆,使宾大逐渐成为美国汉学研究的重镇。

1941年年底由于太平洋战争爆发,卜德曾被美国情报部门征用,参与起草有关中国的战情报告。每逢周末,卜德还需要从华盛顿返回位于费城的

① 戴闻达(J.J.L.Duyvendak,1889—1954)是荷兰著名汉学家。他早年跟随荷兰汉学家高延,法国汉学家沙畹、考狄等学习,1912—1918年在北京担任荷兰驻华使馆翻译,回国后于1919年被任命为莱顿大学中文讲师,从此一直在莱顿从事教学和著述,1928年凭借译注《商君书》获得博士学位,1930年被提升为教授,同年创建莱顿大学汉学研究院(Sinologisch Instituut)和"莱顿汉学研究书系"(Sinica Leidensia)。在戴闻达的努力下,莱顿大学逐渐成为欧洲和世界汉学的中心之一。参见 Lionello Lanciotti,"J. J. L. Duyvendak (1889 - 1954)", *East and West*, Vol. 5, No. 3 (Oct., 1954), pp.186-187.

宾大，为参加汉语培训班的美军士兵上课。当时美国政府在东部的几所大学设立了为期一年的美军特别培训项目（Army Special Training Program），主要培训东亚语言，宾大是其中之一。战后，卜德作为第一批富布莱特项目①访问学者（也是第一位访问中国的学者）于 1948 年秋再次来到北京。他亲身经历了解放军攻占北京和整个中国的大变局，并把这段经历以《北京日记》（*Peking Diary*：*A Year of Revolution*，New York：Henry Schuman，1950）的形式记录下来并公诸于世。卜德于 1950 年年初返回美国，此后二十多年由于中美隔绝无法再来中国，直到 1978 年 10 月，他随第一个美国学术代表团访问北京等城市，才再次踏上中国的国土。

1975 年退休后，卜德仍从事学术研究。1975—1977 年，他在剑桥大学李约瑟研究所工作了两年，后又于 1980—1981 年担任乔治城大学（Georgetown University）首届孙中山杰出访问教授。卜德晚年患有血癌，2003 年 11 月 3 日在费城去世。

由于其杰出成就，卜德被选为 1968—1969 年度美国东方学会主席；1985 年获得美国亚洲学会杰出贡献奖，成为首位获此殊荣的学者，授奖词称赞卜德的一生“学而不厌，诲人不倦”（Assiduous in the pursuit of learning，tireless in the teaching of others）②。

卜德著作等身，共出版 13 部汉学著作：（一）《燕京岁时记》英译（*Annual Customs and Festivals in Peking*，1936）；（二）《中国哲学史》上册英译（*History of Chinese Philosophy*，1937）；（三）《中国第一个统一者：从李斯的一生研究秦代》（*China's First Unifier*：*A Study of the Ch'in Dynasty as Seen in the Life of Li Ssu*，1938）；（四）《古代中国的政治家、爱国者和将军：〈史记〉中三篇秦代人物传记》（*Statesman*，*Patriot*，*and General in Ancient China*：*Three Shih-chi Biographies of the Ch'in Dynasty*，1940）；（五）《中国物品西入考》（*China's gift to the West*，1942）；（六）《中国思想西入考》（*Chinese Ideas in the West*，1948）；

---

① 富布莱特项目（Fulbright Fellowship）创建于 1946 年，以倡议者美国参议员富布莱特（James W. Fulbright，1905—1995）的名字命名，目的在于加强美国和世界各国的文化交流。

② 以上关于卜德生平的介绍参考了下面四篇讣告和纪念文章：W. Allyn Rickett，“In Memoriam：Derk Bodde（1909-2003），President of the Society，1968-1969”，*Journal of the American Oriental Society*，Vol.123，No.4（Oct.-Dec.，2003），pp.711-713；Wallace Johnson，“Derk Bodde（March 9，1909-November 3，2003）”，*The Journal of Asian Studies*，Vol.63，No.1（Feb.，2004），pp.267-268；Michael Loewe，“In Memoriam：Derk Bodde”，*T'oung Pao*，Second Series，Vol.90，No.1/3（2004），pp.163-165；Charles Le Blanc，“Derk Bodde，9 March 1909-3 November 2003”，*Proceedings of the American Philosophical Society*，Vol.150，No.1（Mar.，2006），pp.161-165.

（七）《托尔斯泰与中国》（*Tolstoy and China*,1950）；（八）《中国哲学史》下册英译（*History of Chinese Philosophy*,1953）；（九）《中国的文化传统》（*China's Cultural Tradition,what and whither?* 1957）；（十）《中华帝国的法律》（*Law in Imperial China*,1967）；（十一）《古代中国的节日》（*Festivals in Classical China*,1975）；（十二）《中国文明论集》（*Essays on Chinese Civilization*,1981）；（十三）《思想、社会和科学：古代中国科技的知识背景和社会背景》（*Chinese Thought,Society and Science:the intellectual and social background of science and technology in pre-modern China*,1991）。

除这些著作外，卜德一生还发表了100多篇论文，90多篇书评。[①] 从这些论著我们不难看出，卜德的治学范围十分广泛，涉及中国哲学、宗教、社会、语言、文学、法律、礼俗、科技等方方面面。在学术分工越来越细密的今天，卜德的广博是让人赞叹的。一位学生在卜德去世后所写的纪念文章中将卜德称为"最后一位伟大汉学家"（the last of the great Sinologists），是颇有道理的，他说："卜德的去世终结了一个汉学传统，这一传统开始于19世纪，这一传统中的人们为中国古代文化着迷，他们常年生活在中国，虽然没有我们今天所拥有的字典、索引、书目等研究资料，更不用说互联网，但他们却写出了大量坚实的作品，奠定了我们今天日益细化和专门化的汉学研究的基础。卜德是老传统的殿军，又能够充分利用新的资源和方法。他既有传统汉学家的广度和热情，又有现代专业学者的技能，难怪他能不断地在中国研究上开辟新的领域。"[②]

卜德在北京留学期间成果丰硕，出版了《燕京岁时记》英译、《中国哲学史》上册英译两本译著，完成了博士论文初稿，此外还发表了多篇论文。下文将对他的著译做详细的论述。

---

① 卜德全部著作目录参见其纪念文集附录部分：Charles Le Blanc and Susan Blader,eds.,*Chinese Ideas about Nature and Society:Studies in Honour of Derk Bodde*（Hong Kong University Press,1987）。卜德代表性论文收入其论文集：*Essays on Chinese Civilization*（Princeton University Press,1981）。

② W.Allyn Rickett,"In Memoriam:Derk Bodde（1909－2003）,President of the Society,1968－1969",*Journal of the American Oriental Society*,Vol.123,No.4（Oct.-Dec.,2003）,p.711.

# 第一节　两篇论文

## 一

卜德在北京撰写的第一篇文章是《〈论语〉中使人困惑的一句》(A Perplexing Passage in the *Confucian Analects*),发表于1933年12月《美国东方学会学报》第53卷第4期。

这句使人困惑的话是《子罕》篇的首句:"子罕言利与命与仁。"英国汉学家理雅各将这句话译成:"The subjects of which the Master seldom spoke were—profitableness, and also the appointment of heaven, and perfect virtue."按照理雅各的翻译,这句话的意思是:孔子很少谈论利、命、仁这三个问题。在整个《论语》中,孔子确实很少谈利的问题,但谈论命特别是仁的地方却很多。理雅各也意识到了这个问题,在给出上面的译文后,他加了一个注释:"《论语》第四篇几乎都在谈仁,仁无疑是孔子思想中一个最重要的命题,这里说孔子很少谈仁,我觉得有问题,但不知道如何解决。"[①]理雅各的《论语》译本(*Confucian Analects*)自1861年问世以来,一直是西方汉学的经典之作。理雅各无疑是19世纪儒学造诣最深的外国学者,但对于中国圣人的语言和思想有时也难免感到困惑。

"子罕言利与命与仁"这个问题当然不是理雅各第一个发现的,中国古人早已注意到了,并且想出了解释的方法。何晏注云:"罕者,希也。利者,义之和也。命者,天之命也。仁者,行之盛也。寡能及之,故希言也。"邢昺疏云:"此章论孔子希言难考之事。……孔子以其利、命、仁三者常人寡能及之,故希言也。"[②]何晏与邢昺的解释前后呼应,都认为利、命、仁三者,常人难以做到,所以罕言。在何与邢之后,还有一些人也提出了类似的解释,其中朱熹无疑是最权威的,他在《论语集注》这一句下写道:"罕,少也。程子曰:'计利则害义,命之理微,仁之道大,皆夫子所罕言也。'"[③]但这种解释实在牵

---

① James Legge, *The Chinese Classics*, Vol.1 (Second edition, London: N.Trubner & Co., 1869), p.167.

② 何晏、邢昺:《论语注疏》(十三经注疏整理本),北京大学出版社2000年版,第124页。

③ 朱熹:《四书章句集注》,中华书局1983年版,第109页。

强。《论语》全书中“仁”字出现了108次之多，几乎每篇都有，根本不稀罕。而且“仁”是孔子思想的核心，如果罕言，孔子学说又如何建立呢？

卜德在读理雅各的《论语》译本时注意到了“子罕言利与命与仁”这句话的翻译和注释。他认为理雅各太迷信何晏、朱熹等人的权威解释，所以把“与”理解为“和”，这样就造成了翻译的困难。卜德认为要解决这个困难，必须打破权威。“与”在一般情况下理解为一个连接词是可以的，但在这里却应该被理解为一个动词。为了支持自己的看法，卜德翻阅了不少古籍，并找到了一位知音——宋代学者史绳祖，史绳祖在《学斋佔毕》一书中举了《论语》里四个“与”作为动词的例子：一、吾无行而不与二三子者，是丘也。（《述而》）二、与其进也，不与其退也，唯何甚？（《述而》）三、吾与点也。（《先进》）四、吾非斯人之徒与而谁与？（《微子》）在此基础上史绳祖给出了自己对“子罕言利与命与仁”的独到见解：“盖子罕言者，独利而已，当以此句作一义。曰命曰仁，皆平日所深与，此句别作一义。”[①]参考史绳祖的意见，卜德认为这里的“与”应该是“许”——“认同”的意思。根据这一理解，他把这句话翻译成：“The Master rarely spoke of profit.But he gave forth his ideas concerning the appointments of Heaven, and also gave forth his ideas concerning perfect virtue.”[②]

把“子罕言利与命与仁”中的“与”理解为一个动词，还可以找出另外一个理由。卜德发现，《论语》中在列举多样事物时，一般很少用“与”来连接，以下四个例子可以说明这一点：一、子所雅言，诗书执礼，皆雅言也。（《述而》）二、子不语怪力乱神。（《述而》）三、子以四教：文行忠信。（《述而》）四、子绝四：毋意，毋必，毋固，毋我。（《子罕》）根据这样的结构特征，特别是参照“子不语怪力乱神”这一句来看，“子罕言利与命与仁”一句中的利、命、仁如果是并列关系的话，就显得相当累赘，远不如“子罕言利命仁”来得简洁。

理雅各在翻译《论语》等儒家经典时，经常参考阮元刊刻的《皇清经解》，收入其中的《四书考异》（翟灏著，卷四四九至卷四八四）在讨论《子罕》篇时曾引用史绳祖的观点，但理雅各显然没有留意，这让卜德感到遗憾。而让他

---

① 史绳祖：《学斋佔毕》，中华书局1985年版，第13页。卜德使用的是嘉庆十年（1805）收入张海鹏编《学津讨原》十二集的刻本。

② Derk Bodde, “A Perplexing Passage in the Confucian Analects”, *Journal of the American Oriental Society*, Vol.53, No.4 (Dec., 1933), pp.347-351.

更觉得遗憾的是，19世纪末以来西方几位重要的汉学家和《论语》译者——顾赛芬（Séraphin Couvreur，1835—1919）、苏慧廉（William E. Soothill，1861—1935）、卫礼贤（Richard Wilhelm，1873—1930）——都没有能够超越理雅各，都在各自的翻译中将“与”作为连词来理解，而中国翻译家也是重蹈覆辙，辜鸿铭的译文是：“Confucius in his conversation seldom spoke of interests，of religion or of morality.”①

卜德的论文在1933年年底发表后，立刻引起了著名汉学家劳费尔的注意，他很快发表了一篇很短的商榷文章，刊登在下一期的《美国东方学会学报》上（第54卷第1期，1934年3月）。劳费尔同意卜德将“与”理解为一个动词，但不同意把“与”解释为“许”，因为《论语》中没有其他的例证。② 卜德看到这篇文章后，认为劳费尔的意见是站不住脚的，因为《论语》中将“与”理解为“许”至少还可以再举其他两例：一、子曰：“与其进也，不与其退也，唯何甚?”（《述而》）二、夫子喟然叹曰：“吾与点也。”（《先进》）但卜德还没有来得及将自己的反驳意见写下来，劳费尔便于同年9月去世了。卜德一直很景仰劳费尔，所以虽然不同意劳费尔的商榷，但很珍视劳费尔的这篇绝笔之作，多年之后还为劳费尔因自杀而早逝感到惋惜。③

在劳费尔的文章发表二十年后，著名华裔学者陈荣捷在讨论“仁”的一篇文章（载《东西方哲学》1955年第4卷第4期）中再次对卜德的论文提出了商榷。他认为“子罕言利与命与仁”中的“与”还是应该理解为“和”，因为“与”作为连词在《论语》中并不少见，如“富与贵，是人之所欲也”（《里仁》）、“夫子之言性与天道，不可得而闻也”（《公冶长》）等。同时，陈荣捷也承认，将这里的“与”解释为“和”使这句话的意思与《论语》整个的精神不合，于是他认为解决这一问题的最好办法是“暂时搁置，并等待更多证据的出现”④。卜德在读到陈荣捷这篇文章后，认为陈的反对意见没有抓住自己的要领。卜德同意在《论语》中“与”常常用来连接两个事物，但他在1933年的那篇文章中所要强调的是：《论语》中在列举多样事物时，一般很少用“与”来连接。1981年卜德在为自选集所写的“前言”中再次旧事重提，他仍然坚持自己早

---

① 《辜鸿铭文集》下卷，海南出版社1996年版，第406页。辜鸿铭译《论语》初版于1898年。

② B. Laufer，“Lun Yü IX，1”，*Journal of the American Oriental Society*，Vol.54，No.1（Mar.，1934），p.83.

③ Derk Bodde，*Essays on Chinese Civilization*，p.27.

④ Wing-Tsit Chan，“The Evolution of the Confucian Concept Jen”，*Philosophy East and West*，Vol.4，No.4（Jan.，1955），p.297.

年的观点，并且认为将这里的“与”理解为动词可以很好地解决问题。同时卜德也很有感触地指出：“古汉语中哪怕是很短的一句话，只要对其中一个关键字的理解不同，整个句子的意思也就会完全不同。”①

卜德的文章发表后引起的反响说明，“子罕言利与命与仁”这句话到底如何解释，很难定于一尊。时至今日，将“子罕言利与命与仁”中的两个“与”字理解为连词者仍然大有人在；但比较起来，卜德的解释显得更有说服力。参考一下20世纪几位中国学者的理解，也能证明这一点。钱穆对这句话的翻译是：“先生平日少言利，只赞同命与仁。”②李泽厚的译文是：“孔子很少讲利。许命，许仁。”③在前人众多的解释中，李泽厚所赞同并加以引用的正是史绳祖在《学斋佔毕》中的见解，在这一点上和卜德完全相同。

《〈论语〉中使人困惑的一句》是卜德在北京撰写和发表的第一篇文章。据他本人交代，他写这篇文章固然是出于学术兴趣，同时也是为稻粱谋。卜德在北京的第二年收到哈佛燕京学社的通知，说如果想要得到以后两年的奖学金，就必须有作品发表。卜德于是赶紧写了两篇文章（另外一篇考证孔子的生父问题），寄给了《美国东方学会学报》主管东亚的责任编辑施赖奥克。施氏认为《〈论语〉中使人困惑的一句》一篇比较好，不仅观点明确，而且其中使用了未经翻译成英文的中文资料，这对于一个初出茅庐的研究生来说是难能可贵的，于是决定录用。这篇文章的及时发表使卜德顺利地获得了奖学金，解决了他的后顾之忧。④ 另外一篇卜德本人也不是很满意，后来一直没有发表。

## 二

1934年10月14日，顾颉刚在日记中写道：“将卜德所著《左传与国语》汉文本重作，一天毕，约四千字。……卜德，哈佛大学派到北平之研究生，来平两年，竟能以汉文作文，其勤学可知。所作《左传与国语》一文，写来已数月，予初托孙海波君改，谢不敏。希白亦谓无办法。予嘱其寄来，今日费一日之力为之，以就稿改削不便，索性猜其意而重作之，居然可用矣。”⑤这篇由

---

① Derk Bodde, *Essays on Chinese Civilization*, pp.28-29.

② 钱穆：《论语新解》，生活·读书·新知三联书店2002年版，第220页。该书初版于1963年。

③ 李泽厚：《论语今读》，安徽文艺出版社1998年版，第213页。

④ Derk Bodde, *Essays on Chinese Civilization*, p.27.

⑤ 《顾颉刚日记》卷三，第247—248页。

顾颉刚根据卜德意思改写而成的论文两个月后即刊发于《燕京学报》第16期(1934年12月)。《燕京学报》第16期本来应该由顾颉刚主编,但因为其继母1934年8月去世,顾回杭州奔丧并处理后事,编辑工作交给了燕大同事容庚(希白)。据日记可知,顾颉刚在离开北京前就已收到了卜德的论文,但修改工作一直没能落实,最后只好让容庚把稿子寄到杭州,自己动手来改。

替别人改文章是一件难事,更别说是为一个美国人改中文文章,所以即使是容庚、孙海波这样的国学专家也只好敬谢不敏。但会者不难,顾颉刚居然用一天时间就修改完毕,难怪他不无得意,他在这一天日记的最后写道:"我真不懂,别人的本领何其小,我的本领何其大?大约此无他,有胆量敢负责任否尔。"[①]如果没有顾颉刚的胆量和负责,卜德的这篇论文恐怕就无缘《燕京学报》了。

关于《左传》与《国语》的关系,康有为在《新学伪经考》中提出过一个大胆的看法:《左传》与《国语》本来是一本书,所谓《左传》是刘歆割裂《国语》而成。晚清以来,支持这一观点的有梁启超、钱玄同等今文学者,反对者则有以章太炎为代表的古文学者。卜德是第一个对此发表见解的美国学者,他认为《左传》与《国语》是两本书。

在这篇文章中,卜德首先从语言层面分析了两书的一个明显差异。他指出:"《左传》最喜欢引《书经》和《诗经》《书》,它引过四十六次;《诗》,引过二百零七次。但是那部比了《左传》分量约少一半的《国语》,所引《诗》《书》并不止减少一半,它只引了十二次《书》,二十六次《诗》。这实在太少了!尤其是《诗》的比例,只有八分之一。况且《国语》引《诗》不但只有二十六次,而在这二十六次之中,有十四次都在一篇里。所以,除了这一篇之外,其余十分之九的书里,只引了十二次《诗经》而已。"[②]对于这个大不相同的情形,卜德认为只有两种解释:"一、《左传》和《国语》所根据的材料不同;二、《国语》的作者对于《诗》学没有深研,或者他对于引《诗》的癖好及不上《左传》的作者。"[③]除此之外,卜德又指出另外一个语言上的差异:"《左传》和《国语》中提到的'天'字,真是多不胜数。然而'帝'或'上帝'两个名词(用作'天'解,不作'皇帝'解),在《左传》中只有八次,而在分量少了一半的《国语》里却已说到十次。'上帝'不单称'帝',《左传》中只有四次,而在《国

① 《顾颉刚日记》卷三,第248页。
② 卜德:《左传与国语》,《燕京学报》第16期(1934年12月),第162页。
③ 卜德:《左传与国语》,《燕京学报》第16期,第162页。

语》的十次之中，只有一次单言‘帝’，余俱为‘上帝’。”[①]这样的大差别，显然不是偶然的。

在分析完语言上的差异后，卜德又分析了两书内容上的差异，他的分析不是直接亮出自己的观点，像分析语言问题那样，而是以一位中国学者——钱玄同的观点为靶子。钱玄同认为《左传》和《国语》是由一书瓜分为二而成的，他的理由是：(一)《左传》记周事颇略，故《国语》所存春秋时代的周事尚详；(二)《左传》所记鲁事最详，而残余之《鲁语》所记多半是琐事；(三)《左传》记齐桓公霸业最略，而《齐语》则专记此事；(四)《晋语》关于霸业之荦荦大端记载甚略，《左传》则甚详；(五)《郑语》皆春秋以前事；(六)《楚语》关于大端的记载亦甚略；(七)《吴语》专记夫差伐越而卒亡国事，《左传》对于此事的记载又是异常简略；(八)《越语》专记越灭吴之经过，《左传》全无。[②] 卜德认为钱玄同的这几点理由看似有理，但如果深入考察，还是可以打破的。卜德指出，在讨论细节问题之前，首先需要从总体上把握《左传》《国语》的差异，这种差异就是“宗旨的不同”：“《左传》是一部有系统的历史记载，故能表示一年一年的政治上的大事，然而《国语》不是通史，它只是好些演说词的合编，所以容易含有许多不正确的传闻，而不必用历史的观念对于大事作系统的记载。”[③]换句话说，《左传》有历史的观念，而《国语》则无。有了这样大的观照，再来看细节问题，就比较清楚了。针对上文钱玄同的(一)(二)(四)(六)条理由，卜德反驳道：“《左传》记周事颇略，《周语》则甚详，没有什么可怪：春秋时代的周朝已经衰落了，与大事不生什么关系，所以《左传》记得颇略；可是都城所在，遗留的故事很多，所以《周语》记得甚详。《左传》对于晋及楚的详记也是如此，因为这两国的政治地位是特别高的。关于鲁国，我们知道《左传》是附着于鲁史《春秋》的，当然对于鲁史会特别记得详尽了。”[④]钱玄同的其他几条理由也被卜德以同样的方式进行了反驳。

卜德认为钱玄同的说法站不住脚，还有一个重要原因，就是“有很多事，《左传》《国语》都有记载，两相符合”[⑤]，如果是一本书一分为二，怎么会出现

---

① 卜德：《左传与国语》，《燕京学报》第16期，第162—163页。

② 钱玄同：《论获麟后续经及春秋例书》，《古史辨》第一册，第279页。

③ 卜德：《左传与国语》，《燕京学报》第16期，第164页。

④ 卜德：《左传与国语》，《燕京学报》第16期，第164页。

⑤ 卜德：《左传与国语》，《燕京学报》第16期，第165页。为此卜德举了六个例子：(一)有神降于虢；(二)重耳(后为晋文公)游历诸国；(三)晋文公分曹地；(四)秦军过周伐郑；(五)楚共王之卒及谥；(六)晋平公疾。

这样的情形呢？另外，有些事情虽然《左传》《国语》都有记载，但字句、观念上都不同，卜德认为这只能说明两书作者所依据的原始史料不同，也更进一步说明两书不可能源自同一本书。

卜德的论文就其本身来看，是很有价值的，而更有价值和意义的是，他直接参与了当时中国国内学术界的讨论，并发出了自己的声音，这对于一个年轻的美国汉学家来说，是难能可贵的。卜德的论文能发表在《燕京学报》上，本身就是一个很大的荣誉，因为能在这份高水平刊物上发表文章的都是当时中国的一流学者，在《燕京学报》第16期上我们看到，在卜德的前后，是夏承焘、向达、张东荪等人的大作。

十多年后，顾颉刚仍然没有忘记卜德和他的这篇论文。1947年顾颉刚出版了《当代中国史学》一书，在论述古书年代考订的一节中他写道："除了《尚书》以外，比较地为中外学者所深切注意的，便是《左传》和《国语》的著作时代问题，因为这个问题已为晚清今文家所提出而没有解决的。国外学者对于这问题有研究的要算高本汉了，他著有《左传真伪考》，从文法上证明《左传》非鲁人作，而《左传》与《国语》确为用同一方言人所作，但决非一人之作品。此外卜德著有《左传与国语》一文，由二书的引《诗》多寡上及用'帝'与'上帝'的多寡上，证明二书原非一物。国内学者对此问题作考论的很多，冯沅君、童书业、孙海波、杨向奎诸先生对此问题都曾作比较研究。……关于这个问题到现在还没有得到定论，总之，《左传》和《国语》二书决非春秋时代的作品，是可以无疑的了。"①顾颉刚的《当代中国史学》出版后很快成为一部名著，它全面总结了百年（1845—1945）中国历史学的发展，其中直接提到的外国人不多，且多是日本老牌汉学家，卜德是极少数西方学者之一，这对于一个年轻的汉学家来说，不能不说是无上的荣誉。

顾颉刚在上文中提到的瑞典学者高本汉是20世纪西方最重要的汉学家之一，他的一大贡献就在于创造性地使用纯粹语言学的方法来解决中国古籍的校释、考证和年代等问题。他的《左传真伪考》一文最初发表于1926年的《哥德堡大学年刊》上，1927年由陆侃如翻译成中文于该年10月由上海新月书店出版，胡适曾专门为该译本撰写序言，②可见中国学者对此文以及高本汉研究方法的重视。高本汉在这篇文章中从语言的角度比较了《左传》和

① 顾颉刚：《当代中国史学》，上海世纪出版集团2006年版，第123—124页。

② 胡适的序言《〈左传真伪考〉的提要与批评》后收入《胡适文存三集》（上海亚东图书馆1930年版）卷三。

《国语》,指出它们在文法上虽然有不少相似之处,但存在一个重要差异:凡用作"像"的意思,《左传》全用"如",而《国语》则既用"如",又用"若"。① 卜德在语言层面对《左传》和《国语》的比较并指出两者的差异显然是受到了高本汉的启发,并继续向前迈出了一大步。

顾颉刚一生提携后进无数,但似乎对卜德格外奖掖。他修改卜德的文章虽然只用了一天时间,但在这个美国年轻人身上所感受到的"吾道不孤"一定是异常强烈的。在《顾颉刚日记》中我们还能看到他们两人交往的更多情况:

1933年2月9日:博晨光偕卜德来访。

1934年5月18日:开哈燕社同学会。……今午同席:Sickman、Bodde、Creel、亮丞、文如、煨莲、希白、东荪、予、博晨光(以上客)、司徒雷登(主)。

1935年11月27日:写卜德信。

1936年5月31日:今午同席:毕乃德夫妇、博晨光、海松芬、容八爰、谢强、李瑞德夫妇(先行)、薛瀛伯、起潜叔、卜德、朱士嘉、予(以上客)、邓嗣禹(主)。

1936年6月4日:写卜德信。

1936年6月11日:到西裱褙胡同卜德家吃饭。十时辞出。……今晚同席:福开森、汤用彤、张亮丞、袁同礼、尚有美国人二、予(以上客)、卜德(主)。

1937年3月26日:今午同席:魏道明、富路德、卜德、鞠清远、马乘风、方志浵、予(以上客)、魏特夫(主)。

1937年5月30日:到西大陆春赴卜德宴。……今午又同席:芝生、亮丞、汤用彤、佟晶心、罗文达、尚有西人二人、王继曾、王君、予(以上客)、卜德(主)。

1937年6月16日:到同和居宴客,九时散。……今夜同席:魏特夫夫妇、卜德、刘寿民、汪叔棣、周杲、张铨、林卓园、连士升(以上客)、予(主)。②

---

① 胡适:《〈左传真伪考〉的提要与批评》,《胡适文集》(四),北京大学出版社1998年版,第161页。

② 《顾颉刚日记》卷三,第13、190、414、480、482、484、623、647、648、655页。

从以上日记内容不难看出卜德和当时北京学术界的广泛交往。除以上提到的这些学人外，卜德还和杨树达有一定的交往。杨树达在回忆录中两次提到卜德。一次是 1934 年 12 月 2 日："燕京大学研究生美国人卜德招饮。同座除冯芝生、许地山、吴雨僧诸君外，有美国人福开森。"另外一次是 1935 年 1 月 12 日："美国人卜德寄所著《左传与国语》论文来，申证高本汉《左传》非伪书之说，颇有心思。"[①]由此可见卜德结识杨树达后，曾把《左传与国语》一文寄给杨指教。

## 第二节 《燕京岁时记》英译

《燕京岁时记》是一部记录北京岁时风物民俗的专书，以新年第一天开始，逐日逐月地介绍各种节日、庙会、食物、游戏以及有关的名胜古迹，生动而全面地展现了老北京的风俗画卷。该书作者为满族人富察敦崇（礼臣），作品完成于 1900 年，刊印于 1906 年。鉴于这部作品的价值，1961 年北京出版社根据原刻本重新标点排印出版（与清初潘荣陛的《帝京岁时纪胜》合为一册），这就是我们现在看到的通行版本。该本的"出版说明"称，《燕京岁时记》"这本书曾有过法文和日文的译本"[②]。据笔者所知，日译本是有的（1941 年小野胜年译本），法译本好像没有，日译本之前有 1936 年出版的英译本，译者正是卜德。

卜德在北京进修的主要科目是中国哲学史，特别是儒家哲学，但随着阅读范围的扩大和生活体验的丰富，卜德逐渐认识到，中国的文化精神是异常丰富的，不仅体现在"四书""五经"和其他经典著作中，也体现在老百姓日常的衣食住行之中。《燕京岁时记》这本书打动他的一点就是"书中一次都没有直接提到孔夫子"，他认为由此可以看出，"儒家虽然形塑了统治阶层和知识分子阶层的思想和道德，但对于一般老百姓的影响却相对很小，他们的思想意识更多地体现在日常的节日和习俗中"[③]。20 世纪 30 年代虽然离富察敦崇写作《燕京岁时记》的年代相去不远，但其中记录的一些节日已在淡化

---

① 杨树达：《积微翁回忆录》，北京大学出版社 2007 年版，第 64 页。

② 潘荣陛、富察敦崇：《帝京岁时纪胜 · 燕京岁时记》，北京出版社 1961 年版，第 2 页。

③ Derk Bodde, trans., *Annual Customs and Festivals in Peking* (Peiping: Henri Vetch, 1936), p.x.

或消失。卜德在留学过程中对北京的生活越来越迷恋,他的翻译就个人来说是出于思古之幽情,而从学术上来说则是为了让西方读者更好地了解老北京的生活,从而让他们从社会底层的方面了解中国的思想。

翻译《燕京岁时记》的一大困难在于其中有太多的专有名词,很难移译。卜德的做法基本上是直译,遇到个别极难翻译之处则采取意译或部分省略的方法。例如在《灯节》一节中,富察敦崇列举了多种烟火的名目,卜德一一做了翻译:盒子(small boxes)、花盆(flower pots)、烟火杆子(fire and smoke poles)、线穿牡丹(peonies strung on a thread)、水浇莲(lotus sprinkled with water)、金盘(golden plates)、落月(falling moons)、葡萄架(grape arbors)、旂火(flags of fire)、二踢脚(double-kicking feet)、飞天十响(ten explosions flying to heaven)、五鬼闹判儿(five devils noisily splitting apart)、八角子(eight-cornered rockets)、炮打襄阳城(bombs for attacking the city of Hsiang Yang)、天地灯(lanterns of heaven and earth),如此等等。又如在《九花山子》一节中富察敦崇列举的菊花名目多达133种,卜德翻译了绝大部分,个别实在难以传达的只好略而未译,如"汉皋解佩""文经武纬""沉香贯珠",对此,卜德在页下的注释中请求读者予以谅解。①

卜德在译文中所做的注释大部分是针对原文中一些西方人不了解的人名和地名。如上文列出的烟火名目中有一种叫"炮打襄阳城",对于"襄阳城"卜德做了如下注释:"位于湖北省汉水之滨,历来是兵家必争的战略要地。"②卜德在两处注释中还指出了原作者的错误。一处是关于清明节,富察敦崇在这一节开头写道:"清明即寒食,又曰禁烟节。"③卜德在注释中说:"作者这里说错了,寒食应该在清明前一天,清明节如果用阳历来计算,一般在每年的4月5日左右。"④另一处是关于戒台寺,敦崇在原文中写道:"寺后有太古、观音、化阳、庞涓、孙膑五洞,寺西五里有极乐峰。"⑤卜德在注释中指出:"化阳乃华阳之讹,华阳是陕西的一个县,曾经一度在芈戎的管辖之下,芈戎是宣太后的弟弟,宣太后则是秦惠文王的夫人。芈戎后来隐居在这个洞中,就用以前管辖的那个县的名字命名自己隐居的这个洞。"⑥

---

① Derk Bodde, trans., *Annual Customs and Festivals in Peking*, pp.7, 72-73.
② Derk Bodde, trans., *Annual Customs and Festivals in Peking*, p.72.
③ 潘荣陛、富察敦崇:《帝京岁时纪胜·燕京岁时记》,第54页。
④ Derk Bodde, trans., *Annual Customs and Festivals in Peking*, p.26.
⑤ 潘荣陛、富察敦崇:《帝京岁时纪胜·燕京岁时记》,第57页。
⑥ Derk Bodde, trans., *Annual Customs and Festivals in Peking*, p.34.

卜德的注释不仅具有知识性，也具有学术性。上文关于华阳洞的来历就显示了他的历史考据功夫，虽然没有列出参考文献，但熟习中国历史的人都知道，他依据的是《战国策》和《吕氏春秋》。在其他一些注释中，他则引经据典，比如他在解释寒食的时候就引用了《左传》和《史记》中关于晋文公的记载。更为难能可贵的是，卜德还注意到了当代学者的著述。富察敦崇在描述妙峰山碧霞元君庙时有这样一段文字："庙东有喜神殿、观音殿、伏魔殿，庙北有回香亭。庙无碑碣，其原无可考。然自雍乾以来即有之，惜无记之者耳。"①针对这段话卜德做了如下注释："妙峰山是北京周边最受人欢迎的进香之地，但现存的记录却如此之少，实在值得关注。容庚在探讨妙峰山香火起源的文章中，全文引用了富察敦崇的这段话，作为几乎是唯一的详细描述。他同时还提供了另外一条材料，说明妙峰山早在1629年就已经香火颇盛，因此其作为进香之地完全可以追溯到明朝。容庚的文章刊载在《妙峰山》一书中，该书由顾颉刚主编，1928年出版。顾颉刚在收入该书的自己的一篇文章中指出，妙峰山只是在清代才真正受欢迎起来，在明代人们最常去朝拜的是离北京更近的五座碧霞元君庙，分别位于北顶、南顶、东顶、西顶和中顶。对这五处地方《燕京岁时记》均有记载。"②

卜德对于古代和当代材料的熟练掌握和运用，一方面固然是基于他日益深厚的汉学功力，另一方面也得力于中国学者的指点和帮助，这从卜德在"译者前言"最后开列的致谢名单中不难看出，其中引人注目的是特别提到著名学者张星烺（时任辅仁大学历史系主任）和洪业（时任燕京大学文科主任）。

卜德的"译者前言"写于1935年9月21日，由此可知他在此前已经完成了翻译工作。译本正式出版是在1936年，出版者是当时在北京十分活跃的法文书店（The French Bookstore），其老板是热心文化事业的法国人魏智（Henri Vetch，1899—1978），书店的办公室设在北京饭店。1937年卜德英译的冯友兰《中国哲学史》上卷也是由法文书店出版的。误以为《燕京岁时记》有法文译本，也许是由于出版者是法文书店而来。

法文书店是民国时期北京颇有影响的文化机构，它的业务范围主要是

① 潘荣陛、富察敦崇：《帝京岁时纪胜·燕京岁时记》，第59页。

② Derk Bodde，trans.，*Annual Customs and Festivals in Peking*，p.39.卜德提到《妙峰山》一书（中山大学"民俗学会"丛书第十八种，1928年版）中的两篇文章分别是顾颉刚的《妙峰山的香会》和容庚的《碧霞元君庙考》。

两项，一是图书进出口——将外文书籍引入中国和将中文书籍销往国外，二是学术出版，著名的出版物如初期的《华裔学志》、爱斯嘉拉（Jean Escarra，1885—1955）的《中国法制史》（*Le droit chinois*）、阿灵敦（L. C. Arlington，1859—1942）的《寻找老北京》（*In search of Old Peking*）等。法文书店的骄人业绩主要得力于魏智的经营有方。曾长期在北京生活的德国汉学家傅吾康在1939年8月6日的家信中对魏智有这样的描述："他在北京二十年，虽然几乎不会说中文，但熟知西山的每一条道路和每一座小木桥。无论是白天还是黑夜，他从不知疲惫，如果和他在一起，总有一些有趣和出乎意料的事儿。魏智很活泼开朗、风趣机智，和他的每一次聊天都令人很兴奋，他总是很友好而且乐于助人，同时也常常喜欢取笑别人。此外，魏智是一个好商人，懂得用自己的图书生意挣钱。他充满幽默，不会因为别人的影射而气恼，我们都非常喜欢他。"①

卜德的《燕京岁时记》英译出版后，受到了国际汉学界的广泛好评。戴闻达、魏鲁男、魏理（Arthur Waley，1888—1966）等西方汉学家均发表书评，对卜德的工作表示祝贺和肯定。在表扬的同时，他们也提出了一些商榷意见。戴闻达认为，"压岁钱"翻译成"cash to pass the year"固然可以，但没有能够同时传达出其中所隐含的压"祟"（cash to press down evil influences）的意思。魏理认为将"豆泥骨朵"按照拼音翻译成"tou-ni-ku-to"虽然不错，但很费解，实际上这是一个蒙古语，意思是肉饺（meat dumplings）。魏鲁男认为将"打冰"翻译成"striking ice"过于拘泥于字面，"getting in the ice "在他看来更好一些。②

卜德的英译本在中国国内也不乏关注者，其中最重要的是周作人。他在阅读了英译本和日译本后，于1942年8月19日写了一篇题为《关于〈燕京岁时记〉译本》的文章（署名药堂，载1942年10月1日《国立华北编译馆馆刊》第1卷第1期）。此文周作人未编入文集，至近年来始收入《周作人集外文》（海南国际新闻出版中心1995年版）和《周作人散文全集》（广西师范大学出版社2009年版）二书。

---

① 傅吾康：《为中国着迷——一位汉学家的自传》，欧阳甦译，社会科学文献出版社2013年版，第94页。

② J.J.L.Duyvendak，"Review of *Annual Customs and Festivals in Peking*"，*T' oung Pao*，Vol.33，Livr.1（1937），p.104；Arthur Waley，"Review of *Annual Customs and Festivals in Peking*"，*Folklore*，Vol.47，No.4（Dec.，1936），p.403；James R.Ware，"Review of *Annual Customs and Festivals in Peking*"，*Harvard Journal of Asiatic Studies*，Vol.2，No.1（Mar.，1937），p.11.

在文章的开头，周作人写道："敦崇所著《燕京岁时记》是我所喜欢的书籍之一，自从民国九年初次见到，一直如此以至今日。原书刻于光绪丙午，距今才三十六年，市上尚有新印本发售，并不难得，但是我有一本，纸已旧敝，首页有朱文印二，曰铁狮道人，曰姓富察名敦崇字礼臣，篆刻与印色均不佳，所可重者乃是著者之遗迹耳。寒斋所得此外尚有《紫藤馆诗草》《南行诗草》《都门纪变三十绝句》《画虎集文钞》《芸窗琐记》《湘影历史》等六种，但是最有意思的，还要算这《岁时记》，近七八年中英文日文译本都已出来，即此也可见为有目所共赏了。英译本名 *Annual Customs and Festivals in Peking*，译者 Derk Bodde，一九三五年（按：应为 1936 年）北京法文书店发行，价十三元半，但是现售加倍了。日译本名《北京年中行事记》，小野胜年译，昭和十六年岩波书店发行，价金六十钱也。"[①]接着周作人指出了翻译中的一些错误，就卜德的英译本来说，有以下几条：一、《端阳》一节中描述粽子有一段话："以竹筒子贮米，投水以祭之，以楝叶塞其上，以彩丝缠之，不为蛟龙所窃。"[②]其中卜德将"楝叶"翻译成了"lily leaves"（莲叶）是不对的，应该译为"Persian lilac"。二、《江南城隍庙》一节最后一句话是："每岁中元及清明、十月一日有庙市，都人迎赛祀孤。"[③]卜德将"祀孤"翻译成"give offerings to these lonely gods"，即以孤为孤神，是误解了原文，"其实这里的神们都不孤独，不但城隍皆有夫人，即从神亦犹官衙之吏胥，徒党甚众也"[④]，所以这里所祭祀的应该是"孤魂"（lonely spirits of the departed）。三、卜德在译本序言中，根据《紫藤馆诗草》卷首《铁狮道人传》将富察敦崇的去世系于宣统三年（1911），时年五十七岁。周作人指出，卜德对这份传记材料存在误读，尤为严重的是忽略了其中的一段话："惟遇隆裕皇太后大事，成服而出，缟素二十七日。"从这段话可知，民国 2 年（1913）隆裕皇太后葬礼举行时，敦氏尚在，其年五十九。至于敦崇到底死于何时，周作人认为由于没有确切的材料，可以存疑，但"不如译者所说死于辛亥也明甚"[⑤]。

戴闻达、魏鲁男、魏理的书评发表后，卜德很快就看到了，而周作人的文章则是由好友费正清告知后才找来一读。对于中外专家们提出的意见，卜

---

① 《周作人散文全集》第八卷，广西师范大学出版社 2009 年版，第 643 页。
② 潘荣陛、富察敦崇：《帝京岁时纪胜 · 燕京岁时记》，第 62 页。
③ 潘荣陛、富察敦崇：《帝京岁时纪胜 · 燕京岁时记》，第 72 页。
④ 《周作人散文全集》第八卷，第 645 页。
⑤ 《周作人散文全集》第八卷，第 644 页。

德基本同意,但要落实这些意见,只有等待修订再版。在初版问世近三十年后,香港大学出版社于 1965 年推出了《燕京岁时记》英译的第二版,其后又于 1968 年和 1987 年两次重印这一版本。在为第二版所写的序言中,卜德特别提到了自己早年对于富察敦崇死期的错误判断,他感谢周作人的指正,同时也很困惑于自己当年为什么会把富察敦崇"因病请假就医"轻率地理解为一病不起。

可能还是由于年轻吧。1935 年时的卜德毕竟还只是一名初出茅庐的研究生,犯一点错误在所难免。到 1965 年,他已是宾夕法尼亚大学汉学教授,著作等身的大学者,但看到自己早年的译著再版仍然抑制不住内心的激动,因为《燕京岁时记》的翻译是他"第一部尝试进入汉学研究领域的著作(first book-length venture into Chinese scholarship)"①。人生的第一次总是让人难忘和激动。这次最初的尝试也影响了卜德日后的研究方向。中国的节日始终是他的一个关注重点,1975 年,卜德出版了他的代表作《古代中国的节日》(*Festivals in Classical China*),在该书"前言"的一开头,卜德写道:"笔者对中国节日这个课题感兴趣已经有四十年了。笔者早在 1936 年就翻译过一本有关北京岁时的著作,该书写于 1900 年,作者是一位满族人。对该书的翻译成为笔者最早的一本著作。《古代中国的节日》一书的研究对象是二千年前汉代的节日和庆典,这一课题此前还没有人研究过。"②当卜德写下这段话的时候,他的脑海中浮现的,一定是自己四十年前的留学生活吧。尽管日军即将兵临城下,卜德的翻译进度不减;但战争的爆发无疑影响了《燕京岁时记》英译本初版的发行和销售,卜德对第二版的热情也是希望自己最初的工作能够为更多的人所了解和利用。

---

① Derk Bodde, trans., *Annual Customs and Festivals in Peking*(Hong Kong University Press, 1965), p.xvi.

② Derk Bodde, *Festivals in Classical China*(Princeton University Press, 1975), p.xi.

## 第三节 《中国哲学史》英译

冯友兰的《中国哲学史》是20世纪中国学术史上的一部名著，也是最早被翻译成英文的著作之一。冯友兰晚年在《三松堂自序》中谈到这本代表作时说："听说一直到现在在西方各大学中，讲中国哲学史的，都还以这部书为依据。这是因为一直到现在，还没有新的外文的《中国哲学史》出现。"①冯友兰说这些话的时候，离《中国哲学史》上册英文本问世(1937年)已将近半个世纪了。

### 一

冯著《中国哲学史》分上、下册，上册(《子学时代》)由神州国光社于1931年出版，1934年上册和下册(《经学时代》)全部由商务印书馆出版。该书出版后受到中国学界的高度评价，被认为"取材谨严，持论精确"②。同时它也引起了海外学者的关注，随着英译本的出现，它逐渐成为西方学者研究中国哲学的必读书。

冯著上册的英译本于1937年由北京的法文书店出版(1952年由普林斯顿大学出版社再版)，下册的英译本于1953年由普林斯顿大学出版社出版。前后两册的出版时间相隔如此之长，主要是由于战争和动荡的政治局势。这两册均是由卜德翻译的。

卜德在北京的六年中，进修的主要科目是中国哲学史。1931年他一到北京就去拜访冯友兰并在清华大学旁听相关课程。冯友兰回忆说："我在清华讲中国哲学史的时候，有一个荷兰裔的美国人卜德，在燕京大学当研究生。他的名字挂在燕京，但是来清华听我的课。那时候，《中国哲学史》上册已经由神州国光社出版。卜德向我建议说，他打算用英文翻译我的《中国哲学史》，请我看他的翻译稿子。他翻译完一章，就把稿子给我看一章。到1935年左右，他把上册都翻完了。那时候，有一个法国人 Henri Vetch(魏智)

① 冯友兰:《三松堂自序》，第230页。

② 陈寅恪20世纪30年代为冯著上、下两册所写审查报告中的用语，详见陈寅恪《金明馆丛稿二编》，生活·读书·新知三联书店2001年版，第279、282页。

在北京饭店开了一个贩卖西方新书的书店,名叫‘法文书店’。他听到卜德有一部稿子,提议由他用法文书店的名义在北京出版。卜德和我同意了,他拿去于 1937 年出版。”①卜德的译序写于 1937 年 5 月 18 日,离卢沟桥事变不到两个月。中日战争爆发后,冯友兰随清华向内地迁移,卜德则返回美国,下册的翻译工作只得高高挂起。

抗战胜利后,机会来了。冯友兰回忆说:“到 1945 年日本投降,我在昆明接到卜德的来信说,他现在美国本薛文尼(宾夕法尼亚)大学,已经向洛氏基金请到一笔款子,算是捐给这个大学。这个大学用这笔款请我于 1946 年去当个客座教授,讲中国哲学史,主要是同他合作,继续翻译《中国哲学史》的第二部分。我答应了,于 1946 年 9 月到本薛文尼(宾夕法尼亚)大学,继续翻译工作。……到 1947 年暑假,卜德的翻译工作没有完成,但是我的任期已满,不得不离开。”②翻译工作又一次中断。

好在 1948 年秋卜德获得了富布莱特奖学金,作为访问学者再次来到了北京,下册的翻译工作再一次得以继续。当时中国正处于大变局的时代,冯友兰和卜德的合作注定还要经历一番波折。冯友兰继续回忆说:“卜德住在北京,经过平津战役,在围城之中,继续他的翻译工作,到朝鲜战争爆发的时候,他已经翻译完毕。他看见中美关系不好,恐怕交通断绝,就带着稿子回美国去了。此后音信不通。一直到 1972 年邮政通了,我才知道,这部《中国哲学史》英文稿,包括以前在北京出版的那一部分,都已经由普林西顿(普林斯顿)大学出版社于 1952 年(按:应为 1952—1953 年)出版。”③冯友兰大约未必知道,其大著的英译本自出版后不断重印,到 1973 年已经印刷了七版。

Habent sua fata libelli——这句拉丁文的意思是说:书也有命运。至于人的命运,则更是风云莫测。1978 年 10 月,第一个美国学术代表团访问中国,卜德是成员之一,据代表团团长余英时记载,“自从代表团组建以来,冯友兰就是他最想见的人。尽管我们反复要求,但冯从未露面”④。直到 20 世纪 80 年代冯友兰走出“文革”阴影,两位合作者才于隔绝三十年后再次见面。

## 二

《中国哲学史》本来是为中国学人而写的专著,现在要翻译成英文,内容

---

① 冯友兰:《三松堂自序》,第 229 页。

② 冯友兰:《三松堂自序》,第 229 页。

③ 冯友兰:《三松堂自序》,第 230 页。

④ 余英时:《十字路口的中国史学》,上海古籍出版社 2004 年版,第 32 页。

宜乎有所调整。为了便于西方读者接受，卜德在征得冯友兰同意后在翻译中对原著做了一些增删。首先是在正文之外增加了五个辅助部分：译者前言、中国哲学家年表、参考书目、索引、战国地图。正文中的增加主要是背景知识，有些直接加在正文中，有些则以译注的形式放在页下。如讲到墨子时，卜德有页下注云："墨子的本名是墨翟，放在很多哲学家名字中的这个子(Tzu)字——如墨子、庄子等等——并不是他们的名字，而是一种尊称，意思是'墨大师'、'庄大师'。"①在讲到孟子贵王贱霸的思想时，卜德的注释是这样的："周朝的统治衰落后，它的权威被一些强有力的诸侯僭越，这些诸侯凌驾在其他诸侯之上，多次召集联盟会议，就被称为'霸'(Pa)。根据传统的算法，春秋时期共有五霸：齐桓公(公元前685—前643)、秦穆公(公元前659—前621)、宋襄公(公元前650—前637)、晋文公(公元前636—前628)、楚庄公(公元前613—前591)。"②除了这一类介绍背景的文字，卜德也会偶尔就翻译问题出注，例如关于人性问题，告子有一个重要观点："生之谓性"(《孟子·告子上》)；卜德将这句话译成"That which at birth is so is what is called nature"，又出一注释道："这句话意思含混，是中国哲学文献中最难确切传达的观点之一，关于对它的多种解释，读者可以参阅理查兹(I. A. Richards)的《孟子论心性》(*Mencius on the Mind*)一书的第二十三至二十八页。告子认为人性无所谓好坏，也不牵涉道德问题。他这句话大概就是说人性就是人生下来的时候所具有的性情，其中不含有孟子所说的那种道德品质。关于告子观点的详细论说，可以参见本书下文第七章《战国时之百家之学》中有关告子的部分。"③

直接加在正文中的内容可以举论述孔子的一章为例。为了让不熟悉孔子的西方读者对这位中国圣人的生平有所了解，卜德在第四章《孔子及儒家之初起》的一开头增加了一段介绍文字："我们对于中国早期哲学家的生平一般知道得很少，孔子则相对要多一些，这主要得力于《史记》卷四十七《孔子世家》中的专门记录。根据这一记录，我们知道孔子生于公元前551年，他是鲁国人，出生地在今天山东省曲阜市附近。他的祖先是宋国(位于鲁国西南，在现在的河南省)的宗室，移居至鲁国是在他曾祖的时候，在鲁国他的家族衰落了。孔子和后来几个世纪中出现的不少哲学家和政治家一样，都

---

① Derk Bodde, trans., *A History of Chinese Philosophy*(Peiping: Henri Vetch, 1937), Vol.1, p.76.

② Derk Bodde, trans., *A History of Chinese Philosophy*, Vol.1, p.112.

③ Derk Bodde, trans., *A History of Chinese Philosophy*, Vol.1, p.124.

属于破落贵族阶级。Confucius是‘孔夫子’的音译，意思是孔大师。他的本名是孔丘，字仲尼。一般认为孔子三岁的时候父亲就去世了，他是由母亲抚养大的。他的父亲是鲁国一个颇有权力的军官。他十九岁的时候结婚，也大约在同时他开始任职，一开始负责管理仓库，后来负责管理土地。此后一段时间他的经历（包括在临近的齐国生活了若干年）究竟是怎样的，现在已无法完全确定。可以确定的是，公元前501年，他做了鲁国的宰相——他一生中最高的职位。按照《史记》的记载，他在这个位置上治理鲁国非常成功，引起了临近的齐国的担忧，于是齐国送给鲁国君主一批歌女和舞女，使他耽溺于声色而不问国事。孔子非常失望，辞去了自己的职务，在众多弟子的陪同下，于公元前497年开始周游列国，这段游历前后长达十三年，期间经历了不少苦难和危险。最终他回到了故土，在生命的最后三年，他致力于学术研究和教授门徒。他死于公元前479年，葬在曲阜。他的墓直到今天依然存在。”①

这些增添的背景知识在今天看来都是常识，是稍微对中国文化有所了解的人都知道的。但是在20世纪30年代这样的增添却是必不可少的，因为当时西方人对中国的了解是相当少的，他们所知道的古代哲学和古代文化只局限于希腊和罗马。这也是卜德为什么要翻译冯著的一大原因，他在序言中写下了这样一段话：“尽管现代的各种发明使世界各国之间的接触越来越频繁，但阻碍人们进行思想和精神交流的障碍依然广泛存在。从人类历史来看，精神的交流总是落后于物质的交流，现在物质交流的手段已经越来越多了，从精神层面去理解其他民族就变得更为迫切了。即使在今天，我们还是经常听到西方的学者说这样的话：‘欧洲的中世纪把全世界带进了文化的谷底’，他们完全不知道，当时中国的唐朝正在呈现人类最灿烂的文化，人类有史以来的第一部印刷品也在9世纪的中国问世。我们很多的西方人至今还像中国道家哲人庄子所谓的井底之蛙一样，以为自己所看到的那一角天空就是全部的风景。许多人死守着希腊罗马的文化遗产，以为这就是所有的文明，而实际上现在我们比以往任何时候都更迫切地需要用一种比较的眼光去看待其他文明，这样做不仅是为了去了解这些异族的文明，也是为了用一种客观的态度来反观我们自己的文明。”②确实，自18世纪欧洲“中国

① Derk Bodde, trans., *A History of Chinese Philosophy*, Vol.1, p.43.
② Derk Bodde, trans., *A History of Chinese Philosophy*, Vol.1, p.i.

热”过去后，一个多世纪以来西方人对中国和中国文化的了解实在是太少了。汉学家有责任为他们的同胞提供最新的知识和信息。

与增添相比，删节是比较少的，最主要的是冯友兰的三份序言没有翻译。另外第一章“绪论”中介绍哲学的内容和方法的几节没有翻译。“哲学本一西洋名词”①，正如冯友兰开篇所说，这些内容对西方人来说是常识，就没有翻译的必要了。

冯著的一个重大特点是大量抄录原文，冯友兰说自己这样做是继承了中国以往的学术传统：“中国人所写此类之书几皆为选录式的；如《宋元学案》《明儒学案》，即黄梨洲所著之宋、元、明哲学史；《古文辞类纂》《经史百家杂钞》，即姚鼐、曾国藩所著之中国文学史也。”②这样写有它的好处，但也有学者批评冯友兰“直用原料的地方太多”③而线索不清，作为译者卜德倒没有这样的感觉，他在译序中写道：“冯著大量引用原始资料，这使本书不仅成为中国哲学的一个有价值的文献选编，而且让这些古老的文本表达自己的观点，这非常重要，因为关于这些文本的解释往往是多样的。译者尽可能地贴近原文，但也充分利用了已有的西文的翻译，但很少原文照录，而是做了自己的修正，使翻译更加准确。”④

根据卜德在文中做的注释和最后列的参考文献，他参考过多种已有的英文翻译，例如就“四书”“五经”而言，他的主要参考对象是理雅各的五卷本巨译《中国经典》(*The Chinese Classics*)：第一卷为《论语》《大学》和《中庸》(*Confucian Analects*, *The Great Learning*, *and The Doctrine of the Mean*)；第二卷为《孟子》(*The Works of Mencius*)；第三卷为《尚书》(*The Shoo King*, *or The Book of Historical Documents*)；第四卷为《诗经》(*The She King*, *or The Book of Poetry*)；第五卷为《春秋左传》(*The Chun Tsew*, *with the Tso Chuen*)。其他重要参考文献包括翟理斯的《庄子》(*Chuang Tzu*, 1926)译本、德效骞的《荀子》(*The Works of Hsuntze*, 1928)译本、魏理的《老子》(*The Way and Its Power*, 1934)译本、梅贻宝的《墨子》(*The Ethical and Political Works of Motse*, 1929)译本。至于没有现成译本可以参考的，如《公孙龙子》《韩非子》等，卜德提供了最早的译文。

---

① 冯友兰：《中国哲学史》(上)，生活·读书·新知三联书店 2009 年版，第 3 页。

② 冯友兰：《中国哲学史》(上)，第 18 页。

③ 张荫麟：《评冯友兰〈中国哲学史〉》，《大公报·文学副刊》1931 年 6 月 8 日。

④ Derk Bodde, trans., *A History of Chinese Philosophy*, Vol.1, pp.xi–xii.

理雅各是卜德最为敬重，也是在翻译中借鉴最多的前贤；但仔细对比每一段译文就会发现，卜德都会多多少少做一些修订。试举一例，关于人性善，孟子有一段著名的论述，以“人皆有不忍人之心”开始，最后得出的结论是：“恻隐之心，仁之端也；羞恶之心，义之端也；辞让之心，礼之端也；是非之心，智之端也。人之有是四端，犹其有四体也。”(《公孙丑上》)这段话的理雅各译文是：

> The feeling of shame and dislike is the principle of righteousness. The feeling of modesty and complaisance is the principle of propriety. The feeling of approving and disapproving is the principle of knowledge. Men have these four principles just as they have their four limbs.①

卜德的译文修订为：

> The feeling of commiseration is the beginning of human-heartedness. The feeling of shame and dislike is the beginning of righteousness. The feeling of modesty and yielding is the beginning of propriety. The sense of right and wrong is the beginning of wisdom. Man has these four beginnings just as he has his four limbs.②

对比两份译文，可以看出虽然句式几乎没有变化，但几个关键词的翻译则差异很大，理雅各将“端”译成“principle”，不是十分贴切，卜德译成“beginning”，应该说更好。更重要的是，理雅各把“仁”翻译成“benevolence”，用的是一个现有的英文词，而卜德则使用了一个新生造的词“human-heartedness”。两者孰优孰劣，很难判定，但卜德的修改无疑反映了他的独立思考。

“仁”是孔子思想中最重要的概念之一，如何翻译，不仅牵涉到语言问题，更牵涉到思想问题，所以历来众说纷纭，比较常见的有 morality，virtue，goodness，altruism，humanity，true manhood 等。卜德的译本出版后，像理雅各

---

① James Legge, trans., *The Chinese Classics*, Vol.II (Second edition, London: N.Trubner & Co., 1869), pp. 173-174.

② Derk Bodde, trans., *A History of Chinese Philosophy*, Vol.1, pp.120-121.

的 benevolence 和其他"仁"的译法一样,human-heartedness 也遭到了质疑,卜德在《中国哲学史》下册译本中改用了 love 一词,但同样不能让所有人满意。

曾长期在美国教授中国哲学史的陈荣捷在 1963 年比较了各种译法后认为 humanity 最好,①但当代最新的儒学研究者认为,"仁"在不同的语境中意思是不一样的,任何一个固定的译法都无法涵盖所有的语境,所以他们倾向于直接用音译 ren 而不是用英语中现有的某个词来对应"仁"。② 这或许不失为一个平息争论的办法。

## 三

卜德的译本出版后,受到国际汉学界的广泛好评,1937 年上册在北京出版后,著名汉学家魏特夫(Karl A.Wittfogel,1896—1988)第一时间就读到了,他后来在书评中说:"西方学术界应该感谢卜德博士将这样一本书很准确地翻译了过来。他所做的注释、索引以及列出的参考书目也是不可或缺的,对阅读正文起到了很好的帮助作用。"③魏特夫在书评最后表示非常期望读到下册的英译本。但好事多磨,下册直到 1953 年才在美国问世。

上、下两册出版后,当时旅居美国的胡适很快就看到了,并特别撰文予以评论,他赞扬卜德的翻译是"非常忠实于原著的上乘之作"(most faithful and excellent job),这应该可以看作是最有权威性的评价了。当然,对于其中的一些词语,特别是一些重要概念的翻译,胡适也提出了商榷意见。比如他认为卜德把"灾"和"异"翻译成"visitations"和"prodigies"是不太恰当的,建议使用"calamities"和"anomalies"。④

在与译者卜德商榷之后,胡适把批评的矛头主要指向了作者冯友兰。胡适认为冯著中给予道教和禅宗的部分过少,与它们在中国思想史上的地位不相适应。造成这一状况固然有篇幅的原因,但更重要的还是由于冯友兰"正统派"的观点——以儒家为中国思想的正统。作为五四健将的胡适显然是反对正统派的,早在冯著中文本上册出版时他就表示过不满,但那时的

---

① Wing-tsit Chan, *A Source Book in Chinese Philosophy*(Princeton University Press, 1963), p.789.

② 参见 E.Bruce Brooks and A.Taeko Brooks, *Original Analects: sayings of Confucius and his successors* (Columbia University Press, 1998)一书。

③ Karl A.Wittfogel, "Review of *A History of Chinese Philosophy*", *Pacific Affairs*, Vol.14, No.4 (Dec., 1941), p.483.

④ Hu Shih, "Review of *A History of Chinese Philosophy*", *The American Historical Review*, Vol.60, No.4 (Jul., 1955), pp.898-900.

读者还是中国人，现在英文本出版了，读者扩大到整个西方世界，胡适更加感觉到重申以前观点的必要。

除了学术观点的不同，还存在一个学术话语权的问题。胡适在美国的博士论文《先秦名学史》（The Development of Logical Method in Ancient China）1922 年由上海亚东图书馆出版后，作为中国人最早的英文哲学著作，一直是西方汉学家的案头之作。但该书只讨论中国古代哲学方法，时间范围也只与冯著上册相当。冯著上、下两册英文本出版后，大有取代胡著之势。[①] 从胡适这段时期的日记来看，他一直希望把自己计划中的《中国思想史》写完，并出版英文本或英文简本。他所计划中的英文本显然是以冯著为对手的。可惜胡适成名太早，一生受累，长期杂务缠身，直至去世也没有能够完成计划中的中英文本的《中国思想史》。

冯著英文本出版以来，不仅为西方学者广泛使用，也成为中国学者研究和教学的重要参考。历史学家何炳棣在回忆自己早年求学经历时特别提到他对 1937 年英译本的感激之情："从三十年代起，我对英文字汇就相当用心。历史这门学问的字汇要比其他专业的字汇广而多样，但中国哲学、思想方面字汇，英译的工作困难较大，并非历史学人所能胜任。所以七七事变前夕，我以十五元的高价在东安市场买了刚刚出版的卜德英译的冯友兰《中国哲学史》上册，奔波流徙中始终随身携带。没有它，中国哲学史的字汇英文很难'通关'。卜德这部英译'杰作'大有益于我在海外的中国通史教学。"[②] 十五元在当时确实价值不菲，但应该说完全是物有所值。何炳棣早在学生时代就听过冯友兰的课，并且一生都很敬重这位老师。

1937 年《中国哲学史》上册的英文本现在已经难得一见了，好在就正文来看，1952 年的版本并无丝毫改动。对于 1937 年版中的印刷错误和其他不足之处，卜德没有在新版正文上直接改动，而是另外列出了一个"修正和增补表"（Revisions and Additions），放在正文之前。这实在是一个聪明的办法。

值得说明的是，在下册英文本 1953 年出版前，卜德将翻译好的其中三个章节（下册共十六个章节）单独发表在《哈佛亚洲学报》上，具体情况如下：第十三章《朱子》（The Philosophy of Chu Hsi）载第 7 卷第 1 期（1942 年 4 月）；

---

① 冯著中文本出版后就已经有取代之势了，杨树达 1935 年 9 月 21 日在师范大学遇到从美国留学回国的齐思和，齐告诉杨，美国"学哲学者近皆读冯友兰所著书，不复及胡适矣"。（详见杨树达《积微翁回忆录》，第 73 页。）

② 何炳棣：《读史阅世六十年》，第 247 页。

第十章《道学之初兴及道学中“二氏”之成分》(The Rise of Neo-Confucianism and Its Borrowings from Buddhism and Taoism)载第 7 卷第 2 期(1942 年 7 月);第一章《泛论经学时代》(A General Discussion of The Period of Classical Learning)载第 9 卷第 3、4 期合刊(1947 年 2 月)。此外,冯友兰认为《中国哲学史》中文本下册中关于魏晋的部分比较简略,所以 1946—1947 年在宾大讲学期间对其做了一点增补,让卜德翻译后直接加入译本中,所以这一部分的中英文本稍有不同。

## 第四节　博士论文

### 一

《中国第一个统一者:从李斯的一生研究秦代》(*China's First Unifier: A Study of the Ch'in Dynasty as Seen in the Life of Li Ssu*)是卜德的博士论文,初稿在北京时完成。该文以李斯的生平事迹为切入点,从政治、社会、经济和哲学活动等方面探讨了秦朝统一中国的原因。1938 年卜德凭借这篇论文获得荷兰莱顿大学博士学位,同年该文作为莱顿大学“汉学研究书系”的第三种正式出版。

该文分为十二个章节,分别是:(一)秦国的状况;(二)《史记·李斯列传》英译;(三)其他有关李斯生平的资料;(四)李斯传记评析;(五)秦始皇与李斯;(六)帝国的概念;(七)封建制的废除;(八)统一文字;(九)李斯的其他政策;(十)李斯的哲学背景;(十一)李斯的论辩方法;(十二)结论。此外还有一个附录讨论古代中国郡县制的兴起。

论文以专书形式出版后,受到国际汉学界的好评,多位评论者一致认为,该书填补了西方学者秦代研究的空白。卜德显然也是深感这方面的不足而选取这一研究课题的,他在“前言”一开头写道:“关于中国早期的历史和制度,西方学者已经出版了不少著作,但对于如此重要的秦朝,他们却很少涉及,这不能不让人倍感诧异。在我看来,随着秦朝建立所带来的社会、政治和经济变动具有极其深远的影响,西方人长期以来一直顽固地认为东方是停滞的，我希望本书对这些变动的研究可以彻底打破这一错误观念。”①这些将要研究的变动包括帝国的建立、郡县制的推行、法典的实施、文字的统一、货币的标准化等。评论者们还一致指出，虽然该书是以李斯为中心，但并不只是李斯的传记研究，而是涵盖了秦朝历史的各个方面，是一部对秦代进行全面研究的专著。在卜德这本书出版之前，西方唯一一部有关秦代的著作出自法国来华传教士彭安多（Albert Tschepe，1844—1912）之手，②但该书完全是根据《史记》有关章节的编译，按年罗列秦国历代君王的事迹，不能算是研究著作。

在这本书中，卜德在哲学和思想史方面的特长也得到了充分的展现。在谈到这类问题时卜德总是能够追本溯源，而不是就事论事，这突出地体现在第六章《帝国的概念》之中。在这一章中，卜德详细考察了“帝”这个字如何从商代甲骨文中表示祭祀的概念演变成公元前3世纪表示最高权威的政治概念。卜德的特长更突出地体现在第十章《李斯的哲学背景》之中。这一章基本上是一个简要的先秦哲学史，但卜德的论述没有按照儒家、道家、墨家这样的门派来分类，而是选取了贯穿于各派的五种思想来进行讨论：（一）权力主义，（二）法治，（三）帝王术，（四）功利主义，（五）历史观。对于建立一个大一统的帝国来说，独裁主义的思想是至关重要的。卜德在考察先秦的权力主义思想时，发现这一思想并非只是法家的专利，孔子、墨子的思想中都有权力主义的成分，而作为李斯老师的儒家大师荀子，其思想中的权力主义成分则更加显著。卜德认为荀子关于“势”的论述最值得关注：“夫民易一以道而不可与共故。故明君临之以势，道之以道，申之以命，章之以论，禁之以刑。故其民之化道也如神，辨势（当作“说”，此字依卢文弨校改）恶用矣哉！今圣王没，天下乱，奸言起，君子无势以临之，无刑以禁之，故辨说也。”（《荀子·正名》）势就是权势、威势，是一种具有绝对权威不能不服从的强制力，这一术语此后不断出现在法家的文本之中，最有代表性的是韩非子所引慎子的一段话：“飞龙乘云，腾蛇游雾，云罢雾霁，而龙蛇与蚓、蚁同矣，则失其所乘也。贤人而诎於不肖者，则权轻位卑也；不肖而能服于贤者，则权重位尊也。尧为匹夫，不能治三人，而桀为天子，能乱天下。吾以此知势位之足恃，而贤智之不足慕也。夫弩弱而矢高者，激于风也；身不肖而令

① Derk Bodde，*China's First Unifier*（Leiden：E.J.Brill，1938），p.v.

② 详见 Albert Tschepe，*Histoire du royaume de Ts'in*（Shanghai：Mission Catholique，1909）。

行者,得助于众也。尧教于隶属而民不听,至于南面而王天下,令则行,禁则止。由此观之,贤智未足以服众,而势位足以屈贤者也。"(《韩非子·难势》)同样的思想也体现在李斯的作品中,他在给秦二世的上疏中说:"凡贤主者,必将能拂世磨俗,而废其所恶,立其所欲,故生则有尊重之势,死则有贤明之谥也。"(《史记·李斯列传》)这种所谓"明君独断"的思想为秦国建立帝业提供了思想资源和精神动力,但也为它的暴政和迅速灭亡埋下了祸根。

李斯在秦朝统一的过程中无疑起了重要作用,可以说是秦帝国政策的主要制定者,选择他作为切入的角度也无疑是明智的选择。但卜德的研究给人的印象是他过于突出李斯,而掩盖了秦始皇的作用。美国汉学家毕士博在书评中写道:"卜德认为秦始皇的许多功业实际上都来自李斯的建议,这在某些方面——可能在很多方面——都是事实,我们无须质疑。但通观秦始皇的一生,我觉得他绝对不是一个听人摆布的傀儡。他有自己的思想,能够选择英才为自己服务。在这些人当中,李斯无疑是才能最杰出的,但尽管才能出众,李斯也只是'始皇帝'在完成统一大业过程中的一个助手而已。秦始皇当然是时代的产物,但同时他又按照自己的想法塑造了那个时代,就此而言他是历史上少有的天才。此外,我们必须充分认识到,我们现在有关他的信息都来自后人并不友善的记录。"①这种"不友善"从思想上来说主要是来自后世儒家的正统观点,最早的这类文字大概要算贾谊的《过秦论》,他认为"以六合为家,崤函为宫"的大秦帝国之所以"一夫作难而七庙堕"就是因为"仁义不施",司马迁在《史记》中对秦始皇的评价也几乎是同一思路:"秦王怀贪鄙之心,行自奋之智,不信功臣,不亲士民,废王道,立私权,禁文书而酷刑法,先诈力而后仁义,以暴虐为天下始。"(《秦始皇本纪》)作为"暴秦"的丞相,李斯自然也逃脱不了后人不客观的记录和评价。司马迁的评价同样可为代表:"李斯以闾阎历诸侯,入事秦,因以瑕衅,以辅始皇,卒成帝业,斯为三公,可谓尊用矣。斯知六艺之归,不务明政以补主上之缺,持爵禄之重,阿顺苟合,严威酷刑,听高邪说,废适立庶。诸侯已畔,斯乃欲谏争,不

① Carl Whiting Bishop, "Review of *China's First Unifier*," *Pacific Affairs*, Vol.12, No.1 (Mar., 1939), pp.88-89.

亦末乎!"(《李斯列传》)[①]所以要透过这样的记录和评价来还原历史绝不是一件容易的事情。

卜德写作此文依据的基本史料是《史记》中记载秦国的部分:卷五《秦本纪》、卷六《秦始皇本纪》、卷八十五《吕不韦列传》、卷八十七《李斯列传》、卷八十八《蒙恬列传》。在讨论秦国宗教、水渠和经济发展时卜德主要利用了《史记》中的三书:《封禅书》《河渠书》《平准书》(卷二十八至卷三十)。此外,卜德较多利用的文献还有《战国策》《韩非子》《商君书》等。当时许多深埋在地下的资料还没有出土,卜德能利用的也就只能是这些传世的书面文献了。

面对长期以来形成的一些不利于秦始皇和李斯的观念,卜德在书中花了不少篇幅来予以反驳,如关于秦始皇是吕不韦私生子的问题,他认为这完全是后人加入《史记》中的,为的是通过诽谤秦始皇的出生以说明其统治的非正统性。又如关于"焚书"的问题,他认为事情并没有后世想象得那么严重,一方面秦始皇准许博士官保存《诗》、《书》、百家语,另一方面焚书真正实施的时间不大可能超过五年(即从公元前 213 年颁布禁令至公元前 208 年李斯去世),造成的损害甚至不如公元前 206 年造成的损害——这一年项羽焚毁了秦朝的宫殿。另外,卜德特别给出了一组数字:《汉书 · 艺文志》中列出的 677 种著作中,大约 524 种,即 77%,现在已不复存在。卜德认为这组数字足以说明,"汉以后的几个世纪,特别是在印刷术流行前,文献损坏所造成的总的损失,也许甚至大于秦代的焚书。因此,可以想象,即使没有焚书之事发生,传下的周代的残简也不可能大大多于现在实际存在的数量"[②]。卜德的反驳有一定的道理,但对焚书坑儒这个事件,无论从当时的作用还是从以后的影响来看,都应该抱完全否定的态度。

当然,卜德并非一味专做翻案文章,他希望做的是尽量贴近历史,实事求是,最能体现这一点的是他关于李斯与韩非关系的讨论(第三章第三节)。卜德详细考察了相关的材料——《史记》中的《秦始皇本纪》《韩世家》《老子

---

① 后人也偶有为李斯辩护者,如清人赵翼在《陔余丛考》卷四十一《李斯本学帝王之术》条中写道:"《史记 · 李斯列传》:斯少时从荀卿学帝王之术。而《贾谊传》:河南守吴公,治行为天下第一,故与李斯同邑而尝师事焉。然则李斯之师乃大儒,而斯之弟子,又能以经术饰吏事,独斯则焚诗书,严法令,为祸于天下何也?盖斯本学帝王之术,以战国时,非可以此干世,乃反而为急功近名之术,以佐秦定天下。及功已成,自知非为治之正道,恐人援古以议己,故尽毁诸书以灭帝王之迹,欲使己独擅名耳。"(赵翼《陔余丛考》,商务印书馆 1957 年版,第 905 页。)

② Derk Bodde, *China's First Unifier*, p.165.

韩非列传》《李斯列传》以及《韩非子·存韩》《战国策·秦策五》——有关韩非之死的记录,指出了其中的矛盾和令人困惑的地方(如《李斯列传》中无此事的记载,韩非使秦后李斯又去韩国游说),在明确论证了姚贾害死韩非不可信之后,卜德谨慎地认为《史记》中的两条材料大致可以认定李斯对于韩非之死难辞其咎:一、"李斯使人遗非药,使自杀。"(《老子韩非列传》)二、"韩非使秦,秦用李斯谋,留非,非死云阳。"(《秦始皇本纪》)

卜德的论文出版后,立刻引起了著名汉学家德效骞(Homer H. Dubs,1892—1969)的关注。在德效骞看来,尽管卜德仍然没有能够完全摆脱儒家道德主义观念的阴影,但他力图贴近历史,还原秦代面貌的努力是非常值得赞赏的。德效骞认为,从人类历史上看,大的政治家从来不会是道德的楷模,对他们进行评价主要看事功,李斯的各种事功(特别是取消封建制建立中央集权制)使他完全可以被称为世界史上最伟大的政治家之一,卜德的研究拨开了历史的迷雾,重塑了李斯的形象,堪称佳作(an excellent piece of scholarship)。① 德效骞是当时英语世界汉学研究的权威,他对卜德此书的评价可谓一锤定音。

卜德的著作出版后,也受到了中国学术界的关注。王伊同在燕京大学《史学年报》第三卷第一期(1939年)上发表了长篇书评。他首先充分肯定了卜德选择秦代进行研究的眼光和所做的贡献:"自来学者,治乙部书,或以嬴秦峻法严诛,享国二世,顾而唾之,不之重;或以李斯倍师售友,身备五刑,委而弃之,不之惜。嗟乎,秦史胡可忽,李斯胡可轻哉!夫秦立国十余年,不可谓久固矣。然而上承七国分崩之余,下开两汉一统之局。若官制之釐订,封建之罢废,郡县之创设,思想之会同,文物之齐整,莫不包举兼蓄,承先启后。总领统摄者始皇,推澜助波者李斯也,而可以成败衡轻重哉!近读美人鲍氏(按:即卜德)书,识力深微,慧眼独具,信矣海外多奇士也。鲍之为书,以嬴秦为躯壳,李斯为灵魂。凡三大部,首举斯事略,次功业,复次学术。冠以导论,殿以附录。议论所及,上接三代,下抵两汉,凡制度、名物、食货、刑法、礼仪、学术、靡不溯本穷源,张纲举目。且持论中肯,断案允平。如谓秦尚刑名,而亡于汉,故汉儒言胜代事,常失之诬。李斯为相,不能督制内库;且国内经济,未尝一统,为失国主因。又谓汉代民生,未必胜秦;特贤良对

① Homer H.Dubs, "Review of *China's First Unifier*", *The American Historical Review*, Vol. 44, No. 3 (Apr., 1939), p.640.

策，民瘼上达，所以相异。其论墨子也，谓宗教血诚，略同释家；墨门之后，巨子相继，盖其要旨，与《尚同》同归。又谓吾国文学，常左右思想，思想既成，又令文学蒙影响。凡此诸论，类皆得之钻研，非同浮掠。”[①]对于卜德在本书中的翻译工作，王伊同认为从总体上来看也是上乘的。

在肯定的同时，王伊同也对卜德书中的一些观点提出了商榷。卜德认为李斯的政术基本上是异儒而类法，“终生都致力于推翻儒家对于传统礼法和古代圣王的尊崇”[②]，对此王伊同提出了不同意见：“盖斯尝毁《诗》《书》，坑儒生，严法禁，峻徭役。其论督责也，有云：惟明主能灭仁义之途，荦然独行其恣睢之心。论者不察，因以致疑；实则未必也。史称斯从荀卿，学帝王之术，知六艺之归。其弟子，以经术饰吏治。是斯之为儒可知矣。……然则李斯之言督责，亦行荀子持宠固位之术而已。方战国之世，诸侯专横，斯乃罢封建，置郡守，统而一之。周室卑弱，王纲崩圮，斯乃尊天子，抑臣下，七国之际，礼乐失所，律度纷歧，文字纠乱，斯乃制朝仪，一度衡，同文字。夷翟道长，侵陵华夏，斯乃拓疆土，攘异类。诸侯专政，天变不足畏，人事不足惜，斯乃信灾祥，重五行。不特此也，《史记·货殖列传》谓巴寡妇清，能守其业，用财自卫，不见侵犯，秦始皇以为贞妇而客之，为筑女怀清台。又秦刻石，往往以禁止淫佚，男女有别为训，是斯之尊贞女也。《始皇本纪》：非博士官所职，天下有敢藏《诗》《书》百家语者，悉诣守尉杂烧之；是斯所毁，止民间之书，而博士诵《诗》《书》百家语自若也。故始皇时，每有建设，博士常与议；汉初经师，亦多秦旧。若三十五年坑儒之令，乃因卢生之狱所牵致。不然，天下儒者，恐不止四百六十余人。是斯未尝毁经术，废博士，又安在其背师，安在其为法家也？……且斯生当衰运，意在匡时，或尚王道，或宗霸术，或反经合义，曲成其道；唯时君所择而趋于治。道既成，志既得，不亦儒教之大效欤？世之疑斯者，未会其旨，遽加侮蔑，要非持平之论矣。”[③]前文提到，卜德写此书的目的在于为李斯翻案，肯定他的业绩。但从王伊同的评论来看，卜德的翻案文章显然还做得不够。

在翻译方面，王伊同也指出卜书中几处不妥之处。如李斯第一次向秦王游说时说过这样一段话：“胥人者，去其几也。成大功者，在因瑕衅而遂忍之。……夫以秦之强，大王之贤，由灶上骚除，足以灭诸侯，成帝业，为天下

① 王伊同：《书评：李斯传》，《史学年报》第3卷第1期(1939)，第128—129页。
② Derk Bodde, *China's First Unifier*, p.99.
③ 王伊同：《书评：李斯传》，《史学年报》第3卷第1期，第137—139页。

一统，此万世之一时也。今怠而不急就，诸侯复强，相聚约从，虽有黄帝之贤，不能并也。”（《史记·李斯列传》）对于“胥人者，去其几也”这句话，卜德的翻译是：“The small man is one who throws away his opportunities”。[1] 王伊同认为更好的翻译是：“He who does not take prompt action when others offer a chance is really missing his opportunities”。王伊同的依据是清人王念孙对这句话中的几个关键字的解释：“胥，须也，待也；去当作失。言有人衅可乘，不急乘其衅而待之，是自失其机也。”[2]另外，王伊同将卜德此书的书名翻译成《李斯传》，也可备一说。

王伊同（Wang Yi-t'ung，1914—　）写这篇书评时还在燕京大学求学，后来他到美国留学，1944 年获哈佛大学博士学位，此后长期执教于匹兹堡大学，是该校中国研究的开创者。

除王伊同的书评外，《图书季刊》新一卷第四期（1939 年）还在《学术及出版消息》一栏中介绍了卜德的博士论文，署名“毓”的作者简述了全书十二章的内容，最后写道：“国人研究古史者，尚少此类综合性之著述。故不惮辞费，为 Bodde 氏书介绍如上。”[3]《图书季刊》是民国时期北京图书馆创办的一份学术杂志，内容包括论著、书评、图书介绍、学术界消息等门类。1934 年创刊，因战乱频仍，该杂志出了四卷共十六期后停刊。1939 年在昆明复刊，但仅出版到第三卷又因经费问题而停刊，直到 1943 年再度复刊，至 1948 年停刊。《图书季刊》不仅介绍国内出版的新书，对于海外研究中国的新书也十分关注。卜德的博士论文出版于 1938 年，1939 年就有王伊同和“毓”的两篇书评发表，国内学界对于域外汉学的反应可谓迅速，如果考虑到当时正是抗日战争时期，这一速度就更让人惊叹了。

## 二

在写这篇博士论文的同时，卜德也在翻译冯友兰的《中国哲学史》，冯著无疑为卜德撰写第十章“李斯的哲学背景”提供了最为近便的参考。除冯著外，卜德还参考了其他不少当代中国学者的著作，这也是他的这篇论文获得成功的重要原因之一。根据页下注和文后的参考书目，他主要参考和引用的著作如下：

---

① Derk Bodde, *China's First Unifier*, p.13.

② 王伊同：《书评：李斯传》，《史学年报》第 3 卷第 1 期，第 144 页。

③ 毓：《书介：*China's First Unifier*》，《图书季刊》新一卷第四期（1939 年），第 480 页。

张荫麟《周代的封建社会》,《清华学报》第 10 卷第 4 期(1935 年 12 月)

陈垣《史讳举例》,《燕京学报》第 4 期(1928 年 12 月)

姜蕴刚《李斯的政治思想》,《东方杂志》第 31 卷 1 期(1934 年 1 月)

钱穆《先秦诸子系年》,商务印书馆 1936 年版

胡适《名教》,《胡适文存三集》,1928 年版

容庚《秦始皇刻石考》,《燕京学报》第 17 期(1935 年 6 月)

顾颉刚、杨向奎《三皇考》,燕京大学 1936 年版

马非百《秦汉经济史资料》1—7,《食货》第 2—3 卷(1935—1936 年)

邓之诚《中华二千年史》第二版,商务印书馆 1935 年版

王国维《汉代古文考》,载《学术丛编》第十一册(1916 年)

姚舜钦《秦汉哲学史》,商务印书馆 1936 年版

对于这些中文文献,卜德有的采用其材料,有的引用其观点,有的全盘接受,有的则提出商榷和补充。试举两例以明之。

在李斯的成就中,卜德认为文字的统一是意义最为重大的,因为这奠定了政治统一和文化统一的坚实基础。但统一前的文字到底是怎样的?李斯又是如何统一的?大篆、小篆、古文是什么关系?《史籀篇》和《仓颉篇》又是什么关系?关于这些问题,《史记》《汉书》《说文解字》中的记载不仅语焉不详,而且概念不清。这些困扰了中国学者两千年的问题也同样困扰着卜德。在阅读了王国维的著作,特别是《汉代古文考》后,他有眼前一亮的感觉。王国维在该文中提出了"秦用籀文六国用古文"的著名见解:"故古文、籀文者,乃战国时东、西二土文字之异名,其源皆出于殷周古文。而秦居宗周故地,其文字尤有丰镐之遗。故籀文与自籀文出之篆文,其去殷周古文反较东方文字(即汉世所谓'古文')为近。……故自秦灭六国以至楚汉之际,十余年间,六国文字遂遏而不行。汉人以六艺之书皆用此种文字,又其文字为当日所已废,故谓之'古文'。此语承用既久,遂若六国之古文即殷周古文,而籀、篆皆在其后,如许叔重《说文序》所云者,盖循名而失其实矣。"[①]王国维的论

① 《王国维全集》第八卷,浙江教育出版社 2009 年版,第 197—198 页。

述也使卜德认识到瑞典汉学家高本汉的一个错误,高在1923年的一部著作中认为,所谓"书同文"的意思是,李斯"创造了一种新的、更加简单实用的书写系统"①。卜德赞同王国维的观点,认为"李斯不可能创造一种'新的'书写系统,实际上他只是在他认为最标准的书写形式——大篆——上做了一些修正和简化的工作,同时使这种形式通行全国"②。所以李斯的工作主要不在文字方面,而在政治方面,统一文字更重要的是有利于政治的统一。李斯所确定的形式就是所谓小篆,或称秦篆。

卜德写作博士论文时,王国维已经去世(1927年),所以提到他时,卜德常常使用"已故"(late)字样。除像王国维这样已经去世的大师外,卜德对当时活跃在学界的学人也同样关注。当他动手撰写博士论文时,钱穆的《先秦诸子系年》刚刚出版(商务印书馆1936年版),它立刻成为卜德参考的重要文献。在上文提到的有关李斯与韩非之死的讨论中,卜德参考了钱著第一五六节《李斯韩非考》。钱穆在这一节中对有关韩非之死的各种记载做了辨析,发现多处"不类""不合",由此得出如下结论:"惟下流未易居,自古已然。李斯晚节不终,为世诟病,众恶皆归。所谓谮杀非者,今亦未见其必信耳。"③卜德基本同意钱穆的考证,但认为尽管史料记载有矛盾和费解之处,李斯出于公私考虑仍然是韩非之死最大的嫌疑犯。从私的方面讲,他嫉妒同窗的才华——"俱事荀卿,斯自以为不如非"(《史记·老子韩非列传》),从公的方面讲,他认为韩非"终为韩不为秦"(《史记·李斯列传》),早晚是秦国之患。

## 三

卜德的博士论文开启了西方的秦代研究,同时也成为一种中国历史研究模式的奠基之作。就整个美国和西方的汉学史来看,关于中国历史发展大致有四种研究模式,分别是帝国模式、朝代循环模式、农业文明和游牧文明斗争模式、城市化和商业化模式。④ 所谓帝国模式,就是认为秦朝结束封建制度统一中国后,尽管有分裂割据,中国总体上一直是一个大帝国,直至

---

① Bernhard Karlgren, *Analytic Dictionary of Chinese and Sino-Japanese* (Paris: P.Geuthner, 1923), p.2.

② Derk Bodde, *China's First Unifier*, pp.153-154.

③ 钱穆:《先秦诸子系年》,九州出版社2011年版,第497页。

④ 关于这四种模式有很多讨论,其中城市化和商业化模式遭到的质疑最多,早期的讨论主要参见以下两本书John Meskill, ed., *The Pattern of Chinese History: Cycles, Development, or Stagnation?* (Boston: Heath, 1965); Mark Elvin, *The Pattern of the Chinese Past* (Stanford University Press, 1973)。

1912年民国创建。卜德的论文是帝国模式研究最早的成果,他也由此成为西方秦朝研究的最大权威。所以当费正清和崔瑞德(Denis Twitchett,1925—2006)在20世纪60年代策划《剑桥中国史》时,卜德成为执笔秦朝的不二人选。

《剑桥中国史》第一卷《秦汉史》英文本于1986年面世,卜德当时已经从宾夕法尼亚大学荣休。对比他为这卷所写的第一章《秦国和秦帝国》和50年前的博士论文,我们会发现,主体内容并无太大变化。最大的变化来自新材料的使用,特别是睡虎地秦墓竹简(1975年湖北云梦县出土),它为深入讨论秦代的行政和法律提供了宝贵的原始文献。卜德发现,这些出土的文献"和单凭阅读关于商鞅政策的传统记载所产生的印象相比,表现出一种更实用、更折中、更少片面性的行政方法。……在秦帝国时期法家理论在日常生活中的应用,也不像人们根据史籍记载的个别事件(著名的有焚书和可能是不可信的坑儒)或后世儒家作者的责难所设想的那样教条,而是比较通情达理的"①。更有意思的是,从一些出土的法律材料来看,它们"颂扬的法律是法家的,但其目的却是维护儒家主张的价值观",由此卜德得出这样的结论:"儒家的社会和道德价值观念在秦始皇统治期间似乎非常成功地与法家思想并存。"②换句话说,秦代并非只是一味暴政,毫无仁义可言,它在某种程度上也是恩威并施的。这批出土的文献不仅在具体问题上提供了新的资料,也在总体上反映了"一个远比传统形象更为合理的秦代形象"③。后者应该说是更有意义的。

自选择秦代作为博士论文以来,卜德始终坚信,秦帝国虽然时间短暂,但历史意义重大。在《秦国和秦帝国》一章的最后,卜德重申了自己50年前的看法:"尽管昙花一现,秦朝成功地把一套国家官僚机器的制度传给了它的政治继承者,这套制度经过了汉代的完善和巩固,又继续推行了一千七百年,其间只逐步地作了修正。……它是在本世纪以前中国唯一的真正革命。"④

---

① 崔瑞德等编,杨品泉等译:《剑桥中国秦汉史》,中国社会科学出版社1992年版,第70—71页。

② 崔瑞德等编,杨品泉等译:《剑桥中国秦汉史》,中国社会科学出版社1992年版,第71页。卜德为此举了一个例子,是公元前227年南郡郡守散发的告诫文告中的一段话:"古者,民各有乡俗,其所利及好恶不同……是以圣王作法度,以矫端民心,凡法律令者,以教道(导)民,去其邪避(僻)……而使之之于为善殹(也)。"(《睡虎地秦墓竹简》,文物出版社1978年版,第15页。)

③ 崔瑞德等编,杨品泉等译:《剑桥中国秦汉史》,第81页。

④ 崔瑞德等编,杨品泉等译:《剑桥中国秦汉史》,第85页。

卜德的博士论文从英文文献的角度来看，最大的贡献是将《史记·李斯列传》翻译成了英文，这是英语世界最早的全译文。在完成博士论文后，卜德意犹未尽，又翻译了《史记》中和秦朝关系最为密切的三个传记——《吕不韦列传》《刺客列传》中的荆轲部分、《蒙恬列传》。这三个传记和对它们的评述以《古代中国的政治家、爱国者和将军》(*Statesman, Patriot, and General in Ancient China*)为名于1940年出版，这是卜德在博士论文之后，对西方秦代研究的又一大贡献。该书出版后受到国际汉学界的欢迎，中国学界也很快给予了关注。北京图书馆的《图书季刊》曾评介过卜德的博士论文，这次又在1941年卷中刊发了刘修业对新书的介绍。刘修业在文末的总结中写道："Bodde 氏译《史记》已有四篇，皆为秦代重要人物。国人以秦祚未永，且恶始皇之所施为，因而二千年来，秦代独无专史，欲言秦代掌故，厥惟太史公书，氏译《李斯传》时，以'中国第一统一者'名其书，可引起吾人注意不少，因觉秦代文献，实有及早收拾，勒为一书之必要。又近来欧美学者之言中国古器物者，每谓某铜器为'秦器'，某花纹始于'秦器'，某形制为秦器所独有，于是在考古学上，'秦'之一字，又别成一专名词。氏于此四篇译文中，已略述秦代文化之来源与分布，若能尽将《史记》中有关秦代者翻译而研究之，勒成一书，不但在史学上成为不朽之业，今之言古器物学者，借以深明夫秦代政治武功与其疆域文化等，然后方可重新作定'秦器'一名词是否适当也。"①可惜卜德后来没有再做这方面的翻译，虽然他对秦代的研究一直在继续。

在《古代中国的政治家、爱国者和将军》一书的"前言"中，卜德交代了他翻译所使用的《史记》版本是"1923年中华书局的影印本"，从这个提示我们知道，这个版本的底本是清光绪十八年(1892)武林竹简斋石印本，除原文外，还包括裴骃集解、司马贞索隐和张守节正义。这个版本也是卜德此前翻译《李斯列传》和撰写博士论文时使用的版本。

---

① 刘修业:《史记吕不韦列传荆轲列传蒙恬列传之研究》,《图书季刊》新第3卷第1、2期合刊(1941年7月),第156页。

# 第四章　顾立雅

顾立雅(Herrlee Glessner Creel,1905—1994)于1905年1月19日生于芝加哥。十六岁中学毕业后他在一家报社当记者,练就了一笔好文章。离开报社后他曾就读于中部两所大学,后转入芝加哥大学攻读哲学和宗教史,分别于1926年、1927年、1929年获得芝加哥大学本科、硕士、博士学位。在校读研究生期间他对孔子学说产生浓厚兴趣,决心研究中国文化。但当时芝大还没有正式的汉语教师和汉语课程,于是他向一位在芝大留学的中国同学学习汉语,并努力自学。1929年顾立雅以"中国人的世界观"(Sinism:A Study of the Evolution of the Chinese World-View)为题完成了博士论文,同年在芝加哥出版。博士毕业后,顾立雅在隆巴多学院(Lombard College)找到了一份教职,一边教书一边从事中国文化研究。

早在芝大读书期间顾立雅就听说过在芝加哥自然博物馆工作的劳费尔的大名,于是慕名前去拜访,结果遭到冷遇。顾立雅工作以后继续研究中国早期思想,发现自己需要的一本《荀子》只有芝加哥自然博物馆有藏本,于是前往借阅,并再一次见到了劳费尔。这一次劳氏改变了态度,热情地接待了顾立雅,并许诺为他寻找奖学金以便摆脱繁重的教学任务,从而更专心地从事汉学研究。前文提到,1929年2月美国学术团体理事会专门成立了"促进中国研究委员会",以此来改变美国汉学研究落后于其他学科的局面。劳费尔出任这个新成立的委员会的主席。1930年在劳费尔的推荐下,顾立雅获得了美国学术团体理事会的奖学金,开始在哈佛大学跟随中国学者梅光迪(1924—1936年执教于哈佛)进修中文。1932年顾立雅获得哈佛燕京学社为期三年的奖学金后前往北京留学,后又获得洛克菲勒基金会奖学金,使他在北京得以留学四年(1932—1936)。留学期间顾立雅主要跟随北京图书馆金石部主任刘节研究甲骨文和金文,并曾数次赴安阳参观殷墟考古发掘,结交了董作宾和其他多位古文字和古史专家。

1936年顾立雅回到母校芝加哥大学任教,1936—1937年任中国历史与语言讲师,1937—1941年任助理教授,1941—1949年任副教授,1949年后任教授,直至1973年退休。1936年顾立雅在回母校执教的同时创设了芝加哥大学远东图书馆,并于1939—1940年再度访问中国,亲自采购中文图书,此后他一直指导图书馆的建设。1947年芝大的中文图书就达到了十万册之多,到顾立雅去世时则有五百万册之巨,其中儒家典籍尤为丰富,在西方各大图书馆中位居第一,这当然与顾立雅的学术兴趣有很大的关系。顾立雅在芝大工作三十七年,对开创中国及东亚研究做出了巨大贡献。

第二次世界大战期间顾立雅曾于1943—1945年作为中国问题专家服务于美军情报部门,同时他还参与了芝大的美军汉语培训项目。二战结束后顾立雅返回芝大,1954—1962年他担任东方语言文学系(后改名为东亚语言文明系)主任,并兼任远东研究委员会(后改名为东亚研究委员会)主任。1964年他被芝大授予马丁·雷尔森中国历史杰出讲座教授(Martin A. Ryerson Distinguished Service Professor of Chinese History)荣衔,1973年退休后任荣誉教授。由于成就卓著,顾立雅曾当选为1955—1956年度美国东方学会主席。

顾立雅于1994年6月1日去世。他的学生芮效卫在讣文中这样评价老师的一生:"他的去世标志着一个时代的结束。他是早期中国文明研究的大师、美国汉学界公认的元老。他将芝加哥大学建设成为东亚研究的重镇。他在早期中国文明这一重要学术领域所产生的重大影响,在汉学史上罕有其匹。"另一位学生钱存训在纪念文章中称顾立雅为"美国学术界最早对中国语言和文化作精深研究的一位启蒙大师,也是西方研究中国古代史的权威汉学家"①。顾立雅去世后,他的生前好友及学生募集基金,设置了纪念讲座。第一年(1995)由顾立雅的得意门生、匹兹堡大学历史系教授许倬云主讲。此后每年邀请知名的中国古代史研究专家主讲。② 此外芝加哥大学还在东亚系设立了一个以顾立雅夫妇冠名的讲座教授职位(Lorraine J. and Herrlee G. Creel Distinguished Service Professor),现任讲座教授为著名中国上古史专家夏含夷(Edward L. Shaughnessy,1952— )。2006年芝加哥大学又建立了以顾立雅冠名的"中国古文字学中心"(Creel Center for Chinese Paleography)。

顾立雅学养丰厚,虽然他自认主要是早期中国历史、哲学和制度的专家,他的研究范围却不止于此,而是包含考古、语言学、文字学、文学、思想史等领域。顾立雅著述丰富,主要汉学著作有《中国人的世界观》(*Sinism: A*

---

① David T. Roy, "Herrlee Glessner Creel (1905-1994)", *The Journal of Asian Studies*, Vol. 53, No. 4 (Nov., 1994), p.1356;钱存训《美国汉学家顾立雅教授》,《文献》1997年第3期,第243页。本节对顾立雅生平的介绍参考了这两篇文章以及内容相近的一篇讣文: David T. Roy, "Herrlee Glessner Creel (19 January 1905-1 June 1994)", *Proceedings of the American Philosophical Society*, Vol.140, No.1 (Mar., 1996), pp.94-97。此外还参考了顾立雅去世后多位学者在追思会上的发言,详见"A Service in Memory of Herrlee G. Creel", Bond Chapel, The University of Chicago, November 3, 1994。

② 历年的讲演者(Creel Lecturers)是许倬云、吉德炜(David Keightley)、夏含夷、鲁惟一(Michael Loewe)、瓦格诺(Rudolf Wagner)、何莫邪(Christoph Harbsmeier)、倪德卫(David Nivison)、蒲立本(Edwin Pulleyblank)、包则岳(William Boltz)、裘锡圭、李零、高斯满(Robert Gassmann)、夏德安(Donald Harper)、李学勤。详见 http://cccp.uchicago.edu/pages/history.shtml。

*Study of the Evolution of the Chinese World-View*, 1929)、《中国之诞生》(*The Birth of China*, 1936)、《中国古代文化研究》(*Studies in Early Chinese Culture*, 1937)、《孔子与中国之道》(*Confucius and the Chinese Way*, 1949)、《中国思想:从孔子到毛泽东》(*Chinese Thought from Confucius to Mao Tse-tung*, 1953)、《中国治术的起源》(*The Origins of Statecraft in China*, 1970)、《申不害:公元前4世纪的中国政治哲学家》(*Shen Pu-hai: A Chinese Political Philosopher of the Fourth Century B.C.*, 1974)。[①] 其中最为人所熟知的是《中国之诞生》。钱存训对该书有如下评价:"此书是他在中国留学期间所撰写,根据当时所见资料,对商周社会、政治、经济、文化、艺术等作全面介绍,为最早在西方风行的一部中国古代史权威作品。这本书虽是学术性的著述,却是以通俗文笔写成,内容深入浅出,目的在引起一般读者的兴趣,以增进西方人士对中国古代文明的了解。"[②]

顾立雅在北京留学期间著述丰富,除了《中国之诞生》外,他还完成了其他不少作品,下文予以详细分析。

## 第一节 中文论文

### 一

顾立雅在北京期间发表了多篇论文,其中两篇发表在中国的学术刊物上,一篇是《原道字与彝字之哲学意义》(1933年《学衡》第79期),一篇是《释天》(1935年《燕京学报》第18期)。

顾立雅在研读中文文献时认识到,"道"这个字具有哲学意义是战国以后的事情,此前则很少这样用,在中国最古的文献《尚书》《诗经》《周易》里,"道"字基本上是在"道路"这个意义上使用,不具有任何哲学意义。以《周易》卦爻辞部分为例,其中的"道"字出现四次,都是使用本义:

---

① 顾立雅全部著作目录可参看他的纪念文集附录:David T. Roy and Tsuen-hsuin Tsien, eds., *Ancient China: Studies in Early Chinese Civilization* (Hong Kong: Chinese University Press, 1978), pp.343-346。

② 钱存训:《美国汉学家顾立雅教授》,《文献》1997年第3期,第244—245页。

(一)初九:复自道,何其咎。吉。(《小畜》)

(二)九二:履道坦坦,幽人贞吉。(《履》)

(三)九四:随有获,贞凶。有争在道,以明,何咎。(《随》)

(四)复:亨。出人无疾。朋来无咎。反复其道,七日来复。利有攸往。(《复》)

虽然当时"道"这个字还没有具备后来的哲学意义,但中国人关于道的观念很早就有了,那么这个概念是如何用文字来表述的呢?顾立雅发现,这个观念可由多个字眼来表示,如"行""天步"等,[①]但用得最多的是"彝"。"彝"的本义是盛酒器,《说文解字》解释"彝"为"宗庙常器"。在字义演进的过程中,"彝"逐渐引申为恒常、常道。这和"道"是相似的,"道"的本义是路,后来才逐渐具有了抽象的哲学意义。

"彝"在《尚书》中出现了十九次之多,列举如下:

(一)宗彝、藻、火、粉米、黼、黻絺绣,以五采彰施于五色作服。(《益稷》)

(二)凡我造邦,无从匪彝,无即慆淫,各守尔典,以承天休。(《汤诰》)

(三)惟天阴骘下民,相协厥居,我不知其彝伦攸叙。(《洪范》)

(四)帝乃震怒,不畀洪范九畴,彝伦攸斁。(《洪范》)

(五)天乃锡禹洪范九畴,彝伦攸叙。(《洪范》)

(六)曰皇极之敷言,是彝是训,于帝其训。(《洪范》)

(七)汝陈时臬,事罚,蔽殷彝,用其义刑义杀,勿庸以次汝封。(《康诰》)

(八)惟吊兹,不于我政人得罪,天惟与我民彝大泯乱。(《康诰》)

(九)无作怨,勿用非谋非彝,蔽时忱。(《康诰》)

(十)文王诰教小子有正有事,无彝酒。(《酒诰》)

(十一)聪听祖考之彝训,越小大德,小子惟一。(《酒诰》)

(十二)诞惟厥纵,淫泆于非彝。(《酒诰》)

(十三)其惟王勿以小民淫用非彝。(《召诰》)

---

① 如:"人之好我,示我周行。"(《诗经·鹿鸣》)。"天步艰难,之子不犹。"(《诗经·白华》)

(十四)彝及抚事如予。(《洛诰》)

(十五)朕教汝于棐民彝。(《洛诰》)

(十六)无能往来,兹迪彝教,文王蔑德降于国人。(《君奭》)

(十七)率乃祖文王之彝训,无若尔考之违王命。(《蔡仲之命》)

(十八)永弼乃后于彝宪。(《冏命》)

(十九)故乃明于刑之中,率乂于民棐彝。(《吕刑》)

顾立雅发现,除(一)中的"彝"用作本义外,其他均作"法则、常道"的引申义。战国后,随着"道"字字义的演进,逐渐在哲学意义上取代了"彝"字。顾立雅认为一个最能说明问题的例子在《孟子·告子上》中:

> 孟子曰:"乃若其情,则可以为善矣,乃所谓善也。若夫为不善,非才之罪也。恻隐之心,人皆有之;羞恶之心,人皆有之;恭敬之心,人皆有之;是非之心,人皆有之。恻隐之心,仁也;羞恶之心,义也;恭敬之心,礼也;是非之心,智也。仁义礼智,非由外铄我也,我固有之也,弗思耳矣。故曰:'求则得之,舍则失之。'或相倍蓰而无算者,不能尽其才者也。《诗》曰:'天生烝民,有物有则。民之秉彝,好是懿德。'孔子曰:'为此诗者,其知道乎!故有物必有则,民之秉彝也,故好是懿德。'"(着重号为笔者所加)

《诗经》中很少出现"彝"字,孟子引的这一首《烝民》几乎是唯一有"彝"字的,而这个"彝"字用的恰恰是它的引申义。而在这段引文中,孔子对这首诗的评论是认为《烝民》的作者了解"道"——这个道无疑是在哲学意义上使用的。

顾立雅这篇《原道字与彝字之哲学意义》并不是专门为《学衡》而写,而是根据一篇已经发表的英文论文改写的。该文发表于1932年3月号的《美国东方学会学报》,题为"I(彝) as Equivalent to Tao(道)"。到中国后,顾立雅在两位中国学者的帮助下将此文改写成中文,对此他在文前有一段说明:"余读中文,每有所得,多以英文达之,虽有志出以中文,因不谙中文做法之故,未敢贸然从事也。客秋来平,从中国学者游,练习为文,因将旧作'I(彝) as Equivalent to Tao(道)'一文……加以补充,遂成此篇,措辞用字,有不明者,多请教于张玉衡先生,文成,复请李翊灼先生(证刚)加以改正。但区区之意,有与李先生不同者,仍用原文。故海内君子,谓此编文意有乖远者,非李先生之过也。兹将付刊,爰缀数语,并谢李张二先生教正之至意。"①李翊灼是著名的佛教学者,曾执教于东北大学、中央大学,著有《西藏佛教略史》《印度佛教史》等。张玉衡不知其详,估计是顾立雅的中文老师。从这段说明文字可以看出顾立雅当时的中文已经达到相当高的水平。顾立雅对"道"的关注一直延续到他后期的作品中,其中最重要的是1949年出版的《孔子与中国之道》。

## 二

《释天》一文是顾立雅到北京后新写的作品。顾立雅作此文的目的是想探讨中国古代天神观念的起源。从传世文献来看,似乎商人就已经有了天神观念,如"天命玄鸟,降而生商"(《诗经·商颂·玄鸟》);"惟天监下民,典厥义"(《尚书·高宗肜日》)。顾立雅经过研究后认为其实不然:"《商颂》五篇乃西周中叶以后宋国人所作,此在中国学者已成定谳。《今文尚书·商书》凡五篇,其中"天"字共见十八次。然吾人细加考察,知此五篇亦周人所作。《汤誓》之文法与西周金文相近,其所含之意义亦与西周人之言论相同。《盘庚》三章之文法则同东周时之金文,其文气甚顺,多用'之'字为连接词,不仅非商人之文,且不能视为西周初年之文。……《古史辨》第一集顾颉刚先生谓《盘庚》为商书中之唯一可信者,至于近年,顾氏之意见已与前日不同。顾氏曾与余言,《盘庚》乃周初人所作,至东周以后曾经学者所修改,则《盘庚》亦非商代文字。《高宗肜日》……如为武丁时作,则祖己对其父所陈说之词,于礼亦不合。如以为在祖庚时作,则是时祖己恐已去世,因其弟祖庚已继位为王。……学者又谓祖己为殷臣,其说又有抵牾。……盖此文为周人所作,因其文法与西周金文相近,其中故事亦周人所杜撰,周人但知祖己之名贸然引用,而不知祖己乃王子而未就位者,故文中措词屡有失当之处。《西伯戡黎》乃周人对于殷代灭国事之宣传,假殷臣祖伊之言以出之,谓殷社将绝,乃曰'天既讫我殷命',又曰'殷之即丧',又曰'今我民罔勿欲丧'。凡此数语,皆非殷臣对天子所应陈述之词。且此处言殷者二次,殷字为周人名商之词,此字甲骨文字中所未见。且文中述祖伊生时之言而称之曰祖,亦可证其出于后人所追述。……《微子》为周人攻击商人更激烈之文字,在《微子》中言商人无一可取,又文中屡用殷字。其所用语辞如'微子若

① 顾立雅:《原道字与彝字之哲学意义》,《学衡》第79期(1933年),"述学"第1页。

曰'，'父师若曰'，据金文以证之，'若曰'之词皆出史臣之笔，如此重要言论不能出之史臣，亦可证《微子》非商代之文。"[①]所以《诗经·商颂》和《尚书·商书》中虽然有天神观念的痕迹，但不能因此说商人已经有天神观念。顾立雅认为，天神观念是周人建立的，在没有打败商朝以前就有了，克商建立周朝后则更加发达。

天是周人的神，那么商人的神是什么呢？顾立雅在研究甲骨文字时发现"帝"字很常见，"殷人言帝或上帝，其见于孙海波氏之《甲骨文编》者有六十三处"，而"天"字则很少见，主要用法也是代"大"字。[②] 等到两个部落接触特别是周克商以后，帝与天出现了同化的趋势："此事如希腊之 Hera 与罗马之 Juno 本二神，Aphrodite 及 Venus 亦二神；名虽异，其后二民族日渐同化，皆认为同一之神，帝与天字之关系亦如是。"[③]顾立雅此文的最终结论是："天之本义为大人之象形字，即有地位之贵人。其后即以此名祖先大神，而此天字乃代表多数之祖先大神，执掌生民之事。其后用之既久，因多数之神所造成之集团，亦名为天，而忘其本有多数之义矣。在上之神名之曰天，因是名其所居之地亦曰天：此皆周人克商以前所用之义。及与商人文化相接之后，上帝之于商人，其性质如天之于周人。其后两民族日渐同化，以为上帝与天乃一神之异名。故周人之文字中同言一神，或名为天，或名为上帝：其意义之沿革如是。"[④]

值得注意的是，虽然天与帝逐渐同一，但在西周金文、《诗经》、《尚书》中，天用来指称天神的频率还是远远大于帝和上帝。顾立雅给出了这样一组数字："在《诗经》中所有天字之作天神观念用者凡一百零六次，而帝字作上帝用者只三十八次。《尚书》中有七篇可定为周开国时之作者（《大诰》《康诰》《酒诰》《洛诰》《多士》《君奭》《多方》），在此七篇文字中天字凡见九十七次，帝字只见二十次。金文中可信为西周之作，而见于郭沫若《两周金文辞大系》及吴其昌《金文疑年表》者凡二百十九篇，其中天字共见七十五次，帝与上帝共见四次。"[⑤]可见周人在指称天神时还是更偏向于使用自己原有的称谓。

---

① 顾立雅：《释天》，《燕京学报》第 18 期（1935 年），第 63 页。
② 顾立雅：《释天》，《燕京学报》第 18 期，第 60—61 页。
③ 顾立雅：《释天》，《燕京学报》第 18 期，第 66—67 页。
④ 顾立雅：《释天》，《燕京学报》第 18 期，第 71 页；顾立雅在 1936 年出版的英文著作《中国之诞生》中再次论证了这个观点，详见第 342—343 页。
⑤ 顾立雅：《释天》，《燕京学报》第 18 期，第 65 页。

## 第二节 《中国之诞生》

《中国之诞生》是顾立雅在北京期间完成的一部重要英文著作。全书分为三编：一、考古发现，二、商代，三、周代。各编章节如下：

上编：一、甲骨文；二、考古挖掘；三、中国文明起源。

中编：四、商代都城；五、生活状况；六、手工制品；七、雕刻与青铜器；八、商代社会；九、商代疆域；十、战争；十一、书写系统；十二、商代神祇；十三、卜筮；十四、祭祀。

下编：十五、周人起源；十六、周克商；十七、政治演进；十八、考古；十九、文学；二十、周代社会；二十一、婚姻；二十二、家庭制度；二十三、生产状况；二十四、娱乐；二十五、宗教；二十六、法律；二十七、官僚阶层；二十八、天命观。

顾立雅此书是对中国早期文明的全面论述，其最大特色和优点是利用了当时最新的考古发掘资料，成为西方第一部利用甲骨文和金文对商周史进行综合描述的著作。此前他在美国写博士论文时，使用材料范围只局限于传世文献。到北京后，他的眼界大为开阔，接触的文献也大为丰富了。

《中国之诞生》于1936年出版后，①受到国际汉学界的广泛关注。美国汉学家施赖奥克赞扬顾立雅“用最新的考古文献描绘了上古中国的文化史，为汉学界提供了最新的信息”，同时由于“该书写得平实有趣，没有太多专业术语，也非常适合普通读者”②。其他评论者也高度称赞了这本书的价值。③

---

① 1936年英国版由伦敦的Jonathan Cape公司出版，美国版由纽约的John Day公司出版。

② John K.Shryock, "*The Birth of China* by H.G.Creel", *Journal of the American Oriental Society*, Vol.57, No.3 (Sept., 1937), p.348.

③ Eduard Erkes, "*The Birth of China* by H.G.Creel", *Artibus Asiae*, Vol.7, No.1/4 (1937), pp.250-254; P.M.Roxby, "*The Birth of China* by H.G.Creel", *International Affairs*, Vol.16, No.4 (Jul., 1937), pp.646-647; W.Perceval Yetts, "*The Birth of China* by H.G.Creel", *Journal of the Royal Asiatic Society of Great Britain and Ireland*, No.4 (Oct., 1937), pp.684-686; Theodore D.McCown, "*The Birth of China* by H.G.Creel", *American Anthropologist*, New Series, Vol.40, No.1 (Jan.-Mar., 1938), pp.160-162.

著名中国边疆史学家拉铁摩尔晚年回忆自己与顾立雅的交往时特别提到了这本书:“顾立雅对中国的考古学和早期历史感兴趣。他在相当年轻的时候就出版了一本优秀著作——《中国之诞生》(1936 年出版)。顾立雅的爱好影响了我对考古学领域和早期中国人起源的兴趣;我的注意力从研究中国边疆问题转移到探讨这样的问题:为什么汉人和边疆居民差别如此悬殊?他们各自的起源是什么?”①

虽然甲骨在 1899 年就开始为世所知,但真正对殷墟进行科学挖掘要到 1928 年,这一年 10 月由“中央研究院历史语言研究所”(简称“史语所”)主持的安阳挖掘正式开始,到 1937 年抗日战争爆发,先后挖掘共十五次,掘获甲骨三万余片以及大量陶器、石雕和青铜器,是民国时期中国考古最大的成果。这十五次挖掘分别由董作宾、李济、郭宝钧、梁思永、石璋如等学者领导,他们在这一过程中也逐渐成长为中国考古学界的领袖。

顾立雅留学期间曾多次前往安阳等地进行实地考察。他刚到北京就结识了董作宾、李济、梁思永等学者,而他们正是安阳考古挖掘的主要领导人,这无疑为顾立雅的考察提供了诸多便利。顾立雅特别有幸参观了 1935 年春第十一次挖掘——侯家庄西北岗第二次挖掘,对此李济有比较详细的介绍:“清理了西区 4 座大墓,揭开了东区 411 个小墓。大墓深 12—13 公尺。小墓肯定是牺牲的埋葬;不少小墓中只有头骨或无头躯干,这显然为‘人牲’提供了确凿证据。在大墓的发掘过程中,我们逐渐看清这些墓过去不止一次被盗,所以还没清理到墓底我们就知道不会找到完整的珍品。但我们在隐蔽的角落里发掘出的以前盗墓者没注意的遗物,就足以使人惊异了。特别珍贵的是那些易腐烂的竹、木纤维等留下的精细痕迹,只有受过训练的考古学家才能描绘出它的轮廓。较有价值的遗物如雕刻的大理石、许多体积大的青铜器和精致的玉器等,这些都不是在原处而是在被盗后墓道的填土中发现的。”②这次被李济称为“我们田野工作的高潮”的挖掘持续了 97 天(1935 年 3 月 10 日至 6 月 15 日),其间吸引了不少学者来参观,包括由傅斯年陪同前来的伯希和。顾立雅是 1935 年 5 月去侯家庄的,主持这次田野工作的梁思永热情地接待了他,并向他解释挖掘出来的头骨的特点,顾立雅由此得出这样的结论:“现有的证据表明,从新石器时代到现在,生活在北方的中国人

① 吴心伯译:《蒋介石的美国顾问——欧文·拉铁摩尔回忆录》,复旦大学出版社 1996 年版,第 41 页。

② 李济:《安阳》,商务印书馆 2011 年版,第 86 页。

属于同一个人种，从他们的头骨看不出任何其他人种对这一地区的入侵。”①离开安阳后，顾立雅又到了开封，参观濬县出土的周代文物。1932—1933年，在郭宝钧的主持下，河南省考古队对濬县辛村卫国墓葬进行了两次挖掘，这是我国首次发掘周代墓葬。郭宝钧的发掘报告直到1936年才发表（题为《濬县辛村古残墓之清理》），但在顾立雅去参观时他毫无保留地将自己的发现和见解和盘托出，让顾立雅获益匪浅。②

结束这次考察回到北京后，顾立雅开始利用几次考察所得，结合书面文献撰写学术论文（后来收入他的论文集《中国古代文化研究》），但论文过于专门，在几位热心朋友的建议下，他开始用通俗的笔法写作《中国之诞生》，他后来回忆说前后只用了六周时间就完成了。③ 顾立雅的序言写于1935年8月16日，由此推测他的写作时间大概是6—7月。5月的安阳之行也成为他的最后一次考察，此后不久他就回国任教了。

《中国之诞生》出版后，不仅受到国外学者的关注，国内学者也很快看到了，对于他们的反应，顾立雅的学生许倬云（也是早年李济的学生）有如下回忆：“顾立雅非常聪明，他也弄商代历史，曾到北京和董彦老他们几个讨论安阳挖掘的事情，跟着梁思永住在安阳。在那里看了一阵子之后，中文报告还没出来，他英文的简报就已经出来了。他写的这本书 *The Birth of China*，一炮打红，写得实在是好。这是第一本介绍中国新考古学的西洋书，肯定中国殷墟考古的成就。虽然只是一本小书，但是大纲大目都没错，写得很全。但李济老对顾立雅却有意见，他说：‘我们还没有发掘报告，他已经写了一本书了。’后来，我回国后跟济老说：‘不能怪人家写得快，只能怪我们自己写得慢。’”④可见学者之间既有友谊，也有竞争。但无论是友谊还是竞争，都有助于推动学术的发展。

1986年3月，美国亚洲学会在芝加哥召开年会，其间（3月21日）特别举行小组讨论会，纪念《中国之诞生》一书出版五十周年，并研讨此书对国际学术界所产生的影响。八十一岁高龄的顾立雅应邀发表演讲，谦虚地说这只是一本“通俗读物”。⑤ 和他后期的高深作品相比，这本书也许显得有点简

---

① H.G.Creel, *The Birth of China*(London: Jonathan Cape, 1936), p.51.
② H.G.Creel, *The Birth of China*, pp.247-249.
③ H.G.Creel, "On the Birth of *The Birth of China*", *Early China*, 12(1985-1987), p.4.
④ 《家事、国事、天下事——许倬云先生一生回顾》，南京大学出版社2012年版，第100页。
⑤ H.G.Creel, "On the Birth of *The Birth of China*", *Early China*, 12(1985-1987), p.1.

单,但它对顾立雅此后的学术发展无疑起到了奠基和确立方向的作用,正如夏含夷所说:“三十年代初期可谓是中国古代史学研究之一段黄金时代,一方面,顾颉刚在其陆续刊出的《古史辨》中不断地提出革命性的新史学观念;另一方面,新建的国立中央研究院也在安阳进行前所未有的正式考古挖掘,这一发掘为学术研究提供了大量的史无前例的科学资料。原拟研究中国古代思想史之顾立雅也借这一大好时机扩大自己的研究范围,开始对商周史做较为全面的探索。”①

顾立雅在北京期间除了学术上的收获外,还有物质上的收获。他在勤奋研究和写作之余,也留心收集商周古物,除了十数件商周铜器、骨器、蚌器、玉器之外,最重要的收获是四十三片甲骨。1936 年回国时,他将这批甲骨带到了芝加哥大学供教学之用,但在 1986 年捐献给芝大美术馆之前,甚少有人知道,“四十年代陈梦家和董作宾这两位著名的甲骨学家曾先后在芝加哥从事较长时间的学术研究,但在他们的专著里,都未见有关这批甲骨的片言只字。七十年代周鸿翔教授出版了他的 *Oracle Bone Collections in the United States*(Berkeley: University of California Press, 1976),在该书的第二十三页,也谈到他从未能亲见收录在《中国之诞生》中顾氏之甲骨”②。1986 年顾立雅将自己收藏多年的甲骨和其他古物捐献后,③学者们发现,他在《中国之诞生》讨论甲骨文一节所附的七张图片(原书第 22 与 23 页之间)的说明文字需要做一点修订:“他说明指出这七片甲骨中除了右下角之一片属于 Dr. Cyrus Peake 之外,其余均为一未署姓名的私人藏品(the remainder in a private collection)。现在看来,这六片实际上是顾氏本人在京时所收集之甲骨的一部分。”④

20 世纪 40 年代董作宾到芝加哥大学讲学和从事研究正是顾立雅安排的,在芝大期间,顾立雅经常向他请教,董作宾在交谈中的不少宝贵的口头意见被顾立雅记录下来,并出现在他 1949 年出版的《孔子与中国之道》一书中。顾立雅在该书中引用了三次与董作宾的口头交谈:1947 年 10 月 21 日、

① 夏含夷:《芝加哥大学所藏商代甲骨》,载《中国图书文史论集》,台湾正中书局 1991 年版,第 197 页。

② 夏含夷:《芝加哥大学所藏商代甲骨》,《中国图书文史论集》,第 199 页。

③ 芝加哥大学美术馆曾将这批藏品特别陈列,公开展览,照片收入《礼仪与崇敬》(*Ritual and Reverence: Chinese Art at the University of Chicago*, David and Alfred Smart Gallery, University of Chicago, 1989)一书。这四十三片甲骨的释文见夏含夷的《芝加哥大学所藏商代甲骨》一文。

④ 夏含夷:《芝加哥大学所藏商代甲骨》,《中国图书文史论集》,第 197 页。

1947年11月18日、1948年3月13日。在这三次口头交谈中，董作宾告诉顾立雅，根据他二十多年的研究，甲骨文中没有出现过“道”“阴”“阳”“地”这几个字，刑罚在商代的使用也不普遍。①

顾立雅是最早参与中国考古的西方学者之一，在这一过程中他充分认识到了这一工作的重要性：“中国文化的起源和早期历史非常值得研究，这一历史仍然有迹可循，有物可证，所以这一研究就显得尤其重要。如果我们想理解中国后来的历史，就必须先理清古代的历史。中国文明不是已经死去，而是仍然鲜活，研究古代的源头可以让我们更好地理解它的现在和未来。”②顾立雅早年在芝加哥研究中国古代史时基本上只使用书面文献，到北京后，他开始投入大量精力研究甲骨文和金文，把“纸上之遗文”和“地下之实物”结合起来，互相释证，③这种二重证据法大大提升了他的学术研究的水准。顾立雅说他自己在写作《中国之诞生》商代部分时曾仔细研究过“219份西周金文和113份东周金文”。④这样扎实的功夫为他以后的学术发展奠定了良好的基础。他后期的代表作《中国治术的起源》（1970）就是在广泛使用和深入分析西周金文的基础上写成的，也标志着他的学术达到了一个新的高度。

顾立雅并非美国第一个研究甲骨文的学者，在他之前还有方法敛（Frank Herring Chalfant，1862—1914）。方氏于1888年被美国长老会派到山东潍县传教，1903年他和在青州的英国传教士库寿龄（Samuel Couling，1859—1922）合伙开始从古董商的手中购买甲骨。据甲骨学家陈梦家统计，从1903年至1908年，库、方二人仅从古董商赵执斋手中买到的甲骨就达2700片之多。方法敛在收藏、买卖甲骨的同时，也进行了一些研究。1906年他完成了《中国原始文字考》（*Early Chinese Writing*），作为卡内基博物馆研究项目于当年在匹兹堡出版，在该书第四部分他介绍了殷墟新出土的甲骨。此书比刘鹗《铁云藏龟》仅晚三年，因此可以说，方法敛是最早收集甲骨的传教士，也

① 详见顾立雅著，高专诚译：《孔子与中国之道》，大象出版社2000年版，第147、240、241、290页。

② H.G.Creel, *The Birth of China*, p.380.

③ 这是陈寅恪总结王国维学术方法时所用的术语，参见陈寅恪《王静安先生遗书序》，《金明馆丛稿二编》，第247页。

④ H.G.Creel, *The Birth of China*, p.266.

是最早研究甲骨文的西方学者。[1] 但方法敛的研究只局限于甲骨文本身,而顾立雅则是利用甲骨文、金文进行中国历史研究,他无疑是这样做的第一位美国学者。

这里值得一提的是,“史语所”对殷墟的第二、三次发掘曾得到美国方面的支持,这主要得力于毕士博和李济的牵线搭桥。毕士博是美国著名的东方考古学家,1915—1917 年以宾夕法尼亚大学博物馆东方部主任助理的身份在中国进行考古挖掘,1923—1927 年和 1929—1934 年两度作为华盛顿弗利尔艺术馆的代表常驻北京。[2] 1924 年毕士博在北京见到了回国不久的李济,李济是最早在美国学习人类学和考古学的中国学者,双方很快达成了合作意向。弗利尔美术馆先是和李济任教的清华大学国学院合作,并把山西作为考古挖掘的地点。1928 年清华大学国学院解散后,李济移席“史语所”,并担任考古组负责人,于是双方的合作移向殷墟考古。1929 年春和同年 10 月李济领导的第二次和第三次小屯发掘均得到弗利尔艺术馆的大力支持,特别是在经费方面。可惜由于种种原因这一合作到 1930 年就中断了。[3]

毕士博在顾立雅留学北京期间曾给予他多方面的帮助,在《中国之诞生》出版之际应顾立雅之邀撰写了热情洋溢的序言,称赞此书是“迄今西方对于青铜时代中国最好和最完整的描述”[4]。

除了《中国之诞生》,顾立雅在北京期间还发表了几篇英文论文,其中最值得关注的是发表于《华裔学志》第 1 期上的《商代青铜器制作和装饰的起源》,在这篇文章中,顾立雅用大量的考古资料说明,商代青铜器制作和装饰基本上利用的是本地资源,而不是像不少海外学者认为的是从西方传入的。此外在《华裔学志》第 2 期上顾立雅还发表了纪念劳费尔的文章。[5]

---

① 方法敛的另外两部甲骨学著作是:*The Couling-Chalfant Collection of Inscribed Oracle Bone*(Shanghai:The Commercial Press,1935);*Seven Collections of Inscribed Oracle Bone*(New York:General Offset Company,1938)。

② 关于毕士博的生平,参看 C.Martin Wilbur,“In Memoriam:Carl Whiting Bishop”,*The Far Eastern Quarterly*,Vol.2,No.2(Feb.,1943),pp.204-207。毕士博的著作也受到国内学者的关注,参见毕士博著,黄泽浦译:《中国南北文化的起源》,《集美周刊》第 18 卷第 2 期(1935 年)。

③ 关于弗利尔艺术馆与清华大学、中央研究院的合作,详见李济《安阳》,第 61—74 页。

④ Carl W.Bishop,“Introduction”,*The Birth of China*,p.9.

⑤ 详见 H.G.Creel,“On the Origins of the Manufacture and Decoration of Bronze in the Shang Period”,*Monumenta Serica*,Vol.1,No.1(1935),pp.39-69;H.G.Creel,“Berthold Laufer:1874-1934”,*Monumenta Serica*,Vol.1,No.2(1935),pp.487—496。

《华裔学志》1935 年创刊于辅仁大学，是民国时期北京著名的外文（德文、法文、英文）汉学刊物。从 1935 年至 1948 年，《华裔学志》共出版 13 卷，每卷约 500 页，刊载中外学者的论文 104 篇，短文 102 篇，书评 193 篇。[①] 顾立雅是最早在这份刊物上发表论文的美国学者。

## 第三节 与中国学人的交往

### 一

顾立雅在北京留学期间曾向众多中国学者请教，从《中国之诞生》一书的致谢名单中可以看到如下学者的名字：傅斯年、李济、董作宾、梁思永、郭宝钧、徐中舒、陈寅恪、顾颉刚、容庚、孙海波、唐兰、汤用彤、袁同礼。此外他和杨树达、钱穆等也有所交往。[②] 在所有中国学者中，顾立雅最感谢的是他在哈佛的老师梅光迪。正是依靠梅光迪的介绍和推荐，顾立雅才得以结识这些在北京的中国一流学者。

梅光迪（字迪生，又字觐庄）1890 年生于安徽宣城，早年求学于安徽高等学堂、上海复旦公学。1909 年考入清华留美预备学校，两年后赴美入位于麦迪逊的威斯康星大学学习（1911—1913），后转入芝加哥的西北大学研读（1913—1915），获硕士学位。1915 年 9 月入哈佛大学继续深造（至 1919 年），在哈佛期间曾与胡适频繁通信讨论白话文学问题。1919 年回国后执教于南开大学（1919—1920）。1920—1924 年梅光迪在南京高师英语系（后东南大学西洋文学系）执教，任教授、系主任，其间与吴宓、刘伯明、柳诒徵等创办思想文化批评杂志《学衡》。1924—1936 年，梅光迪在哈佛大学教授中文，并帮助筹建中文图书馆（1932 年曾短期回国执教于南京中央大学）。1936 年从哈佛回国后执教于浙江大学，抗战爆发后随浙大一路迁移直至贵州。

---

① 张建华：《〈华裔学志〉的创办及其对中西文化交流的影响》，《北方论丛》2004 年第 4 期，第 80 页。

② 杨树达 1934 年 9 月 7 日日记写道："刘子植（节）招饮。遇美国人顾立雅，能操中语。"（详见杨树达《积微翁回忆录》，第 61 页。）钱穆 20 世纪 60 年代赴美国多所大学讲学，"应顾立雅之邀亦在芝加哥大学作一次讲演。顾立雅曾在北平留学，余早与相识。"（详见钱穆《八十忆双亲 · 师友杂忆》，生活 · 读书 · 新知三联书店 2005 年版，第 320 页。）

1945 年年底因病在贵阳去世。①

梅光迪是顾立雅在哈佛进修(1930—1932)时的中文老师,曾经给顾立雅很多的指导和帮助。顾立雅晚年回忆说:"刚到哈佛时,我很期盼跟随梅先生学习中国的传统学问,但他当初并没有把我放在眼里,第一个月的课让我仿佛堕入五里雾中。一个月结束的时候,他对我说:'好,你坚持下来了,现在让我们开始学习吧。'在接下来的两年中,我在他的指导下阅读了大量文献,速度之快让我筋疲力尽。"②但这无疑为顾立雅打下了良好的文献基础。

进修期间顾立雅撰写了《孔子与荀子》(Confucius and Hsun-Tzu)、《孔子是不可知论者吗?》(Was Confucius Agnostic?)二文,发表时他特别说明梅光迪曾帮助疏通字句,通读初稿并给出修订的意见。③ 此后两人一直保持着联系。1945 年梅光迪去世后,顾立雅专门写了一篇纪念文章《梅迪生——君子儒》,并以中文的形式发表在《思想与时代》上,其中有一段是这样写的:"他而且宽宏大度,当一九三二年我到中国去,他带着家小从南京到上海来迎接,同我在海船上晤面,以后便介绍我认识了南京方面许多学者,又写了好几封信给我,得有机会和北平的通儒见面。"④由此可以知道,1932 年顾立雅前往中国之前几个星期,梅光迪刚好短暂回国执教于南京中央大学。梅光迪不仅亲自去上海迎接顾立雅,而且还将他介绍给自己在南京的朋友。梅光迪在顾立雅北上时又写了若干介绍信,让顾立雅得以更快地和北京的学术界取得联系。

顾立雅在北京期间最主要的指导者是刘节。刘节(1901—1977)号子植,浙江永嘉人。1928 年从清华大学国学院毕业后到天津大学任讲师,1930 年任河南大学文学院教授,1931 年任北京图书馆金石部主任,1935 年到燕京大学任教。抗日战争爆发后他曾在上海大夏大学、宜山浙江大学任教,后又到成都金陵大学文化研究所工作。1946 年他到广州中山大学任教,直到

① 段怀清:《梅光迪年谱简编》,《新文学史料》2007 年第 1 期,第 55—60 页。

② H.G.Creel,"On the Birth of *The Birth of China*",*Early China*,12(1985-1987),p.2.

③ H.G.Creel,"Confucius and Hsun-Tzu",*Journal of the American Oriental Society*,Vol.51,No.1(Mar.,1931),p.23;H.G.Creel,"Was Confucius Agnostic?",*T' oung Pao*,Second Series,Vol.29,No.1/3(1932),p.55.

④ 顾立雅:《梅迪生——君子儒》,《思想与时代》第 46 期(1948 年),第 11 页。《思想与时代》(1941—1948)是 20 世纪 40 年代以张其昀、谢幼伟、张荫麟、钱穆、朱光潜、贺麟等为核心撰稿人的同人刊物。

1977年去世。刘节是研究先秦史的著名学者，在古文字、古地理、史学史等领域均颇有建树和影响。① 顾立雅跟随刘节主要是研修金文，前后有两年时间。他在写于北京的一篇英文论文中特别向刘节致敬："刘先生是北京图书馆金石部主任，是屈指可数的金文专家。在最近的两年中，每周我们都讨论两次，每次他都以渊博的学识给予我指教，而从不索取任何回报。我想借此机会向他致以深深的谢意。"②

顾立雅在北京期间还得到过古文字学家孙海波的帮助，在他撰写《说天》一文时，孙海波将自己尚未出版的《甲骨文编》手稿（后于1934年由燕京大学出版）借给他参考，使他立刻获得了两条重要信息："甲骨文中有天字。其字共见十二次。"③中国学者给予顾立雅的无私帮助是中美学术交流史的佳话。

## 二

作为哈佛燕京学社派遣的留学生，顾立雅和燕京大学的不少学者都有交往，其中与顾颉刚的关系颇为密切。《顾颉刚日记》中多次提到顾立雅，仅1935年就有十次之多：

> 1935年1月6日：点顾立雅文，未毕。
>
> 1935年2月26日：看顾立雅所作《释天》一文。……写顾立雅信。
>
> 1935年6月3日：访顾立雅，亦遇之。
>
> 1935年6月17日：到顾立雅处，晤之。……天津女师齐院长来平聘教员，予因以四人荐：闻在宥（国文）、蒙文通（中国史）、顾立雅（西洋史）、顾立雅夫人（音乐）。
>
> 1935年7月13日：今午同席：顾立雅夫妇、寇恩慈女士、煨莲、予、元胎、八爰（以上客）、希白夫妇（主）。
>
> 1935年10月4日：顾立雅来。
>
> 1935年10月5日：写齐璧亭快信，为顾立雅事。
>
> 1935年10月14日：顾立雅来。

---

① 燕京研究院编：《燕京大学人物志》第一辑，第153—154页。

② H.G.Creel, "Bronze Inscriptions of the Western Chou Dynasty as Historical Documents", *Journal of the American Oriental Society*, Vol.56, No.3 (Sept., 1936), p.335.

③ 顾立雅：《释天》，《燕京学报》第18期，第60页。

1935年11月3日：到于思泊，王姨母，福开森，顾立雅四家，均遇之。

1935年11月22日：到顾立雅处，晤其夫人。①

从日记中可以得知，顾立雅的《释天》一文是经过顾颉刚审阅后发表于《燕京学报》第18期(1935年12月)的。另外，顾颉刚曾推荐顾立雅夫妇去天津任教，但未果，主要原因应该是顾立雅1935年下半年正忙于写作《中国之诞生》一书。

顾立雅在北京的20世纪30年代正是中国学术的黄金时代，他亲身感受到了古史辨派的巨大影响，作为该派领袖的顾颉刚成为他经常引用的对象。如在《原道字与彝字之哲学意义》中，他一开始就引用了顾颉刚关于《尚书》二十八篇中只有十三篇可信的观点，这个观点见诸顾颉刚《论今文尚书著作时代书》一文(《古史辨》第一册第四十七篇)，顾颉刚将《尚书》二十八篇分为三组，认为只有第一组十三篇“在思想上，在文字上，都可信为真”。这十三篇是：《盘庚》《大诰》《康诰》《酒诰》《梓材》《召诰》《洛诰》《多士》《多方》《吕刑》《文侯之命》《费誓》《秦誓》。② 后来顾颉刚的观点又发生变化，顾立雅有幸亲耳聆听，并记在《释天》一文中：“《古史辨》第一集顾颉刚先生谓《盘庚》为商书中之唯一可信者，至于近年，顾氏之意见已与前日不同。顾氏曾与余言，《盘庚》乃周初人所作，至东周以后曾经学者所修改，则《盘庚》亦非商代文字。”③

关于顾立雅和顾颉刚的交往，海伦·斯诺(Helen F. Snow，1907—1997)的回忆录中有这样的记录：“顾立雅对古代和孔子十分崇拜。我记得有一天，我请他和顾颉刚一块儿吃午饭，因而引起一场激烈的争论。……顾颉刚这个批判性的学者是我们在中国结交的最有吸引力的朋友之一，他的思想诚实正直进步——这在中国尤其罕见。”④顾颉刚对中国古代文化的批判态度显然是他和顾立雅争论的焦点，但学术观点上的争论并不妨碍他们之间的友谊。

① 《顾颉刚日记》卷三，第167、190、294、312、350、356、366、396、397、400、407、412页。
② 顾颉刚：《论今文尚书著作时代书》，《古史辨》第一册，第201页。
③ 顾立雅：《释天》，《燕京学报》第18期，第63页。
④ 海伦·斯诺著，华谊译：《旅华岁月》，世界知识出版社1985年版，第86页。

## 三

虽然现在已经难以考证当年梅光迪的介绍信都写给了哪些北京学人，但其中之一一定是他的老朋友吴宓。1921年吴宓从哈佛回国后任教于南京东南大学，曾和梅光迪等人一起创办《学衡》。1924年吴宓离开南京赴沈阳，执教于东北大学。1925年清华学校改办清华大学后，吴宓很快来到北京，出任清华大学国学研究院主任。此后直到抗战爆发，他一直是北京学术界的活跃人物。

1932年顾立雅到北京后不久，吴宓就在他主持的《大公报·文学副刊》上发表了《顾立雅论中国人之宇宙观》一文，热情地评介顾立雅的第一部著作——《中国人的世界观》："顾君以为中国古人，在佛教未传入及未受任何外国影响之前，已自有其特殊之宇宙观。此可称为'中国教'或'中国人之精神'，顾君特造 Sinism 一字以名之。此种宇宙观，乃古代中国农村生活经济之产物。其视宇宙乃和谐而有规律之整体，人为宇宙之一部，故人生亦和谐而有规律之整体。宇宙与人生，实谐和一致而互相影响者。然宇宙人生皆非静止而运行不息，宇宙人生乃是一种历程而非一个境界，长久进化以企于无穷。故宇宙人生至善之'和'，乃如一机器之各部协调按照规律而运行工作。以是，阴阳之外更有五'行'，而宇宙之本原及人生之究竟曰'道'。道即自然之法则，亦即天理天运天命。人能行道，即与宇宙和谐而完成其在宇宙中一部分之职务，即得幸福。惟自实际人生言之，社会亦宇宙之一部，故社会亦为通体和谐而按照规律运行不息之一大组织。其组织如纲在纲，如臂使指，封建实本此意。而帝王为社会之中心，王者之职务厥为行道，即整理人事使与宇宙之运行相因应而共和谐是也。又农民多守旧，故众咸信古之王者实有顺天理而能行道者。以上乃中国古人共具之观念。而孔子、老子、墨子之教所从出之源泉也。"吴宓认为顾书的价值不仅在于考据，更在于义理，因为"西人论述中国事，不难于材料之搜罗普遍，而难于义理之体会精微"。[1] 所以伯希和等人的考据虽然可贵，但在吴宓看来，更可贵的是像顾立雅那样把考据与义理结合起来，以一种了解与同情的态度来研究中国文化的真相。伯希和是当时西方汉学界的领袖，而顾立雅才是一个初出茅庐的年轻人。吴宓的评价虽有溢美之嫌，但顾立雅的汉学研究才华在早年已显

---

① 吴宓：《顾立雅论中国人之宇宙观》，《大公报·文学副刊》1932年9月26日。

露无疑,加上四年北京时期的学术淬炼,他成为美国和西方汉学的领军人物只是时间的问题了。

实际上,当1939—1940年顾立雅以芝加哥大学助理教授的身份再度访问北京时,他已经是一颗耀眼的学术明星了。关于他的这一次短暂的北京之行,《燕京新闻》刊登了题为《美汉学家抵平,顾立雅将来校讲演,顾氏对我国文史造诣极深,能直接阅读甲骨文金文,顾夫人亦同来》的消息:"兹悉美国芝加哥大学中国文史学教授顾立雅博士(Dr.H.Creel)将于本月二十八日来校做公开演讲,题目为《古代之中国及其将来》(Ancient China and the Future)。按顾氏为美国著名汉学家,对于中国文学及史学,造诣极深,而尤精于中国上古史。其著作甚多,如《中国文化之产生》(*The Birth of China*),《中国古代文化之研究》(*Studies in Early Chinese Culture*),以及《孝经》《论语》等,皆已轰动世界学术界,推为名作。盖氏能直接阅读甲骨文、金文与小篆、隶书等,并能操极流利之华语与中国学者讨论古史问题,今日之成就,自非偶然事也。顾氏此次来华,系就休假之便,并为芝加哥大学采购中文图书。其夫人亦同来,研究中国社会制度。兹因本校敦请作公开讲演,届时当有若干新意见介绍与燕园人士云。"[①]用衣锦还乡来形容顾立雅此次北京之行应该是相当恰当的。

① 《燕京新闻》第6卷第23期(1940年3月16日)。

# 第五章　恒慕义

恒慕义(Arthur William Hummel,1884—1975)于1884年3月6日生于密苏里州的沃伦顿(Warrenton),由于父母早亡,他童年的生活颇为艰苦。1905年他进入芝加哥大学学习,并于1909年获得文学学士学位,后于同校获得文学硕士学位(1911年)和神学硕士学位(1914年)。在芝加哥大学期间,恒慕义为海外传教活动所吸引,加入了学校的相关组织,盼望有一天到中国去传教。

1914年11月恒慕义受美国海外传教部总会派遣前往中国。在北京华文学校学习汉语一年后,恒慕义于1915年9月来到山西汾州(今汾阳),在当地教会附属的明义中学教授英文并负责一部分管理工作,业余时间他继续学习中文,阅读地方志并收集中国古钱币和古地图。

在山西工作近十年后,1924年恒慕义受华文学校裴德士校长之邀移居北京,担任华文学校中国史讲师,教授"中国文化史纲""中国社会习俗"等课程。1927年由于北伐战争造成时局不稳,恒慕义于年底辞职离开了北京。在北京期间他结识了胡适、顾颉刚、冯友兰、蒋梦麟、袁同礼等中国学者,并结下了深厚的友谊。

1928年回到美国后恒慕义出任美国国会图书馆中文部(很快改名为东方部)首任主任,也成为该馆有史以来第一位全职的中文专家。在1954年退休前,他担任东方部主任前后共二十七年,其间多次来北京购书。在他任职期间,国会图书馆的中文藏书由十万册增至近三十万册,使之成为海外中国研究的重要基地。1941年3月8日上海各报所载恒慕义的讲话称:"中国珍贵图书,现正源源不断流入美国,举凡稀世孤本,珍藏秘稿,文史遗著,品类毕备。……月以千计,大都索价不昂,且有赠予美国各图书馆者,盖不甘为日本人所攫,流入东土也。……若干年前,北平有文化城之目,各方学者,荟萃于此,诚以中国四千余年以来之典章文物,集中北平各图书馆,应有尽有。自今而后,或将以华盛顿及美国各学府为研究所矣。"①恒慕义不仅在购买中文图书方面做出了巨大贡献,在保护中文善本方面同样贡献巨大。1941年珍珠港事件前他协助中方将北图的近三千册善本书运抵美国,并拍成缩微胶卷,成为他一生工作的一大亮点。这批运美进行复制的书籍"包括宋、元本约两百种,明版近两千种和稿本五百余种。这些书大部是宋、元、明、清

① 转引自桑兵《国学与汉学》,第36页。

历朝内阁大库的存书，可说是当时平馆所藏善本的精华”[①]。这批书后来“摄成缩微胶片一千零七十卷，赠送中国图书馆三套，底片现存国会图书馆。……原书于一九六四年应台湾‘中央图书馆’要求运回代管，现寄存台北‘故宫博物院’”[②]。这套胶片世界各大图书馆均有购买和收藏。

担任东方部主任期间，恒慕义每年都以书面报告的形式说明在过去一年中国会图书馆所增加的中文收藏，他的报告一开始收入国会图书馆的年度总报告中，后来发表在1943年创刊的《国会图书馆新品季刊》(*Library of Congress Quarterly Journal of Current Acquisitions*)中。恒慕义的报告内容丰富，说明详细，受到世界各国汉学家的欢迎，每年都需加印抽印本才能满足学者们的需求。他历年的报告后来收入《国会图书馆的中文收藏》(*Chinese Collections in the Library of Congress*,1974)一书中。

国会图书馆的中文藏品实在太丰富，编目整理工作光靠恒慕义一个人的力量是远远不够的。恒慕义利用自己和美国学术团体理事会、洛克菲勒基金会等机构的良好关系邀请了一批中国专家来美国协助他工作，其中比较著名的有朱士嘉、王重民、邓嗣禹、吴光清、房兆楹、杜联喆等。朱士嘉在东方部期间编写完成了《国会图书馆中国地方志目录》(*A Catalog of Local Histories in the Library of Congress*)，后由美国政府出版局于1942年出版；王重民编写的两卷本《国会图书馆中国善本书目录》(*A Descriptive Catalog of Rare Chinese Books in the Library of Congress*)完成于1943年，但直到1957年才由美国政府出版局出版。邓嗣禹、房兆楹、杜联喆在编写《清代名人传略》一书中均给予恒慕义极大的帮助。吴光清1938年到东方部工作，后来就留在了国会图书馆，主管中文参考及编目业务，1966年升任东方部中韩组主任，1975年退休，他一直是恒慕义最得力的助手。

恒慕义不仅是出色的图书馆馆长，在学术研究方面同样成就卓著。他在学术上的最大成就是主编《清代名人传略(1644—1912)》(*The Eminent Chinese of the Ch'ing Dynasty, 1644-1912*，以下简称《清代名人传略》)。20世纪30年代在美国学术团体理事会的发起组织下，恒慕义出任《清代名人传略》主编。该书收录清代近三百年间约八百位著名人物的传略，按英译人名顺序排列，以皇太极(Abahai)开始，以颙琰(Yung-yen)收尾。人物包括帝

---

① 钱存训：《留美杂忆——六十年来美国生活的回顾》，黄山书社2008年版，第17—18页。

② 钱存训：《留美杂忆——六十年来美国生活的回顾》，第20页。

王、后妃、文臣、武将、文学家、艺术家、宗教人士等。每篇传记末尾附资料来源,卷末附人名索引和引用文献索引。全书集当时国内外研究之大成,且引用了不少外文史料,弥补了汉满文史料的不足之处。该书分两卷,分别于1943年、1944年在华盛顿出版,出版后在国际学术界产生了广泛的影响,一直被列为重要参考书。胡适在卷首的序言中盛赞这本书,认为"作为一部近三百年的传记辞典,在目前还没有其他同类的著作(包括中文的著作在内)能像它那样内容丰富、叙述客观并且用途广泛"①。二十多年后,费正清在其主编的教材《东亚的现代变革》(*East Asia, the Modern Transformation*)一书的"阅读书目"(Bibliographical Suggestions)中称《清代名人传略》为"清史研究不可或缺的参考书"②。《清代名人传略》的出版也为后来两部同类的传记辞典树立了榜样:四卷本的《民国传记辞典》(*Biographical Dictionary of Republican China*, Columbia University Press, 1967-1971)和《明代传记辞典》(*Ming Biographical Dictionary*, Columbia University Press, 1975)。

恒慕义一直致力于积极推动美国的中国研究,1930—1934年任美国学术团体理事会下设的"促进中国研究委员会"主席。20世纪30年代他曾多次主持暑期中国学研讨班:1932年在哈佛大学,1934年和1937年在伯克利加州大学,1935年在哥伦比亚大学。

由于在学术上的贡献和影响,恒慕义被选为1940—1941年度美国东方学会主席,1948年又被选为远东学会(后改名为亚洲学会)首任主席。③

## 第一节 《古史辨》译介

1931年恒慕义凭借《〈古史辨〉自序译注》(The Autobiography of a Chinese Historian)一文获得荷兰莱顿大学博士学位。恒慕义最早接触《古史辨》

---

① Hu Shih, "Preface", *The Eminent Chinese of the Ch'ing Dynasty, 1644—1912*, p.iii.

② J.K.Fairbank, et al., eds., *East Asia, the Modern Transformation* (Boston: Houghton Mifflin Co., 1965), p.932.

③ 以上关于恒慕义生平的介绍参考下面两篇纪念文章:L. Carrington Goodrich, "Arthur William Hummel, March 6, 1884-March 10, 1975", *Journal of the American Oriental Society*, Vol.95, No.3 (Jul.-Sept., 1975); Edwin G.Beal and Janet F.Beal, "Obituary: Arthur W.Hummel (1884-1975)", *The Journal of Asian Studies*, Vol.35, No.2 (Feb., 1976), pp.265-276.

是在北京进修期间，译介《古史辨》成为他一生学术的起点。

古史辨运动导源于1920年胡适与顾颉刚关于整理历代辨伪著作的往返通信，最初公开发表的文字是1923年顾颉刚与钱玄同在《努力周报》增刊《读书杂志》上的一系列有关古史的讨论。此后刘掞藜、胡堇人、丁文江、柳诒徵、魏建功、容庚等纷纷加入了讨论，讨论内容于1926年由顾颉刚编辑为《古史辨》第一册出版，立刻在学术界产生了重大影响。到1941年，《古史辨》共出版了七册，[①]成为现代中国史学研究最引人注目的成果之一。

《古史辨》第一册正文分为上、中、下三编，大致按照时间顺序收录了古史辨派学者的信件、论文以及与反对派的辩论文字。上编起1920年11月，讫1923年2月；中编起1923年2月，讫1924年2月；下编起1923年5月，讫1926年1月。在正文之前，有顾颉刚长达六万字的长篇自序，不仅详细记述了顾颉刚本人从事疑古辨伪活动的整个过程，也全面展示了古史辨派作为一个新的学术派别的诞生过程与成长面貌。

顾颉刚提出的"层累地造成的中国古史"说无疑是《古史辨》第一册中最震撼人心的观点，按照顾颉刚本人的解释，"层累"说有三个意思："第一，可以说明'时代愈后，传说的古史期愈长'。如周代人心目中最古的人是禹，到孔子时有尧、舜，到战国时有黄帝、神农，到秦有三皇，到汉以后有盘古等。第二，可以说明'时代愈后，传说中的中心人物愈放愈大'。如舜，在孔子时只是一个'无为而治'的圣君，到《尧典》就成了一个'家齐而后国治'的圣人，到孟子时就成了一个孝子的模范了。第三，我们在这上，即使不能知道某一件事的真确的状况，但可以知道某一件事在传说中的最早的状况。我们即使不能知道东周时的东周史，也至少能知道战国时的东周史，我们即使不能知道夏商时的夏商史，也至少能知道东周时的夏商史。"[②]根据顾颉刚的分析，诸如"盘古开天""三皇五帝"都是后人的附会，而绝不是可靠的历史。

《古史辨》第一册刚一问世，就引起了正在北京进修的恒慕义的关注。《古史辨》第一册是1926年6月11日出版的，同年11月恒慕义就在《中国科学美术杂志》(*China Journal of Science and Arts*)第五卷第五期上撰文予以

---

① 第一册，顾颉刚编著，北平朴社1926年初版；第二册，顾颉刚编著，北平朴社1930年初版；第三册，顾颉刚编著，北平朴社1931年初版；第四册，罗根泽编著，北平朴社1933年初版；第五册，顾颉刚编著，北平朴社1935年初版；第六册，罗根泽编著，上海开明书店1938年初版；第七册，吕思勉、童书业编，上海开明书店1941年初版。

② 顾颉刚：《与钱玄同先生论古史书》，《古史辨》第一册，第60页。

介绍。文章不长，兹全文翻译如下：

“这是中国史学界的一部革命的书”，胡适博士这样评价《古史辨》第一册。胡博士热情洋溢的观点发表在最近出版的《现代评论》九十二期上。我想大部分懂中文的人一定会同意胡博士的观点，而那些不懂中文的人一旦读到英文翻译本也一定会立刻领会此书的价值。这本书应该早日翻译成英文。

这本书的部分作品曾发表在1923年的《读书杂志》上，主要内容是关于中国古史——特别是关于传说中的圣君尧舜禹——的激烈讨论。这场讨论涉及的不仅是尧舜禹的真实性问题，更重要的是中国上古历史文献的可信性的问题。讨论者包括顾颉刚先生、钱玄同先生、胡适博士以及其他一些学者。讨论的部分内容去年结集为《古史讨论集》，现在还能一见。现在这场讨论的核心人物顾颉刚先生将所有的讨论内容结集出版，这是一个非常正确的决定，从大量增加的文章中我们可以更加清晰和全面地看到顾先生是如何一步步地得出他的革命性的结论的。

顾先生最初是从18世纪的学者崔述那里获得启发。崔述发现了一个奇怪的现象：中国的历史叙述越是远离古代越是详尽，传说中的人物也是越往后越多。顾先生所做的工作是以勇敢和科学的态度一个一个地剥离那些覆盖在古代历史真相上的传说和故事。顾先生指出，研究中国古史最可靠的资料不是《尚书》最初的四篇（他毫不犹豫地认定它们是周代的作品），而是《诗经》中最古老的部分、河南出土的甲骨文以及其他考古挖掘材料。在最早的文字记录中出现的最古老的人物不是尧和舜，而是禹。禹最初是以规划山脉河流的土地神的形象出现的，只是到了春秋时代才具有了人格。《诗经》里没有提到尧和舜，他们被周朝后期的哲学家如孔、孟等制造出来是为了进行道德教诲，是为了用模范帝王的传说来抑制官员的贪欲和民众的不安。同样的道理，黄帝要到秦朝初年才出现在文献中，而最古老的帝王盘古则直到汉代才出现。

顾先生得出的结论固然重要，但更重要的是他得出这些结论的方法和他的工作态度。他广泛而细致地搜集材料，他大胆地提出假说，同时他欢迎各种批评，任何一个观点一旦被他本人或别的学者证明站不住脚，他就会毫不犹豫地放弃。他是康乾时期伟大批评精神的继承人，同时又是新的科学时代的先驱者。胡适博士说:"在中国古史学上,崔述是第一次革命,顾颉刚是第二次革命。"崔述大胆地怀疑古书,但对于经书多少还是有些迷信,顾先生则要求即使对于经书也必须进行批判。

这本书的三分之一是近几年来顾先生、胡适博士、钱玄同先生以及其他学者有关古史的通信,内容是报告他们的新发现,辨别古书的真伪,以及讨论新的历史研究的方法。其中的种种想法、假设、发现对于任何有志研究中国新文化运动的人来说都是极有意义和价值的。这本书的另外三分之一是编者的自序,无疑是最值得阅读的内容。在这篇坦诚的文字中,顾先生说明了自己是如何接受严格的学术训练,如何受到时代潮流、书籍和老师的影响,以及如何从迷信权威中解放出来的。不仅如此,这篇自序实际上还是对过去三十年席卷中国的各种思潮的记录。

我们知道《古史辨》的第二册很快就会出版,第三册的内容也基本完备了。我们非常期待这些后续的作品。顾先生才三十三岁,是一位谦逊、敏感,同时极其严肃的学者,除了研究古史,他还发表了大量关于中国民俗的论文,以及为中学生编写的三册《本国史》教材(目前最好的教科书,商务印书馆出版)。①

1929年,恒慕义又在《美国历史评论》上再次撰文,介绍古史辨运动,②他指出,中国"最近发生的史学运动的一大特色在于,对那些历来被尊崇的最古老的经典宁可采取怀疑的态度也不盲目相信"③。在这场"疑古"运动中,顾颉刚主编的《古史辨》第一册无疑是最具代表性的著作,而最具影响力的观点则无疑是"层累地造成的中国古史"(the stratified fabrication of ancient Chinese history),对此恒慕义在文中均有比较详细的介绍。

《古史辨》第一册出版后,恒慕义立刻认识到了它的巨大价值,所以决心

① Arthur W. Hummel,"*Ku Shih Pien*(*Discussions in Ancient Chinese History*)Volume One",*China Journal of Science and Arts*, Vol. V, No.5(Nov., 1926), pp.247-249.此文后收入《古史辨》第二册,第364—369页。

② Arthur W. Hummel,"What Chinese Historians are Doing in Their Own History",*The American Historical Review*, Vol.34, No.4(Jul., 1929), pp.715-724.该文的中译文题为《中国史学家研究中国古史的成绩》(王师韫译),载《国立中山大学语言历史学研究所周刊》第9集第101期(1929年10月16日),后又收入《古史辨》第二册,第443—454页。

③ Arthur W. Hummel,"What Chinese Historians are Doing in Their Own History",*The American Historical Review*, Vol.34, No.4(Jul., 1929), p.717.

把全书译成英文。但后来由于各种原因，只翻译注释了顾颉刚的长篇自序，并于 1931 年作为莱顿大学“汉学研究书系”的第一种在荷兰出版。就译文来看，恒慕义基本上是逐字逐句地直译，为了方便西方读者，他在文中提到的中国人名和书名后面都加上了年代，对于重要的名词术语均做了详细的注释。

在说起自己的动机时，恒慕义在“译者前言”中写道：“1926 年 6 月，顾颉刚先生的《古史辨》出版时，我正在北京，因想将其《自序》译成英文。读了第一册使我觉得它是现代中国学者的工作及态度最好的介绍，中国文化革新的各大问题，西洋科学方法的运用及本国固有成绩的继续，无不叙述尽致。同年 10 月间，胡适博士做了一篇长评，说它‘是中国史学界的一部革命的书’（见《现代评论》1926 年 10 月 11 日刊，或《古史辨》第二册，第 334 页）。其实就是百年来中国古史最重要的贡献。胡博士得到我的同意引用我的话，说至少这篇自序应译成英文。因为这篇不独是一位中国史家的自述，亦是过去三十年来风行中国的思潮最好的评述。到现在还没有人做这个工作，所以我得到顾先生的同意着手译出。本想和 1920 至 1925 年间文学革命诸领袖的文章书札多篇订成一书，但自序颇长，又是完整的作品，遂单印了。”①

胡适引用恒慕义的话是在他评论《古史辨》第一册的文章中，其上下文是这样的：“他（顾颉刚）在这篇自传里，很坦白地叙述他个人的身世，遭际的困难，师友的影响，兴趣的变迁，思想的演进，工作的计划。我的朋友 Hummel 先生读了这篇自序，写信给作者，说此篇应该译为英文，因为这虽是一个人三十年中的历史，却又是中国近三十年中思想思潮变迁的最好的记载。”②

顾颉刚的自序不仅具有重要的学术价值，而且从文体上来看也别具一格，特别是和西方的同类作品相比更是如此。恒慕义在“译者前言”中写道：“自序这一类的文章，英文没有相当的名词。自序就是作者自述其家世，教育及其知识之发展，使读者容易明白他思想的来源及其工作的缘由。诚然，我们的博士论文也附有关于作者个人生活的叙述，但是太正经简略了，一点

① Arthur W. Hummel, “Introduction”, *The Autobiography of a Chinese Historian: Being the Preface to a Symposium on Ancient Chinese History* (Leyden: E.J.Brill, 1931), p.v. 该“译者前言”由顾颉刚在燕京大学的学生郑德坤译成中文，题为《近百年来中国史学与古史辨》，载《史学年报》第 1 卷第 5 期（1933 年 8 月），第 147—161 页。

② 胡适：《介绍几部新出的史学书》，《古史辨》第二册，第 335 页。

儿没有生气。我们还有无数的日记自传,但是都不像中国人的自序,目的在说明作品产生的原因。"[①]胡适在评论《古史辨》第一册时也指出了顾颉刚自序的文学价值:"这篇六万多字的自序,是作者的自传,是中国文学史上从来不曾有过的自传。"[②]以前人写的自序,无论是司马迁的《史记·太史公自序》、王充的《论衡·自纪篇》,还是刘知幾的《史通·自叙》都比较短,不像顾颉刚的自序这样洋洋洒洒,内容丰富。美国著名汉学家施赖奥克在读了恒慕义译文后写下了这样的评论:"《自序》的第一部分描述了作者的教育背景,如果一个美国人想要了解中国人的思想,这一部分必须仔细阅读。接下来的部分描述了一个受过良好教育的中国人在文化和价值观念急剧转型时期的思想斗争,引起斗争的原因有时也许很简单,但反映出来的问题却是真实而生动的。顾先生在文章中还提供了有关中国民俗和宗教的大量信息。他向我们展示了一个传统的中国高级知识分子在突然面对西学时的彷徨和转向。读了这篇长文后,我感觉我对顾先生的了解要超过我对不少美国朋友的了解。"[③]

恒慕义的"译者前言"可以看作一篇学术论文,其中总结了《古史辨》的四个特点:(一)对于经典态度的改变;(二)学派统治的解放;(三)放弃寻求绝对真理;(四)新疑古的态度。(一)(二)(四)比较好理解,(三)的意思是不要以为自己的看法就是绝对真理,而是要不断质疑,正如顾颉刚自己所说:"不希望有一天高兴地呼喊道:'真理已给我找到了,从此没得事了。'"[④]

就恒译出版后的书评来看,西方学者很看重恒慕义在文中对中国自古以来辨伪历史的梳理。贾德纳在书评中写道:"那些早期学者批评古史的见解,不是被同时代人冷落就是被他们忽视,但是他们的结论为今天的研究提供了基础,恒慕义在文中对他们言简意赅的介绍是特别有价值的。"[⑤]恒慕义介绍的早期学者包括:(一)韩非子;(二)王充;(三)刘知幾;(四)柳宗元;(五)欧阳修;(六)司马光;(七)郑樵;(八)朱熹;(九)叶适;(十)王柏;(十一)宋濂;(十二)梅鷟;(十三)胡应麟;(十四)阎若璩;(十五)胡渭;

① Arthur W.Hummel,"Introduction",*The Autobiography of a Chinese Historian*,p.vi.

② 胡适:《介绍几部新出的史学书》,《古史辨》第二册,第335页。

③ J. K. Shryock,"Review of *The Autobiography of a Chinese Historian*",*Journal of the American Oriental Society*,Vol.52,No.1(Mar.,1932),p.100.

④ 顾颉刚:《自序》,《古史辨》第一册,第3页。

⑤ Charles S.Gardner,"Review of *The Autobiography of a Chinese Historian*",*The American Historical Review*,Vol.37,No.3(Apr.,1932),pp.576-577.

(十六)姚际恒;(十七)崔述。我们知道,《古史辨》第一册正文就是以 1920 年 11 月胡适《询姚际恒著述书》和顾颉刚《答书》开篇的。恒慕义对姚际恒的介绍是这样的:"姚际恒(1647—1715?)是一位不甚著名的史家,他的作品多数亡佚了,但所存的《古今伪书考》在历史上颇为重要,一直到 18 世纪末还可以算作辨伪著作中最精博的。他分析了九十多种经籍的真伪。他的结论有不少难以成立,但是这种疑古的精神,当时实所罕见。"①《古今伪书考》后来由顾颉刚点校,1929 年作为"辨伪丛刊"的一种由北京景山书社出版。

顾颉刚在与胡适、钱玄同讨论古史的同时,也计划编辑"辨伪丛刊",将前人的著作整理出版。从 1921 年 4 月顾颉刚写给钱玄同的信来看,最初计划点校出版的书有五十多种。② 后来由顾颉刚负责点校的有郑樵《诗辨妄》、王柏《诗疑》、高似孙《子略》、宋濂《诸子略》、胡应麟《四部正讹》、姚际恒《古今伪书考》、刘逢禄《左氏春秋考证》等数种。这些书和《古史辨》一起,将"疑古"运动一步步推向高潮。

总体来说,恒慕义对顾颉刚的成就表示崇敬,虽然顾颉刚当时才三十出头。恒慕义在 1926 年的书评中把顾颉刚看作是"康乾时期伟大批评精神的继承人,同时又是新的科学时代的先驱者"③。顾颉刚本人则把成绩归功于自己的时代——新文化运动所带来的思想自由和重估一切价值的学术氛围,他在《古史辨》第三册《自序》中说:"我们所处的时代太好,它给予我们以自由批评的勇气,许我们比宋代学者作进一步的探索,——解除了道统的束缚。它又给予我们许多崭新的材料,使我们不仅看到书本,还有许多书本以外的东西,可以做种种比较的研究,可以开出想不到的新天地。我们不敢辜负这个时代,所以起来提出这些问题,激励将来的工作。以前的人,束发受经,有信仰而无思考,所以儒家统一了二千年的教育,连这几部经书也没有研究好,且为它增加了许多葛藤,使它益发浑乱。现在我们第一次开垦这个园地,当然要费很大的力气为后来人作方便。"④

当然,顾颉刚的研究并非无可挑剔。恒慕义在"译者前言"中也指出他的一点不足。恒慕义认为顾颉刚"对于书上的证据十分有把握,但由于对语

---

① Arthur W.Hummel,"Introduction",*The Autobiography of a Chinese Historian*,p.xxvii.

② 详见顾颉刚:《答编录辨伪丛刊书》,《古史辨》第一册,第 33—34 页。

③ Arthur W.Hummel,"*Ku Shih Pien*(*Discussions in Ancient Chinese History*) Volume One",*China Journal of Science and Arts*,Vol.Ⅴ,No.5(Nov.,1926),p.248.

④ 《古史辨》第三册,第 2 页。

言学、人类学及考古学没有相当的研究,故不能由这方面得到证据"①。确实,顾颉刚研究古史采用的主要还是历史学的考证方法,历史学以外的各种社会科学方法他了解比较少,也不是他的长项。

## 第二节　与中外学人的交往

恒慕义在北京期间和顾颉刚有比较密切的交往。从《顾颉刚日记》中我们能找到不少证据。除了日常的拜访、吃饭、闲谈之外,还有 1926 年 7 月 12 日的代读论文:"到华文学校,备演讲质询。……余前作《秦汉统一的由来及战国人对于世界的想像》一文,承恒慕义先生完全译出,代予诵之。予往,备听者质询耳。"②

不难想象,他们交往中的一个重要话题就是《古史辨》,关于自序的翻译,《顾颉刚日记》中有多处记载,值得全部转录:

> 1926 年 7 月 13 日:恒慕义先生欲以英文为余译《古史辨》序,日来又为余译《秦汉统一》一文,西洋人方面亦渐知予矣。
>
> 1928 年 1 月 28 日:芝生(按即冯友兰)来信,谓恒慕义君回美国后,拟将《古史辨》译为英文,在美国出版。
>
> 1928 年 2 月 1 日:与恒慕义书,劝其节译《古史辨》,因零碎材料或为欧美人士所不易理解也。
>
> 1932 年 10 月 17 日:德坤来,看其所译恒慕义译《古史辨自序》之序。
>
> 1934 年 1 月 30 日:闻刘毓才君言,印度 Rahkit 君读恒慕义所译之《古史辨自序》,欲作一文介绍于印度学界。③

---

① Arthur W.Hummel,"Introduction",*The Autobiography of a Chinese Historian*,pp.xxxviii-xxxix.

② 《顾颉刚日记》卷一,第 767 页。此文后刊载于三个刊物:《孔德旬刊》第 34 期(1926 年 6 月 21 日);《国立中山大学语言历史学研究所周刊》第 1 集第 1 期(1927 年 11 月 1 日);《古史辨》第二册上编。收入《古史辨》第二册时顾颉刚在题注中说在华文学校发表演讲的时间是 1926 年 6 月 1 日,与日记所记 1926 年 7 月 12 日有出入。

③ 详见《顾颉刚日记》卷一第 768 页;卷二第 128、130、699 页;卷三第 155 页。

从日记中我们可以知道，顾颉刚曾就自序的翻译给恒慕义写过信。从前文引用胡适评论《古史辨》的文章，我们知道恒慕义也曾给顾颉刚写过信，但这些信件均没有收入已经出版的《顾颉刚书信集》（中华书局 2011 年版），估计在多次动荡中已经丢失，这是十分可惜的，否则我们可以知道两人交往的更多细节。从上述抄录的日记中我们看到，顾颉刚在 1928 年 2 月 1 日的信中劝恒慕义“节译《古史辨》，因零碎材料或为欧美人士所不易理解也”。这应该也是后来恒慕义只翻译顾颉刚自序，而不是整个《古史辨》第一册的一个重要原因。

20 世纪 20 年代顾颉刚在古史辨之外的另一项重要工作是研究民俗和民间文学，为了做好这方面的研究他曾多次组织和参与民俗调查。1925 年 4 月 30 日顾颉刚和孙伏园等五人来到京西妙峰山，对妙峰山庙会进行了为期三天的实地调查。调查之后，五位学者分别从自己所关注的角度撰写了对妙峰山庙会民俗的研究文章，并在 5 月份的《京报副刊》上以“妙峰山进香专号”发表出来，前后共六期。1928 年 9 月这些调查报告结集为《妙峰山》一书出版（列为中山大学民俗学会丛书第十八种），成为民国时期民俗学研究的一个重要成果。该书出版后立刻受到广泛的关注，中国民俗学界普遍认为妙峰山民俗文化是北京传统民间文化，甚至是北方传统民间文化的典型代表。

有意思的是，就在顾颉刚等人出发前两天，恒慕义也去妙峰山进香并进行了一番民俗调查。他的同伴是社会学家甘博（Sidney D.Gamble）、李景汉和正在北京访学的富路特。恒慕义去世后，富路特在讣文中特别提到了这次妙峰山之行。此前两人只是一般认识，而这次旅行使他们有了密切的接触：“一路上我们看到了各色各样的风俗和仪式，对此恒慕义大约是最能理解的，因为他对中国的历史、民俗和宗教生活有相当完备的知识。”①

甘博（1890—1968）是美国社会学家，1917 年他受基督教青年会派遣来到北京，在此后的两年中他进行了多次社会调查，并在友人的协助下出版了《北京社会调查》（*Peking*：*A Social Survey*，New York：George H.Doran，1921）一书。1924—1927 年他再次旅居北京，在此期间他调查了 283 户家庭，并于 1933 年出版了《北京的中国家庭是如何生活的》（*How Chinese Families Live in*

---

① L.Carrington Goodrich，“Arthur William Hummel，March 6，1884 - March 10，1975”，*Journal of the American Oriental Society*，Vol.95，No.3（Jul.-Sep.，1975）.

*Peiping*, New York: Funk & Wagnalls Co., 1933)一书。甘博在中国期间拍摄了4000多张照片,其中1500多张是在北京拍摄的,包括妙峰山之行。这批珍贵的照片现藏于美国杜克大学图书馆。①

李景汉(1895—1986)1924年留美回国后长期在燕京大学、清华大学教授社会学,是中国社会学的奠基者之一。20世纪20—30年代他曾广泛地从事社会调查,著有《北京人力车夫现状的调查》(1925)、《北京无产阶级的调查》(1926)、《北平郊外之乡村家庭》(1929)、《定县社会概况调查》(1933)等调查报告。

1925年这次与美国友人一起进行调查的成果被李景汉记录在《妙峰山"朝顶进香"的调查》一文中。李景汉在撰写此文时,已经看到顾颉刚等人在《京报副刊》上的文章,所以特别向他们致敬:"在我预备这篇报告的时候,可喜在《京报》的五月副刊里,看见几篇妙峰山的著作,尤以顾颉刚先生的香会一篇为最有价值。从此可知对于平民生活的调查,在有知识阶级的人中已经有人注意,实在是可庆幸的事。我这篇极不完备的报告里,从他们的佳作中取材很多;我一方面感谢他们,一方面介绍他们的贡献。盼望这几位北京大学研究所的同志,以后再有详细的发表。"②顾颉刚在《妙峰山》一书《自序》中也表达了对李景汉的敬意:"我们不相识的同志有两位。其一,是李景汉先生。他是一位研究北平社会的专家。他差不多和我们同时去调查,有一篇记载的文字登在三年前的《社会学杂志》上(商务印书馆)……我盼望得到两位先生的指导。将来可以把这本书大大地修改一下,成为较完全的系统的记载。"③

顾颉刚在《古史辨自序》中对于1925年春天的妙峰山之行的意义和价值有这样的记述:"社会的研究,是论禹为社神引起的。社会(祀社神之集会)的旧仪,现在差不多已经停止;但实际上,乡村祭神的结会,迎神送祟的赛会,朝顶进香的香会,都是神会的变相。我见到了这一层,所以很想领略现在的社会的风味,希望在里边得到一些古代的社祀的暗示。北京城西北八十里妙峰山是一个北方的有名的香主,每年阴历四月初一至十五为进香

① 详见 http://library.duke.edu/digitalcollections/gamble/about。2013年6月,首都图书馆为纪念建馆100周年,特举办"一百年前的北京社会——西德尼·甘博摄影图片展",展览由首都图书馆与美国杜克大学图书馆联合举办,通过114幅珍贵的历史照片,向观众展示了难得一见的20世纪初老北京的日常生活。详见 http://www.clcn.net.cn/modules/information/view.php? id=977。

② 李景汉:《妙峰山"朝顶进香"的调查》,《社会学杂志》第2卷第5/6期(1925年),第3页。

③ 顾颉刚:《自序》,《妙峰山》,中山大学1928年版,第1页。

之期。去年会期中，我就和研究所风俗调查会同人前往调查了三天，对于香会的情形知道了一个大概。……到了这种地方，迷眼的是香烟，震耳的是鼓乐，身受的是款待，只觉得神秘、壮健、亲善的可爱，却忘记了他们所崇奉的乃是一种浅薄的宗教。这使我对于春秋时的'祈望'，战国后的'封禅'得到了一种了解。"①相信恒慕义在翻译《古史辨自序》这一部分时一定是别有会心的。

恒慕义在北京期间还和冯友兰合作过。1926 年 7 月 26 日，王国维到华文学校讲演，题目是"中国历代之尺度"，中文稿发表于《学衡》1926 年第 57 期，英译稿（Chinese Foot-Measures of the Past Nineteen Centuries）由恒慕义和冯友兰合作完成，发表于《皇家亚洲文会北中国支会会报》（*Journal of the North China Branch of the Royal Asiatic Society*）第 59 卷（1928 年）。在译文前，恒慕义写有一段纪念王国维的话："王先生曾是清廷帝师，最近几年执教于清华国学院，他是现代中国最渊博精审的学者。关于先秦、宋、元等时代的历史他有大量著述，对于元代戏剧也有精深的研究。1927 年春他的不幸去世是中国学术界无可估量的损失。"②

---

① 顾颉刚：《自序》，《古史辨》第一册，第 73—74 页。

② Wang Kuo-wei, "Chinese Foot-Measures of the Past Nineteen Centuries", translated by Arthur W. Hummel and Fung Yu-lan, *Journal of the North China Branch of the Royal Asiatic Society*, V.59 (1928), p.111.

# 第六章　孙念礼

孙念礼(Nancy Lee Swann,1881—1966)于1881年出生于得克萨斯州的泰勒(Tyler),是六个孩子中的老五。从得克萨斯大学毕业后,她加入基督教女青年会在中国工作了七年。回美国后她于1919年获得硕士学位,然后重返中国,在中国又工作了三年。1923年回到美国后她在哥伦比亚大学注册成为博士生。为了更好地完成博士论文,孙念礼于1925年来到北京,在华文学校进修汉语并从事汉学研究,1928年获得博士学位后任职于加拿大麦吉尔大学,担任葛思德图书馆馆长,1937年随图书馆迁移至位于美国普林斯顿的高等研究院,继续担任馆长至1948年退休。孙念礼于1966年去世。

## 第一节　博士论文

### 一

1928年2月孙念礼将论文《班昭传》(Pan Chao, Foremost Woman Scholar of China)提交给哥伦比亚大学,通过答辩获得博士学位,成为美国第一位科班出身的女汉学家。

班昭(约49—约120)是东汉著名才女,班彪之女,班固、班超之妹。因嫁曹世叔,后世常称她为曹大姑。班昭生平事迹的主要材料见于《后汉书·列女传》:"扶风曹世叔妻者,同郡班彪之女也,名昭,字惠班,一名姬。博学高才。世叔早卒,有节行法度。兄固著《汉书》,其八表及《天文志》未及竟而卒,和帝诏昭就东观臧书阁踵而成之。帝数召入宫,令皇后诸贵人师事焉,号曰大家。每有贡献异物,辄诏大家作赋颂。及邓太后临朝,与闻政事。以出入之勤,特封子成关内侯,官至齐相。时《汉书》始出,多未能通者,同郡马融伏于阁下,从昭受读,后又诏融兄续继昭成之。永初中,太后兄大将军邓骘以母忧,上书乞身,太后不欲许,以问昭。昭因上疏曰:……太后从而许之。于是骘等各还里第焉。作《女诫》七篇,有助内训。其辞曰:……马融善之,令妻女习焉。昭女妹曹丰生,亦有才惠,为书以难之,辞有可观。昭年七十余卒,皇太后素服举哀,使者监护丧事。所著赋、颂、铭、诔、问、注、哀辞、书、论、上疏、遗令,凡十六篇。子妇丁氏为撰集之,又作《大家赞》焉。"清人章学诚认为班昭一生的文字事功"可谓旷千古之所无矣"(《文史通义·妇学》)。

班昭本是有文集的,《隋书·经籍志》著录有《曹大家集》三卷,可惜唐初就散佚了。所以孙念礼要完成博士论文,第一步的工作就是收集班昭上邓太后疏和《女诫》之外的其他所有作品。经过查询,她在《后汉书·班超传》中找到了代兄超上疏,在《昭明文选》中找到了《东征赋》,在《文选》李善注中找到了《禅赋》,在《艺文类聚》中找到了《大雀赋》,在《太平御览》中找到了《针缕赋》,并把它们首次翻译成了英文。[①]《汉书》中的八表及天文志虽然经班昭之手而得以完成,但她的编写到底占多大比例,并没有明确的记载,因此孙念礼在《班昭传》中并没有把它们当作班昭独立的作品而加以翻译。在翻译的基础上,孙念礼对班昭所处的时代和所取得的文学成就做了综合研究。

该论文经过修订后于1932年在美国出版。[②] 出版后受到国际汉学界的欢迎。恒慕义在书评中写道:"该书不仅向我们展示了中国古代一位才女的创作,也生动地描绘了她那个时代的社会和思想状况。"[③]施赖奥克也指出:"《班昭传》写得很出色,不仅是作者本人的荣耀,也是美国汉学界的荣耀。"[④]他进而认为美国历史学会(American Historical Association)赞助这本书的出版是十分明智的决定。

《班昭传》出版后,也受到中国学者的关注。《燕京学报》第22期(1937年)"国内学术界消息"一栏中发表了齐思和的书评,篇幅不长,但切中要害:"此书共分四卷十二章,首有序言,末附译文表及全书引得。首卷述大家之时代,略论当时之政治与思想背景,次卷述班氏之家世及大家生平事迹,大抵本《汉书·叙传》及大家本传,三卷论大家之文学作品,大部为《女诫》、《东征》等赋,上疏等译文,并论大家与《汉书》之关系,末卷则综论大家之道德哲学、人生观、文学造诣,都约八万言。全书大体考证精密,议论平允,足征作者于汉学造诣之深及其用力之劬。现今西人研究汉学风气多注重上古与近世,两汉之史,治者尚少,作者自谓本书所论,多系未经前人探讨之新域,自

---

① 《女诫》在此前有一个译本:S.L.Baldwin, trans., *The Chinese Book of Etiquette and Conduct for Women and Girls*(New York:Eaton & Mains,1900),但只是意译,很不准确。

② Nancy Lee Swann, *Pan Chao, Foremost Woman Scholar of China*(New York:The Century Co.,1932).

③ Arthur W.Hummel, "*Pan Chao* by Nancy Lee Swann", *The American Historical Review*, Vol.38, No.3 (Apr.,1933), p.562.

④ J.K.Shryock, "Review of *Pan Chao, Foremost Woman Scholar of China*", *Journal of the American Oriental Society*, Vol.53, No.1(Mar.,1933), p.91.

西洋汉学言之,固非夸语也。亦惟以此故,琐小疏失,亦不能免。如大家之著作除孙女士所举者外尚有《幽通赋注》,李善《文选注》引之颇详,《后汉书》本传所谓注者殆即指此。严可均《全上古三代魏晋六朝文》所收仅限于文,故未网罗,作者于此注亦未加申论,似属遗漏。又如大家著作,除《女诫》、二疏及《东征赋》外,俱已亡佚,今所存者皆出自类书征引(惟《针缕赋》见《古文苑》,然《古文苑》固极可疑之书也),只辞片语,残阙不全。如《蝉赋》一篇即系由三处辑出,作者俱谓之短赋,不知汉赋无如此之短者,直至六朝始有此体。又如作者谓大家为中国惟一帝廷女史家,不知女史之职,由来已久,《后汉书·后妃传》叙、章学诚《文史通议·妇学篇》考之甚详。女史例以宫妃充之,大家教育后妃,实是女师而非女史也。《诗·葛覃》:'言告师氏,言告言归。'《毛传》:'师女师也。古者女师教以妇德、妇言、妇容、妇功。'女师之职,由来久矣。又如据本传曹世叔早卒,但按《女诫》大家十四岁归曹氏,作《女诫》时年已将六十,尚有在室之女,而汉时女嫁甚早,年十三四便即适人,则其夫卒时至少已五十左右,传云早卒殆非,此则前人论之已详,而应于传中述及者。"①

齐思和指出《班昭传》在西方汉代史研究方面的开拓作用,是非常具有学术眼光的评论。他指出的问题都很中肯,但有两点值得做更细致的探讨。一是关于《幽通赋》的问题,《幽通赋》是班固的作品,收入《文选》第十四卷中,李善在为此篇作注时曾大量引用班昭的注释。班昭的作品传世的不多,这篇注释显然弥足珍贵,孙念礼没有将《幽通赋》连同班昭的注释翻译出来收入书中,确实是个不小的疏漏。二是关于女史的问题,女史之职,确实由来已久,《周礼》中就有记载:"女史掌王后之礼职,掌内治之贰,以诏后治内政。"(《周礼·天官·女史》)体会孙念礼的意思,她认为班昭是唯一帝廷女史家主要是想说班昭参与了《汉书》的纂修,是中国历史上第一个女史家,也是唯一参与正史写作的女学者。

在初版问世七十年后,《班昭传》作为"密歇根中国研究经典丛书"(Michigan Classics in Chinese Studies)的一种由密歇根大学中国研究中心于2001年再版。当代著名汉学家曼素恩(Susan Mann)在重版前言中充分肯定了这本书的学术价值,特别是从当下后现代主义和女权主义的视角来看,其

① 齐思和:《评〈班昭传〉》,《燕京学报》第22期(1937年),第315—316页。

价值尤为凸显。① 她认为孙念礼在20世纪初期就注意到了中国历史上的女性,是超越了自己所处时代的。确实,《班昭传》不仅在西方汉代史研究方面是个突破,在中国妇女史研究方面也是一个突破。

孙念礼在北京期间结识了不少中国学者,其中对她写作博士论文帮助最大的是杜联喆(1902—1994)。杜联喆1902年生于天津,就读于燕京大学历史系,1924年获得学士学位,两年后又获得硕士学位。1931年后她旅居美国,曾两度担任国会图书馆的研究助理,在此期间投入大量精力参与编写《清代名人传略》。1945年她被聘为哥伦比亚大学中国历史计划的副研究员,1952年她转入斯坦福大学,担任胡佛图书馆中国分馆馆长。1961—1963年,她应聘为澳大利亚国立大学研究院高级研究员。1963年应哥伦比亚大学邀请,她返回美国担任该校《明代传记辞典》的助理编译工作。1978年她获得哥伦比亚大学荣誉人文学博士学位。1994年杜联喆去世。② 杜联喆的丈夫房兆楹(1908—1985)也是著名的明清史专家,他早年就读于燕京大学,后去美国工作,对《清代名人传略》和《明代传记辞典》的编写做出了巨大贡献。1978年与杜联喆同时获得哥伦比亚大学荣誉人文学博士学位。③

除杜联喆外,孙念礼还曾向梁启超、冯友兰、顾颉刚、吴宓等学者请教。顾颉刚在1926年的日记中多次提到孙念礼。《古史辨》第一册出版后,顾颉刚还特地送给孙念礼一本。④ 就吴宓日记来看,他与孙念礼在1925年就已经认识。吴宓日记中两次提到与孙念礼的交往。一次是1925年12月3日:"下午,复Miss Nancy L.Swann信,可于城中晤谈。拟著中国古来能文学之女子史略,可先写一节略来。当为供给中国旧籍中材料。"另一次是1925年12

---

① Susan Mann, "Preface", in Nancy Lee Swann, *Pan Chao, Foremost Woman Scholar of China* (Ann Arbor: Center for Chinese Studies, The University of Michigan, 2001), pp.ix-xiii.

② 燕京研究院编:《燕京大学人物志》第一辑,第294—295页。

③ 房北楹、杜联喆夫妻两人几乎承担了《清代名人传略》一半的编写工作,影响广泛。当代美国最受欢迎的中国历史学家史景迁在回忆自己早年经历时说他最佩服的就是这对夫妇:"1962年2月,我还是耶鲁大学三年级的研究生……芮玛丽(Mary Wright)教授问我是否还想继续研究清初的历史,我做了肯定的回答。于是她告诉我说应当做一些文献研究,而她恐怕自己不能胜任讲授那个时期全部文献的工作,这样,她就建议我找另外一名教授。当时我正在读《清代名人传略》,受其启发,我回答说我只想拜两名杰出的专家为师,一位是房兆楹教授,一位是杜联喆教授。玛丽教授听了我的回答,忍不住大笑起来,她说我很幸运,因为杜联喆就是房兆楹夫人,而且她认识这对夫妇。他们住在澳大利亚的堪培拉,玛丽教授建议我写信给房先生夫妇,看看是否愿意接收我这个学生。信发出去了,很快便收到了房先生客气的回信,信中说他同意接收我。"详见史景迁《中国纵横》,第410页。

④ 详见《顾颉刚日记》卷一,第745、748、767、800页。

月 5 日:“至华文学校访 Miss Swann。允为归校代作一应用书目寄来。”①

## 二

正如齐思和在书评中所说,汉代研究在 20 世纪初期的西方汉学界一直是个薄弱环节,孙念礼是这个领域的开拓者。在《班昭传》出版前后,她都有相关成果问世。在《班昭传》写作和修改的过程中,孙念礼将和熹邓皇后(邓绥,81—121)的传记(载《后汉书·皇后纪上》翻译成了英文(Biography of the Empress Teng),发表于 1931 年第 2 期的《美国东方学会学报》。② 邓绥是东汉和帝刘肇(89—106 年在位)的皇妃,永元十四年(102)冬被立为皇后,和帝去世(106 年初)后,邓皇后迅速进入政治权力的中心,直到去世,实际掌握朝政的时间达十六年之久,是中国历史上第一位垂帘听政的太后。对于邓太后的功过得失,范晔有这样一段总体评价:“邓后称制终身,号令自出,术谢前政之良,身阙明辟之义,至使嗣主侧目,斂衽于虚器,直生怀懑,悬书于象魏。借之仪者,殆其惑哉!然而建光之后,王柄有归,遂乃名贤戮辱,便孽党进,衰斁之来,兹焉有征。故知持权引谤,所幸者非己;焦心恤患,自强者唯国。是以班母一说,阖门辞事;爱侄微愆,髡剔谢罪。将杜根逢诛,未值其诚乎!但蹊田之牛,夺之已甚。”(《后汉书·皇后纪上》)可惜的是,这一段评论孙念礼没有翻译,她的译文只到“在位二十年,年四十一。合葬顺陵”。

孙念礼翻译邓皇后的传记,一方面固然因为她是影响东汉历史的重要人物,而另一方面则因为她是班昭的学生,传记中说邓绥“自入宫掖,从曹大家受经书,兼天文、算数”。正因为有这层关系,所以邓绥摄政后常常问政于老师,班昭的传记中比较详细地记载了一次:“永初中,太后兄大将军邓骘以母忧,上书乞身,太后不欲许,以问昭。昭因上疏曰:‘伏惟皇太后陛下,躬盛德之美,隆唐、虞之政,辟四门而开四聪,采狂夫之瞽言,纳刍荛之谋虑。妾昭得以愚朽,身当盛明,敢不披露肝胆,以效万一。妾闻谦让之风,德莫大焉,故典坟述美,神祇降福。昔夷、齐去国,天下服其廉高;太伯违邠,孔子称为三让。所以光昭令德,扬名于后世者也。《论语》曰:能以礼让为国,于从政乎何有!由是言之,推让之诚,其致远矣。今四舅深执忠孝,引身自退,而以方垂未静,拒而不许;如后有毫毛加于今日,诚恐推让之名不可再得。缘

① 《吴宓日记》第三卷,生活·读书·新知三联书店 2006 年版,第 104—105 页。

② Nancy Lee Swann,“Biography of the Empress Teng: A Translation from *the Annals of the Later Han Dynasty*”, *Journal of the American Oriental Society*, Vol.51, No.2(Jun., 1931), pp.138-159.

见逮及,故敢昧死竭其愚情。自知言不足采,以示虫蚁之赤心。’太后从而许之。于是骘等各还里第焉。”班昭这篇上疏是现存仅有的两篇之一,另外一篇是班昭代兄超上疏(载《班超传》中)。孙念礼将这两篇上疏都翻译成了英文,放在《班昭传》第三章第二节(Two Memorials)之中。

英译《和熹邓皇后传》发表于1931年,比《班昭传》早一年,是孙念礼最早的出版物。她在译文的第一个注释中写道:“本文译自东汉(25—220)正史《后汉书》卷十,使用的版本是清末学者王先谦(1842—1918)的《后汉书集解》(1915年长沙刊刻本)。就译者所知,这篇传记此前还没有被翻译成任何西方语言,西方的历史学家对其中的内容也一无所知。”[①]由此我们可以说,孙念礼开创了《后汉书》的英译史。

在《班昭传》出版两年后,孙念礼又发表了一篇讨论汉代商业的论文《女富商巴清》。[②] 关于巴清,《史记》有这样的记载:“而巴寡妇清,其先得丹穴,而擅其利数世,家亦不訾。清,寡妇也,能守其业,用财自卫,不见侵犯。秦皇帝以为贞妇而客之,为筑女怀清台。……清穷乡寡妇,礼抗万乘,名显天下,岂非以富邪?”(《史记·货殖列传》)《汉书·食货志》中对巴清也有类似的记载。孙念礼的这一研究成果为她后期的汉代经济史研究打下了基础。

## 第二节 葛思德图书馆

博士毕业后,孙念礼加盟加拿大的麦吉尔大学,成为该校葛思德图书馆馆长。图书馆的创建人葛思德(Guion M.Gest,1864—1948)是一位美国商人,20世纪初他在北京友人义理寿(Irvin V.G.Gillis,1875—1948)的帮助下,在中国购买了大量珍贵书籍。到1926年时,购书总量已达232种,8000册,存放立刻成为了一个问题,而且购买还在继续。葛思德的公司在加拿大蒙特利尔有一家办事处,和当地的麦吉尔大学经常打交道。经过协商,麦吉尔大学同意为这批中文书建立一个专藏,并于1926年初对外开放。葛思德图

---

① Nancy Lee Swann,“Biography of the Empress Teng:A Translation from *the Annals of the Later Han Dynasty*”,*Journal of the American Oriental Society*,Vol.51,No.2(Jun.,1931),p.138.

② Nancy Lee Swann,“A Woman among the Rich Merchants:The Widow of Pa(3rd Century B.C.)”,*Journal of the American Oriental Society*,Vol.54,No.2(Jun.,1934),pp.186-193.

书馆的第一任馆长中文能力不足,并影响工作的正常开展。于是麦吉尔大学于1928年初聘请刚刚获得博士学位的孙念礼为助理。1931年,孙念礼升任馆长,并担任馆长直至1948年,前后共十七年之久。

这十七年当中发生的最大变动是葛思德图书馆从加拿大移至美国。20世纪30年代美国遭遇空前的经济危机,葛思德公司深受影响,到1936年时葛思德开始考虑转手这批藏书,但麦吉尔大学无力收购,一番周折之后这批珍贵的文献于1937年落户位于美国普林斯顿的高等研究院(Institute for Advanced Study)。孙念礼跟随这批藏书回到了自己的祖国。1948年高等研究院将这批藏书转让给邻居普林斯顿大学,但这次孙念礼没有跟着这批文献一起搬家,年届六十七岁的她就此退休了。接任她的是不久后来到美国的胡适,胡适成为葛思德图书馆的第三任馆长。

胡适在担任馆长期间(1950—1952)曾经写过两篇相关的英文文章,一篇是《我与葛思德图书馆早期的联系》(My Early Association with the Gest Oriental Library),另一篇是《普林斯顿大学的葛思德图书馆》(The Gest Oriental Library at Princeton University)。[①] 通过这两篇文章,我们可以更好地了解这个图书馆的早期历史。

图书馆的创建人葛思德1914年在纽约创办了一家以他的名字命名的建筑工程公司。随着业务的扩大,葛思德在20世纪20年代多次来到北京,并结识了美国驻华使馆海军武官义理寿。义理寿后来辞去了公职,专门在北京帮助葛思德购买书籍,完全可以看作是图书馆的另一位创建人。

葛思德患有绿内障(青光眼),在美国和欧洲多次寻医问药,但效果不佳,一直饱受痛苦。在北京使馆结识义理寿后,义氏建议他试试中医,并推荐了"马应龙定州眼药"。马应龙定州眼药始创于明万历年间,创始人马金堂是河北定州人,起初叫"八宝眼药",清乾隆年间马金堂的后人马应龙将"八宝眼药"定名为"马应龙定州眼药",从此遐迩闻名。民国初年北京有不少店家靠卖这一种眼药就足以维持门市。葛思德一试之下,发现效果果然不错,虽然没有完全根治他的青光眼,但大大缓解了病症。这让葛思德对中医产生了极大的好感和兴趣,于是他给了义理寿一笔钱,让他公务之余收购有关中医中药的书籍,葛思德图书馆的第一批书籍由此而来。

---

① 前文载 *Green Pyne Leaf* 1951年第6期,后文载 *The Princeton University Library Chronicle* 1954年第3期,两文现收入《胡适英文文存》(一),外语教学与研究出版社2012年版,第240—245页和第246—276页。

在义理寿的建议和参谋下，葛思德对中文书籍的兴趣逐渐扩大，投入的资金也越来越多，到1926年时，购书总量已达232种，8000册，这批书籍落户麦吉尔大学后，更多书籍经义理寿之手源源不断地从北京运往麦吉尔，到1931年总量已达75000册，到1936年则猛增至10万册。

20世纪30年代美国遭遇空前的经济危机，葛思德公司深受影响，到1936年时葛思德开始考虑转手这批藏书，但麦吉尔大学无力收购，一番周折之后这10万册珍贵书籍于1937年被位于普林斯顿的高等研究院收购，并最终于1948年正式归属普林斯顿大学，同年葛思德与义理寿相继去世，这批书籍的最终归属应该足以让两位创始人安心地离去。

1946年，在欧美搜求珍稀中文文献的著名学者王重民应邀访问普林斯顿大学，在查阅了葛思德图书馆大约三分之一的藏书后，他惊讶地发现经部中有百分之七十的版本是美国国会图书馆或北京图书馆所没有的，而集部中则有一半的版本是另外两家没有的。仅此两个数字就足以证明葛思德藏书的质量和价值了。

如此大量中文珍本的汇聚，完全是义理寿的功劳。义氏虽然行伍出身，但是他精通汉语，又娶了一位满族女子做太太，加上购买的过程本身也是学习的过程，义理寿在这一过程中逐渐成长为一名相当专业的版本目录学家，虽然他从来没有受过这方面的专门训练。同时义理寿又具有商人的精明，知道如何把钱花在刀刃上。他不和中、日书商争购宋版书，而是把主要精力放在了明版上，其中标点本佛经（1399年刻本）、朱载堉《乐律全书》（1599年刻本）、钱谦益《初学集》（1643年刻本）最能显示义理寿的眼光。在清版书中，义理寿相当看好武英殿聚珍版丛书，这套丛书共138种，原版刊刻时间前后相距30年，每种印量大约不超过300册，所以要凑成一套绝非易事，近代藏书家缪荃孙经过一生寻觅才实现了这一宏愿。义理寿在果断地买下艺风老人这一套后，又四方寻求，凑足了另外三套（包括替哈佛燕京学社代购的一套），在当时全世界仅有的五套中独占四套（另有一套藏于故宫），完成了一项几乎无法完成的工作。除了眼光、经验、生意经之外，义理寿也不缺少运气。1926年左右义理寿听说北京西山八大处之一的大悲寺有一套大藏经出售，在初步判断有价值后，义理寿买下了这套5348册的佛经。他当时万万没有想到，这套被他称为“大悲寺经”的古籍就是中国佛教史上十分著名的《碛砂藏》。《碛砂藏》原刻本于南宋后期至元代中叶陆续完成，大悲寺藏的这套虽然是抄配、补配的《碛砂藏》，但其中宋元刻本也达到了2000册之多。

另外,据胡适后来的检视,其中不少配补的明刻本也很有价值,特别是《南藏》本和建文元年天龙山刻本都是难得一见的珍稀文献。义理寿的这桩买卖,再次验证了一句老话——踏破铁鞋无觅处,得来全不费工夫。

义理寿在四处打探和购买的同时,为这批书籍编写了一份详细的目录(Title Index to the Catalogue of the Gest Oriental Library),1941 年在北京刊印,大大便利了后人的查阅和研究。

胡适上任后,根据义理寿的目录对藏书进行了全面的清理。在葛思德10 万册藏书中,胡适认为有版本价值的约 4 万册,具体说来可以分成十组:(一)宋版书 700 册;(二)元版书 1700 册;(三)明版书 24500 册;(四)稿本3000 册(其中抄写于 1602 年以前的 2150 册);(五)雍正六年(1728)铜活字排印本《古今图书集成》5020 册;(六)武英殿聚珍版丛书 1412 册;(七)武英殿本二十四史 754 册;(八)翻刻宋元明本 2000 册;(九)蒙文《甘珠尔》109册;(十)中医中药书 2000 册。

孙念礼在担任馆长期间,一方面对已有的书籍进行整理编目,另一方面积极协助葛思德、义理寿购买新的书籍。1931 年她接任馆长时图书总量是75000 册,到 1936 年则猛增至 10 万册。后来虽然由于经济问题不再购买,但 10 万册中文藏书也已经洋洋大观,数量之多仅次于美国国会、哈佛大学、哥伦比亚大学的中文藏书。

孙念礼在公务之余没有忘记自己的学术研究,沿着早年的学术兴趣,她逐渐将精力集中于对汉代经济史的研究。她后期的代表作是将《汉书 · 食货志》及相关文献(《史记 · 货殖列传》和《汉书 · 货殖传》)译成英文,并做了详细的注释,1950 年以“Food and Money in Ancient China”为题由普林斯顿大学出版社出版。该书面世后受到广泛的好评,杨联陞在同年 12 月《哈佛亚洲学报》的书评中盛赞该书是一部翻译杰作,“大大提升了西方世界对于中国经济史的认识”①。胡适还专门为该书题写了中文书名。两位学者在孙念礼翻译的过程中都曾给予过不少帮助。

孙念礼一生致力于汉学研究,结识了不少中国师友。后期主要是胡适、杨联陞,早期则有杜联喆、顾颉刚、吴宓等。20 世纪 20 年代孙念礼在北京留学期间曾多次向这几位学者请教。另外一个她多次致谢的友人是江亢虎。

---

① Lien-sheng Yang,“Notes on Dr. Swann's *Food and Money in Ancient China*”,*Harvard Journal of Asiatic Studies*,Vol.13,No.3/4(Dec.,1950),p.524.

江亢虎(1883—1954)是近代中国著名的政治活动家,早年倡导社会主义,曾建立并领导"中国社会党",后来跟随汪精卫堕落为汉奸。江亢虎同时又是学问家,中英文俱佳,1913—1920 年曾在伯克利加州大学教授中国文化,1930—1934 年又执教麦吉尔大学。孙念礼在修改《班昭传》时曾就近向江亢虎请教,小叩大鸣,得到不少指点。1932 年《班昭传》出版时江亢虎应孙念礼之请题写了中文书名——"曹大家文征"。这个书名相当文雅,但考虑到该书并不只是将班昭的传世文章进行翻译,还有大量的研究,所以本文使用《班昭传》作为书名的中译——这也是齐思和书评中所用的书名。

孙念礼在翻译《和熹邓皇后传》时同样也得到了江亢虎的帮助,她在译文一开始就特别感谢江亢虎"在一些段落的解读上给予的指导"。①

① Nancy Lee Swann, "Biography of the Empress Teng: A Translation from *the Annals of the Later Han Dynasty*", *Journal of the American Oriental Society*, Vol.51, No.2 (Jun., 1931), p.138.

# 第七章　其他留学生

上文分章论述了费正清、毕乃德、卜德、顾立雅、恒慕义、孙念礼等美国学人在北京的活动。本章将集中介绍其他留学生的情况,分为20世纪30年代和20世纪40年代两部分,顺序基本按照来北京的时间先后。

## 第一节 20世纪30年代的留学生

### 一

富路特(Luther Carrington Goodrich,又作傅路德,1894—1986)于1894年9月21日出生于通州(现北京通州)一个传教士家庭。他的父亲富善(Chauncey Goodrich,1836—1925)曾在中国传教多年,1891年编写过一本《北京方言字典》(*A Pocket Dictionary and Pekingese Syllabary*)。

富路特1917年获威廉斯学院学士学位,随后在北京一所医学专门学校教英文一年。1925年富路特来北京访问,曾和恒慕义等人同游京西妙峰山。1927年他获得哥伦比亚大学硕士学位后留校任教,是哥大东亚系和东亚图书馆的主要建立者。他担任哥伦比亚大学中文系(后改为中日文系,后又改为东亚系)主任达30年之久。1947年被聘为丁龙讲座教授(Dean Lung Professor)。1961年退休后,他担任明代传记辞典项目(Ming Biographical Dictionary Project,美国亚洲学会和哥伦比亚大学合作项目)主任,最终成果《明代传记辞典》(1976年出版)获得1977年度法国铭文与美文学院(Academie des Inscriptions et Belles Lettres)所颁发的儒莲奖(Stanislas Julien Award)。富路特于1986年8月10日在纽约去世。①

富路特曾担任1946—1947年度美国东方学会主席,1956—1957年度美国亚洲学会主席。富路特著作等身,主要有:《中国文明史大纲》(*Syllabus of the History of Chinese Civilization and Culture*, New York: The China Society of America, 1929)、《乾隆时期的文字狱》(*The Literary Inquisition of Ch'ien-lung*,

① 关于富路特的生平参见:Thomas D. Goodrich,"Luther Carrington Goodrich(1894-1986):A Bibliography",*Journal of the American Oriental Society*, Vol.113, No.4(Oct.-Dec., 1993), pp.585-592; C. Martin Wilbur,"Obituary: Luther Carrington Goodrich(1894-1986)",*The Journal of Asian Studies*, Vol.46, No.2(May, 1987), p.469。

Baltimore: Waverly Press, 1935)、《中华民族小史》(*A Short History of the Chinese People*, New York: Harper & Brothers, 1943)、《中国和亚洲其他地区的最早接触》(*China's Earliest Contacts with Other Parts of Asia*, Canberra: Australian National University Press, 1962)。胡适认为《中华民族小史》是用西文所写的中国简史中最好的一种,①曾多次再版,长期作为美国学生使用的中国历史教科书。

1930—1932 年富路特为撰写博士论文前来北京进修,住在华文学校。费正清回忆说:"当我在北京华文学校向他请教时,他总是以非常诚恳的态度仔细听我说。从他童年时代在华北的传教士家庭背景来看,他的确可以说已使自己成为汉学家中的佼佼者了。仅凭他的博士论文《乾隆时期的文字狱》,就已使他成为美国中国问题研究中崛起的一颗新星,何况在以后的四十年中他还有更多的研究成果涌现。"②1934 年富路特获得哥伦比亚大学博士学位。

《乾隆时期的文字狱》是富路特在北京期间完成的博士论文,修改后于 1935 年出版。全文分为两个部分。第一部分研究乾隆时期的文字狱,重点是乾隆后期伴随着《四库全书》的纂修所发生的文字狱。第二部分是对相关传记、文献、档案的英译。

清朝的文字狱并不始于乾隆。康熙时期就已开始,著名的如"明史狱"和"南山集狱"。雍正时期的文字狱有增无减,著名的如"查嗣庭狱""吕留良狱"。为了缓和雍正时期文字狱所造成的恐怖气氛和动荡不安,乾隆即位之初一度采取了缓和的政策。但随着乾隆十六年(1751)伪孙嘉淦奏稿案的发生,文字狱开始再次爆发。从乾隆二十年(1755)胡中藻案开始至乾隆三十八年(1773)纂修《四库全书》之前,文字狱案件不下五十起。从 1773 年开馆纂修《四库全书》至乾隆归政前,各种类型的文字狱又有五十余起,因文字之祸而受到株连的各阶层人士不但在范围上遍及全国,而且在数量上也大大超过了前期。据统计,终乾隆一朝,各种类型的文字狱案件约有一百一十起,占了整个清朝全部文字狱案件的百分之七十左右。③ 这些文字狱对当时和此后中国社会和文化的发展产生了极为恶劣的影响。

富路特在讨论乾隆时期文字狱之前,对前朝的文字狱也做了简要的回

---

① Hu Shih, "Review of *A Short History of the Chinese People*", *Pacific Affairs*, Vol.17, No.2 (Jun., 1944), p.225.

② J.K.Fairbank, *Chinabound*, p.135.

③ 参见白新良:《乾隆朝文字狱述评》,《故宫博物院院刊》1991 年第 3 期,第 72 页。

顾,如果说康熙、雍正时期的文字狱对于巩固清朝的统治还有一点积极作用的话,那么乾隆大兴文字狱则完全是一种心理畸形。在富路特看来,"乾隆总的来说是个应该受到历史谴责的暴君",因为他"干预学者的独立研究,故意篡改历史,残酷地迫害文人,接二连三地禁书、毁版"。① 所以富路特认为乾隆朝虽然号称盛世,实际上是清朝衰落的开始,而《四库全书》的纂修虽名为保存国粹,实际上是别有用心地为了达到钳制思想的目的。

该书出版后,受到西方学界的欢迎,有评论者指出,以往西方人只知道乾隆的文治武功,富路特的贡献在于首次揭示出了乾隆的阴暗面(dark blots),让人们看到了盛世中隐藏的危机和衰败的萌芽。② 该书同时也受到中国学者的关注,清华大学雷海宗和武汉大学郭斌佳两位历史学教授写了书评,燕京大学教授洪业也写了简短的评论。

雷海宗在书评开篇时写道:"近年来对于清代文字狱的问题,国人搜集材料与研究的工作虽然不少,但有系统概括一切的专著仍不多见。哥伦比亚大学汉学讲师 Goodrich 先生这种勇敢尝试的工作,很值得我们欢迎。"③

在雷海宗看来,富路特著作中有三点是"很动人的见解":(一)"乾隆时代中国已经安定,不似以前对满清的那样反抗,按理不必有严厉的文字检查;但实际乾隆时代对于文字的摧残较比清初严重不知多少倍。著者认为根本的原因是心理的。大清此时由外表看来虽然极盛,实际这是衰落时期的开始;满人下意识中感觉到这一点,所以对汉族愈发畏忌,因而更加紧地压迫。"(二)"无论当初的计划如何,四库的编纂后来成了铲除禁书的一件利器,是无问题的。这一点虽然从前也有人见到,却是一般认四库为无价国宝的人所不大注意的事,著者反复说明并非累赘。"(三)"全国大规模有系统地搜查禁书,现代的人不易想见。但在最严重的十五年间(乾隆三十九年至五十三年)全国人心惶惶,连不识字的农家也有时因为祖传下来一部原来不相干的书而招大祸,这在普通的史料中是不易见到的,只有私人所遗留的日记

---

① Luther C.Goodrich, *The Literary Inquisition of Ch' ien-lung*, Baltimore: Waverly Press, 1935, p.6.

② Carroll B.Malone, "*The Literary Inquisition of Ch' ien-lung* by L.C.Goodrich", *Journal of the American Oriental Society*, Vol. 55, No. 4 (Dec., 1935), p. 477. 其他评论见 Knight Biggerstaff, "*The Literary Inquisition of Ch' ien-lung* by L.C.Goodrich", *The American Historical Review*, Vol.42, No.3 (Apr., 1937), pp.531–532; Owen Latimore, "*The Literary Inquisition of Ch' ien-lung* by L.C.Goodrich", *Pacific Affairs*, Vol.12, No.2 (Jun., 1939), pp.218–220。

③ 雷海宗:《评 *The Literary Inquisition of Ch' ien-lung*》,《清华学报》第 10 卷第 4 期(1935 年 10 月),第 954 页。

与笔记能帮助我们回想到当时的紧张情形。著者把这点特别提出，深得史家恢复往迹的本旨。”①

此外，雷海宗还认为书后所附“禁书现存目录”（Surviving Proscribed Works）很有价值，虽然肯定有遗漏，但在目前“是一个很便利的参考工具”②。根据富路特自己的说明文字，他编制这份目录主要是利用了北京大学、燕京大学和哥伦比亚大学的图书目录。他认为要想更准确地做出统计，还应该去查阅包括《古今图书集成》在内的各类丛书，作为第一份这样的目录，他希望自己的工作能够为后人提供基础。根据富路特的初步统计，在乾隆时期禁毁的2600余种书籍中，存世的有近500种。③

郭斌佳在书评中也首先肯定了这部书的价值，他指出：“吾人觉乾隆朝之文字狱，国人已大概知之。但在西文之中，则完备精详如此书者，实属创见。作者对于中文方面材料，尤以近年我国所出刊物中之有关此项问题者（无论书籍或杂志）均特别注重。读者苟翻阅其卷末之参考书目，即可知其搜罗之广。”④确实，在富路特列出的27种主要参考书中，除了一些早期文献外，我们可以看到20世纪30年代初的最新成果，如故宫博物院文献馆编《清代文字狱档》（1931—1933年版）、陈乃乾编《索引式的禁书总录》（1932年版）等。

对于富路特在这本书中的观点，郭斌佳也表示基本赞同：“乾隆朝之前半期（自一七三六年至一七七一年），作者认为尚无切实禁锢文士之迹，但对于排满思想已渐次着眼矣。作者曾举谢济世、胡中藻、齐召南、齐周华、钱谦益诸案，以为乾隆帝在此时，并无一彻底禁止排满文字之计划，但遇有发觉，则必禁毁耳。自一七七二年至一七八八年（壬辰至戊申），其情形遂大变。乾隆命编纂《四库全书》，乘机搜查全国公私所藏书籍。据本书作者之意，高宗并非真欲编《四库全书》，特假此名义，以取缔有碍满清之书籍耳。此种说数，或亦过于偏激，然乾隆之利用机会，取缔许多书籍，则属事实。作者搜罗当时若干圣谕未经刊布者用以证明：（一）地方官吏奉令采访书籍之时，亦奉命搜查排满书籍；（二）在京师选辑四库书目者，同时亦编制禁书

① 雷海宗：《评 *The Literary Inquisition of Ch' ien-lung*》，《清华学报》第10卷第4期，第954—955页。
② 雷海宗：《评 *The Literary Inquisition of Ch' ien-lung*》，《清华学报》第10卷第4期，第957页。
③ Luther C.Goodrich, *The Literary Inquisition of Ch' ien-lung*, p.237.书目见“附录一”（238—260页）。1999年开始出版的《四库禁毁书丛刊》收存世的清初至乾隆年间的四库禁毁书约1700种。
④ 郭斌佳：《乾隆之禁书运动》，《武大文哲学季刊》第5卷第3期（1936年），第702—703页。

目录。故作者之意,《四库全书》之编纂,虽名为保存国粹,实别有用意存。作者欲证明其论调,列举若干材料以作佐证。乾隆欲搜罗书籍,以供检查之意,可于一七七四年之上谕中窥见之(页三二至三三)。两广总督广东巡抚之奏折(页三十三),更可证明疆吏辅佐之态度。一七七六年十二月二十八日之上谕,则说明圣旨更为详尽。总之,自一七七二年至一七八八年间,吾人随时可寻得例证,证明编纂《四库全书》之双重作用,与其编者之双重责任。"①

在肯定成绩的同时,雷海宗和郭斌佳也毫不客气地指出了书中的问题,特别是翻译方面的一些错误(主要在第二部分)。如乾隆四十一年(1776)立《贰臣传》的上谕中有这样一段话:"此辈在《明史》既不容阑入,若于我朝国史因其略有事迹列名叙传,竟与开国时范文程承平时李光地等之纯一无疵者毫无辨别,亦非所以昭褒贬之义。"富路特将这段话翻译成:

> Biographies of this group could not be put in the Ming history, but if they are included in our annals, since their actions deserve mention, along with the biographies of their contemporaries Fan Wen-ch'eng, Ch'eng P'ing-shih, and Li Kuang-ti, without any difference between them noted, then no clear distinction is made between deserving and undeserving.②

这里的一个大错误在于将"承平时"翻译成了和范文程、李光地并列的人名,而不知道这是和"开国时"对应的一个时间概念。富路特在这样翻译时也显然有些迟疑,特别加了一条注释,说明自己在各种文献中都没有找到"承平时"这个人物的有关信息(I cannot find this worthy's claim to fame recorded anywhere)。③ 这类翻译错误虽然难以完全避免,因为在雷海宗看来,即使读破万卷书的中国学者"也不敢自信对前代文字的句读有十足的把握",④但多少降低了富书第二部分的学术水准和使用价值。就第一部分和全书来说,郭斌佳认为"不失为一部博硕之作"⑤。

---

① 郭斌佳:《乾隆之禁书运动》,《武大文哲学季刊》第5卷第3期,第706-707页。

② Luther C.Goodrich, *The Literary Inquisition of Ch'ien-lung*, p.154.

③ Luther C.Goodrich, *The Literary Inquisition of Ch'ien-lung*, p.156.

④ 雷海宗:《评 *The Literary Inquisition of Ch'ien-lung*》,《清华学报》第10卷第4期,第954页。

⑤ 郭斌佳:《乾隆之禁书运动》,《武大文哲学季刊》第5卷第3期,第711页。

富路特的博士论文是在北京写作的,得到多位中国学者的指点和帮助。在“前言”中他特别感谢了袁同礼、马鉴、马准、陈垣、郑振铎等学者。在正文的注释中,他也多次提及中国学者给予他的帮助,如陈垣在1932年5月曾经将自己一篇未刊的关于《四库全书》的文章借给他参考;1932年7月洪业曾在和他的谈话中说明自己对乾隆禁书意图的理解;[①]燕大国文系教授马鉴曾提示他《清稗类钞》中有关怡亲王收藏钱谦益书籍的材料。[②]

回国后富路特和中国学者一直保持联系,并把他们的一些作品翻译成了英文,最值得一提的是两部:其一是顾颉刚的《明代文字狱祸考略》,原文发表于《东方杂志》第32卷第14期(1935年7月),译文则刊登在1938年12月出版的《哈佛亚洲学报》第3、4期合刊上;其二是陈垣的《元西域人华化考》,原书出版于1923年,英文版于1966年问世。[③]

## 二

魏鲁男(James Roland Ware,又作魏楷,1901—1977)是哈佛燕京学社成立后最早派来中国的留学生,1929—1932年在北京进修,并撰写博士论文。1932年回国后他长期执教于哈佛大学,是哈佛中国研究的奠基人之一,同时也是《哈佛亚洲学报》的创办人。他的主要成果是把《论语》《孟子》《庄子》等古代经典翻译成了英文。[④] 1932年魏鲁男以英译《魏书·释老志》(Wei Shou on Buddhism)一文获得哈佛大学博士学位,该文后发表于1933年《通报》第1、2期合刊。周一良在看到这篇论文后撰写了书评——《评魏楷英译魏书释老志》。在书评中周一良指出了翻译中的一些问题,但总体上对于魏鲁男的工作予以肯定:“美国魏鲁男君以英文译魏收《魏书》的《释老志》,并加附注,但只发表了关于佛教的前半,所以改名 Wei Shou on Buddhism,见《通报》第三十卷页一百至一八一。译文从原文‘大人有作’起,到‘识者所以叹息也’止,占《释老志》四分之三。前有魏氏小序,述魏收生平,还有附注的

---

① 洪煨莲(业):《评古得林著乾隆书考》,《史学消息》第1卷第6期(1937年5月)。

② Luther C.Goodrich, *The Literary Inquisition of Ch'ien-lung*, p.37, p.43。当时在北京的外国友人中他特别感谢了裴德士、义理寿、毕士博、福华德等人。

③ Ku Chieh-Kang, “A Study of Literary Persecution During the Ming”, *Harvard Journal of Asiatic Studies*, Vol.3, No.3/4 (Dec., 1938); Ch'en Yuan, *Western and Central Asians in China under the Mongols: Their Transformation into Chinese*, Los Angeles: Monumenta Serica at the University of California, 1966.

④ 版本如下:*The Best of Confucius* (Garden City, N.Y.: Halcyon House, 1950); *The Sayings of Mencius* (New York: New American Library, 1960); *The Sayings of Chuang Chou* (New York: New American Library, 1963)。

参考书目。末附引得。魏氏译文确能简洁明白，尤其关于佛教教义那几段，若非译者对佛学与梵文都有相当素养，一定不能胜任愉快的。所加附注对于西方读者，想亦颇有帮助。”[①]民国时期中国学者对于海外汉学成果始终给予高度关注，这里又是一例。后来魏鲁男又将《魏书·释老志》后半部分关于道教的内容也翻译出来，加上《隋书》中有关道教的部分，一并以《〈魏书〉和〈隋书〉中的道教》(The Wei Shu and the Sui Shu on Taoism)为题发表出来(载于1933年9月《美国东方学会学报》第53卷第3期)。

拉铁摩尔(Owen Lattimore, 1900—1989)是美国汉学家、蒙古学家。他出生后不久随其父来中国，在中国一直生活到12岁，此后去欧洲学习。1919年拉铁摩尔回到中国，先任上海安利洋行职员，后至天津任《京津泰晤士报》编辑。其间他去蒙古、新疆等地区游历，这段经历记录在《通往土耳其斯坦的荒漠道路》(*The Desert Road to Turkestan*, London: Methuen & Co., 1928)一书中。1928年他获得美国社会科学研究理事会(The Social Science Research Council)奖学金，先在哈佛大学人类学系进修一年，后赴中国东北游历，其成果是《满洲——冲突的摇篮》(*Manchuria, Cradle of Conflict*, New York: Macmillan, 1932)一书。1930—1933年拉铁摩尔在哈佛燕京学社和古根海姆基金会的资助下在北京做学术研究，其间多次去蒙古考察。1934年秋他再次来北京做学术研究(至1937年)，并同时担任太平洋关系学会(Institute of Pacific Relations)会刊《太平洋事务》(*Pacific Affairs*)编辑。[②] 1938年回美国

---

① 周一良:《评魏楷英译魏书释老志》,《史学年报》第2卷第4期(1937年),第183页。

② 太平洋关系学会于1925年建立。该学会最初是由夏威夷关心太平洋地区社会经济问题的商界、教育界、宗教界人士发起的区域性团体，其宗旨是“研究太平洋各民族状况，以求改进各民族间的相互关系”。后来学会经过扩充，吸收了来自世界不同地区的专家、学者、政府官员，并且得到美国政府和一些财团的支持，发展成为一个国际性的学术团体，总部迁至纽约，在美国、中国、日本、朝鲜、印度、澳大利亚、菲律宾、加拿大、英国、法国、苏联等国均设有分会。总会的会刊为《太平洋事务》，美国分会的会刊为《远东观察》(*Far Eastern Survey*)。出于对第二次世界大战前错综复杂的远东局势的关注，太平洋关系学会的研究重心始终放在远东问题上，同时兼顾整个亚洲研究。它的主要研究规划几乎涉及美国政府急需了解的各方面问题，例如人口、土地占有和农业技术、工业化、家庭、殖民机构、民族运动、劳工组织、国际政治关系、商业和投资等。太平洋关系学会还积极联系基金会，资助学者深入远东进行实地考察。据统计，美国20世纪50年代以前出版的有关亚洲的书籍，有一半为太平洋关系学会出版或得其资助。在填补美国学术界对于太平洋地区知识的缺陷方面，太平洋关系学会是其他任何学术团体都无法比拟的。太平洋关系学会在麦卡锡运动中受到很大冲击，1960年解散。详见张铠《从“西方中心论”到“中国中心观”——当代美国中国史研究的发展趋势》,《中国史研究动态》1994年第11期; John N. Thomas, *The Institute of Pacific Relations: Asian Scholars and American Politics* (University of Washington Press, 1974), pp.3-11, 118-130。

后拉铁摩尔执教于约翰·霍普金斯大学。1941 年他在罗斯福总统的推荐下曾担任蒋介石的顾问(至 1942 年),1942—1945 年服务于美国情报部门。20 世纪 50 年代在麦卡锡运动时期,拉铁摩尔受到多次审查。1962 年初他离美赴英,在利兹大学任教授,兼任中国研究部主任,直到退休。①

拉铁摩尔在北京期间完成的最重要的著作是《中国的内陆边疆》(*Inner Asian Frontiers of China*, New York: American Geographical Society, 1940)一书。在这本书中,他试图回答这样几个问题:"在长城以内中国各地所能见到的早期社会形态及历史过程是什么样子?它们在起源与发展时所经历的环境如何?长城之外各地如满洲、蒙古、新疆、西藏等地的景观与环境特征是什么?它们的起源及后来社会的发展过程如何?中国内地与边境在历史中的相互作用的方式是什么?"②由于视角独特,该书新见迭出,出版后受到广泛的好评,韦慕庭认为该书是他十年中读过的最具启发性的著作。③ 费正清直到晚年还对该书的理论框架记忆犹新,说自己有关中国历史的观念曾深受其影响。④

拉铁摩尔撰写这本书时,两位在北京的美国学者——顾立雅、毕士博对他影响颇大,他后来回忆说:"顾立雅的爱好影响了我对考古学领域和早期中国人起源的兴趣。我的注意力从研究中国边疆问题转移到探讨这样的问题:为什么汉人和边疆居民差别如此悬殊?他们各自的起源是什么?……毕士博是我在北京时非常要好的朋友,他懂一些汉语,跟中国考古学家密切合作,通过他们了解著名的安阳殷墟考古发掘工作的进展。……毕士博的工作和理论对我影响很大。他主要是一名野外考古学家,而不是依靠别人的成果工作的社会理论家。他的工作方法正是我自己努力要做到的:观察事实,看看能否从中推导出一种理论。"⑤不难设想,拉铁摩尔如果没有在北京结识这两位美国考古学家,他的这本书会是另外一个样子。

戴德华(George Edmond Taylor, 1905—2000)早年先后在约翰·霍普金

---

① 有关拉铁摩尔的生平参见 L.P.Kirwan, "Obituary: Professor Owen Lattimore 1900-1989", *The Geographical Journal*, Vol.155, No.3(Nov., 1989), p.448; George McT.Kahin, "Obituary: Owen Lattimore (1900-1989)", *The Journal of Asian Studies*, Vol.48, No.4(Nov., 1989), pp.945-946。

② Owen Lattimore, *Inner Asian Frontiers of China*, New York: American Geographical Society, 1940, p.20.

③ C.Martin Wilbur, "*Inner Asian Frontiers of China* by Owen Lattimore", *Pacific Affairs*, Vol.13, No.4 (Dec., 1940), p.501.

④ J.K.Fairbank, *Chinabound*, p.45.

⑤ 《蒋介石的美国顾问——欧文·拉铁摩尔回忆录》,第 41—42 页。

斯大学和哈佛大学求学。1930年他获得哈佛燕京学社奖学金来北京进修，1933年赴南京，执教于南京中央政治学校（至1935年）。1936—1937年他在伦敦研究中国经济史，离开伦敦再次来到北京后执教于燕京大学并同时进修中文（1937—1939）。在北京教书期间他曾因反对日军占领被短暂拘捕。1939年返回美国后他被西雅图华盛顿大学聘请，参与创建远东研究所和远东及斯拉夫语言系。二战期间他服务于美国情报部门。1947年他回到华盛顿大学，开始领导和规划该校的中国和远东研究，使之很快成为美国西部东亚研究的重镇，足以和东部的哈佛大学相抗衡。他于1975年退休。[①] 戴德华的主要研究领域是中国近现代史，代表作有《变化中的中国》（*Changing China*，St. Louis：Webster Publishing Company，1942）、《现代世界中的远东》（*The Far East in the Modern World*，New York：Holt，1956）等。戴德华第二次在北京期间（1937—1939）完成的一部重要著作是《为华北而斗争》（*The Struggle for North China*，New York：Institute of Pacific Relations，1940）。1937年日军占领北京后所建立的伪中华民国临时政府（1937年12月建立）为控制华北采取了一系列军事、政治、经济措施，为打击日本的侵略，中国共产党所领导的晋察冀边区行政委员会（1938年1月成立）也采取了一系列针锋相对的行动。戴德华利用在北京的便利以及多年的观察和资料收集，对双方的行动进行了详细的论述，提供了一幅侵略和反侵略的生动图景。该书出版后受到广泛的赞誉，费正清认为戴德华的论述和分析引人入胜（fascinating），是一流的学术成果（a first-rate achievement）。[②]

除了戴德华之外，另外一位美国学者饶大卫（David Nelson Rowe，1905—1985）也对日军侵占华北初期的宣传策略做了详细的考察，其研究成果《1937—1938年日本在华北的宣传》（Japanese Propaganda in North China，1937-1938）发表于美国《舆论研究季刊》（*The Public Opinion Quarterly*）1939年10月第4期上。这篇文章是饶大卫在北京留学时期所写，利用的材料也都是在北京时收集的，正如他在文章一开始所说："这篇文章的基本材料是笔者在北京期间（1937年9月5日—1938年7月25日）收集的传单和告示，大约有一百份，大部分是原件，小部分是原件的照片。这些材料很容易获

① 有关戴德华的生平参见 Frank F. Conlon，"George Edmond Taylor（1905-2000）"，*The Journal of Asian Studies*，Vol.59，No.3（Aug.，2000），pp.807-809。

② J.K.Fairbank，"*The Struggle for North China* by George E.Taylor"，*Pacific Affairs*，Vol.14，No.2（Jun.，1941），p.226.

取,实际上不少是从日军飞机或穿行于街道的卡车上散发下来的。一些不在北京散发的传单则可以从日军军官那里获取。"①这篇文章恰好可以和戴德华的著作形成互补,戴书主要是从军事、政治、经济角度切入,而饶文则关注意识形态领域,两部作品使日军对华北侵略的真实情况更加完整地呈现出来。

饶大卫出生于南京一个美国传教士家庭,早年在中国度过,后回美国求学。1935年他获得芝加哥大学博士学位,后在哈佛进修汉语和中国史。1937年他获得洛克菲勒奖学金前往北京进修,在燕京大学期间得到洪业的悉心指导。返回美国后他曾在多所大学工作,1943年后长期执教于耶鲁大学。饶大卫的主要研究领域是近代中国的历史和国际关系,代表作有《强国之间的中国》(*China among the Powers*, New York: Harcourt, Brace and Company, 1945)、《简明中国近代史》(*Modern China, a Brief History*, Princeton, N.J.: Van Nostrand, 1959)等。

## 三

凯茨(George N. Kates, 1895—1990)是中国艺术史专家。他的父亲是一位从波兰移居美国的成功的实业家。殷实的家庭条件使凯茨年轻时代就有机会游历拉丁美洲和欧洲。凯茨在欧洲游学期间学会了多种语言,第一次世界大战时他担任驻欧美军的翻译。一战结束后他求学于哈佛大学,1922年毕业,后赴牛津大学女王学院攻读欧洲史和美术,1930年获得博士学位,在攻读博士期间他曾于20世纪20年代后期在好莱坞担任派拉蒙影业公司的艺术顾问。1932年凯茨移居美国东部的罗德岛,正是在那里他接触到了一些英译中国文学作品,开始对中国产生兴趣。他一边自学汉语,一边向专家请教。在咨询了哈佛教授兰顿·华纳后,他决定亲赴中国,并于1933年抵达北京。到北京后凯茨潜心学习汉语,很快达到了熟练程度,于是他开始到北京大学听课并使用中文材料进行学术研究。为了体验日渐消失的中国士大夫阶层的生活,他不住在外国人聚集的区域,而是租住了以前一位宦官的宅院,每天和中国人来往。出于对艺术和装饰的喜好,凯茨在北京家中摆满了各种老式家具、字画和瓷器。凯茨的学术兴趣逐渐集中到对故宫的研究

---

① David N. Rowe, "Japanese Propaganda in North China, 1937-1938", *The Public Opinion Quarterly*, Vol.3, No.4 (Oct., 1939), p.564.

上,其成果是两篇高水平的学术论文:第一篇和中国学者陈鸿舜[①]合作,题为《恭王府及其花园》(Prince Kung's Palace and Its Adjoining Garden in Peking,载《华裔学志》1940 年第 5 卷);第二篇题为《紫禁城起源新考》(A New Date for the Origins of the Forbidden City,载《哈佛亚洲学报》1942 年第 7 卷)。让他感到特别遗憾的是,由于日本的入侵和日美关系的日趋紧张,他不得不在 1941 年结束了在北京的生活,回到美国。不久凯茨又重返中国,但不是回到他钟爱的北京,而是服务于重庆美国驻华使馆(1943—1944)。二战后凯茨作为语言专家服务于联合国,并帮助起草了《联合国宪章》的中文稿。1947 年凯茨担任纽约布鲁克林博物馆(Brooklyn Museum)东方艺术部主任,出版了《中国家具》(*Chinese Household Furniture*, New York: Harper and Brothers, 1948)一书,该书充分利用了他在北京的长期生活经验和对于北京上层生活的了解。直到去世前,凯茨还对自己早年的北京生活津津乐道。[②]

凯茨最被人称道的是他对 20 世纪 30 年代北京社会生活和城市建筑的生动描绘,他的代表作《丰腴年代:1933—1940 年代的北京》(*The Years That Were Fat: Peking, 1933-1940*)1952 年问世后,多次再版。[③] 对于那些曾在抗战爆发前的北京生活过的人来说,此书尤其能够引起共鸣。恒慕义、富路特在书评中均毫不掩饰自己的怀旧情绪,并强烈地向读者推荐这本通过老北京折射中国传统文化精神的佳作。[④]

宾板桥(Woodbridge Bingham, 1901—1986)是美国隋唐史研究的奠基人。1901 年生于马萨诸塞州的剑桥,1924 年毕业于耶鲁大学,获得学士学位,在耶鲁求学期间对中国史产生兴趣,并决心以此作为终身的研究事业。毕业后宾板桥被雅礼学会(Yale-in-China)派往长沙雅礼学校教书一年,回国后他继续求学于哈佛大学和伯克利加州大学,分别于 1929 年和 1934 年获得

---

① 陈鸿舜(1905—1986)1929 年毕业于燕京大学经济系,后在燕京大学图书馆工作。1943 年毕业于美国哥伦比亚大学图书馆学院,后任哥伦比亚大学东亚图书馆研究员,1947 年回国后任燕京大学图书馆主任。新中国成立后在北京大学任教。

② Pamela Atwell, "Obituary: George N.Kates(1895-1990)", *The Journal of Asian Studies*, Vol.49, No.4 (Nov., 1990), pp.1014-1015.

③ 1952 年由纽约的 Harper and Brothers 出版社初版,1967 年、1976 年、1988 年由麻省理工学院出版社、牛津大学出版社再版。1967 年和 1976 年麻省理工学院版将英文题目改为:*The Years That Were Fat: The Last of Old China*。

④ Arthur W.Hummel, "*The Years That Were Fat* by George N.Kates", *The Far Eastern Quarterly*, Vol.12, No.1(Nov., 1952), pp.85-86; L.Carrington Goodrich, "*The Years That Were Fat* by George N.Kates", *The Journal of Asian Studies*, Vol.27, No.2(Feb., 1968), pp.383-384.

硕士和博士学位。他的博士论文主要讨论隋朝的衰亡和李氏家族的崛起，题为《唐朝建立的几个因素》(Factors Contributing to the Founding of the T'ang Dynasty)，此后他一直将自己的研究中心放在隋唐史。宾板桥于1934年来北京进修，三年中与中国学者交往频繁，胡适在日记中(1936年1月3日)这样描述宾板桥："此君少年老成，好学而深思，很可敬爱。"[①]1937年宾板桥回国后一直执教于伯克利加州大学，直至1969年退休。他的代表作《唐朝的建立》(*The Founding of the T'ang Dynasty*, Baltimore: Waverly Press, 1941)填补了英语世界唐史研究的空白，自1941年出版以来一直是这一领域的标准参考书。宾板桥在北京留学时期的友人卜德、柯睿哲都为该书撰写了书评，并给予了高度的赞扬。[②]

柯睿哲(Edward A. Kracke, 1908—1976)是美国宋史研究的奠基人。1908年生于纽约，求学于哈佛大学，分别于1932年和1935年获得学士和硕士学位。在读本科期间，他上了兰顿·华纳有关东方艺术史的课程，开始对中国史产生兴趣。由于20世纪30年代哈佛还无法提供正规的中国史训练，柯睿哲前往海外求学，在巴黎学习一年后，他来到北京留学(1936—1940)，并撰写博士论文。1941年柯睿哲以《宋初的荐举保任制度》(Personal Guaranty as a System for Promotion of Civilian Officials in China, 960-1060)获得哈佛大学博士学位。1941—1942年柯睿哲作为洛克菲勒基金会资助的博士后继续在哈佛做研究。太平洋战争爆发后，他被美国政府聘用，在情报部门和国务院服务了三年(1942—1945)。1946年后柯睿哲长期在芝加哥大学教授中国史，1960年任教授，1973年退休。沿着博士论文的方向，柯睿哲一直将宋代，特别是宋代文官制度作为自己的研究重点，1953年他在扩充博士论文的基础上出版了代表作《宋初的文官制度》(*Civil Service in Early Sung China, 960-1067*, Harvard University Press, 1953)，凭借这一著作和其他相关论文他成为美国宋史研究的开拓者和权威学者。柯睿哲去世后，哈佛大学教授赖肖尔在讣文中总结他一生的成就时说："当柯睿哲开始中国历史研究的时候，西方学者的汉学研究主要还是集中在中国上古和19世纪。只有几位欧洲学者尝试进入六朝和唐代研究，宋、明几乎无人涉猎。柯睿哲选择宋代的

---

① 《胡适日记》(六)，第568页。

② E. A. Kracke, "*The Founding of the T'ang Dynasty* by Woodbridge Bingham", *The Far Eastern Quarterly*, Vol.1, No.1 (Nov., 1941), pp.90-92; Derk Bodde, "*The Founding of the T'ang Dynasty* by Woodbridge Bingham", *Journal of the American Oriental Society*, Vol.61, No.4 (Dec., 1941), pp.293-295.

政治体制，特别是文官制度作为他的研究领域，超越了前人，并且在很多课题上占据了学术的制高点。”①由于其突出成就，柯睿哲获选 1972—1973 年度美国东方学会主席。

柯立夫（Francis Woodman Cleaves，1911—1995）是美国蒙古史研究的奠基人，1911 年生于波士顿。他在达特茅斯学院读本科时主修的是拉丁文和希腊文。大学毕业进入哈佛大学研究院后他转入远东系（后东亚系），那时哈佛燕京学社创立不久，由俄裔法国学者叶理绥主持。叶理绥鼓励柯立夫研究蒙古史。1936—1937 年柯立夫获得哈佛燕京学社资助前往巴黎，跟伯希和学蒙古文及其他中亚语言。柯立夫于 1938 年来到北京留学，师从著名蒙古学家田清波②（Antoine Mostaert，1881—1971）神父，同时请当时在辅仁大学任《华裔学志》编辑的方志彤替他补习中文。柯立夫在北京期间购买了大量满文、蒙古文的书籍和档案。旗人当时家道中落，加上战事频仍，急于出手这些资料，柯立夫便利用这个机会大批廉价收购。这些资料最终归入哈佛燕京学社图书馆，令该馆的满文收藏居美洲之首。柯立夫 1941 年准备回哈佛执教前把写好的论文邮寄回美国，不幸遇上太平洋战争爆发邮件遗失（战后才在日本神户找到），只好着手重写。1942 年他以研究蒙古碑拓的论文获得哈佛大学博士学位。太平洋战争期间柯立夫加入了美国海军陆战队。二战后他长期执教于哈佛大学东亚系，直至 1980 年退休。柯立夫的代表作是英译详注《元朝秘史》（*The Secret History of the Mongols*，Harvard University Press，1957）。1953 年他因对蒙古碑拓和汉蒙文献对勘的杰出贡献获得法国铭文与美文学院儒莲奖。③

在北京期间，柯立夫在汉语学习和购书方面的收获主要归功于方志彤的帮助。方志彤（Achilles Fang，1910—1995，早年多写作“方志浵”）于 1932 年毕业于清华大学哲学系（在校期间与钱锺书是密友），获学士学位，1934 年

---

① Edwin O.Reischauer，“Obituary：E.A.Kracke，Jr.1908－1976”，*The Journal of Asian Studies*，Vol.36，No.3（May，1977），pp.496－497.关于柯睿哲的生平另可参看顾立雅的讣文 Herrlee G.Creel，“Edward A.Kracke，Jr.，1908－1976”，*Journal of the American Oriental Society*，Vol.96，No.4（Oct.－Dec.，1976），pp.489－491。

② 田清波生于比利时。1905 年以天主教传教士身份来华，在中国工作生活达四十年之久。前二十年（1905—1925）在内蒙古鄂尔多斯地区传教，并致力于蒙古语言的调查研究。后二十年（1925—1945）在辅仁大学从事研究。1948 年移居美国，继续从事研究，一生著述甚丰，是国际知名的蒙古学家。

③ 关于柯立夫生平详见陈毓贤《蒙古学家柯立夫其人其事》，《东方早报·上海书评》2013 年 4 月 7 日。

毕业于清华研究院后在广西任教两年。1937 年他回到北京，此后十年他一直担任辅仁大学《华裔学志》的编辑工作，同时在中德学社兼职。1947 年方志彤应哈佛燕京学社邀请，赴美参加编纂《哈佛燕京大字典》。他一边编字典，一边在哈佛比较文学系读书，1958 年以研究庞德的论文获博士学位。此后他一直在哈佛东亚系任教，直至 1976 年退休。方志彤一生嗜好搜书，无论是在北京还是后来到了美国，晚年他将自己的部分藏书捐献给了北京大学。①

1948 年初方志彤申请在美国永久居留时，柯立夫于同年 2 月 5 日曾写过一封证明信，开头便说："我自 1938 年始便认识方志彤先生，那年我和他在北京结识。三年间我们过从甚密，有时甚至每天见面，由此培养出深厚的友情，并随时间的推移而愈加深厚。"柯立夫明确说自己是方志彤的学生，并盛赞方志彤的人品和学问，说他是"通晓中国文化传统博大精深之处的君子"。② 柯立夫的信是写给美国移民机构的证明信，虽是官样文章，但在提及方志彤的地方都能让人感到他对这位老师充满了尊敬和热爱。

方志彤在北京十年期间(1937—1947)曾指导和帮助过一批美国来华的留学生，除了柯立夫之外，还有赫芙、海陶玮、芮沃寿等人。芮沃寿在 1941 年 4 月的家信中这样描述他第一次见到方志彤的情形："我拜访了方教授，把我的论文读给他听。方教授学识渊博，说一口地道的英语，还教授德文，并正在翻译普鲁塔克和一些拉丁诗人的诗作。此外，他还特别精于他本国那复杂的语言，并给了我很多宝贵的建议。"③赫芙在晚年回忆自己和方志彤的最初交往时说："柯立夫听说《华裔学志》那边不想让方志彤走，但要减他的薪水，或者缩短他的钟点儿……《华裔学志》要是没了他，真不知道怎么办下去！他负责把所有文章通读一遍，以防出错儿。柯立夫发现了他，请他作辅导老师。我猜方志彤从前没给人辅导过。我来了，柯立夫就把他介绍给我；海陶玮来了，又介绍给他。所以我们所有人方志彤都教过。"④

---

① 关于方志彤的生平详见 James Robert Hightower, "Achilles Fang: In Memoriam", *Monumenta Serica*, Vol.45(1997), pp.399-413；高峰枫《钱锺书致方志彤英文信两通》，《东方早报·上海书评》2010 年 12 月 19 日。

② 转引自高峰枫：《"所有人他都教过"》，《东方早报·上海书评》2012 年 9 月 19 日。

③ 转引自史景迁：《中国纵横》，第 368 页。

④ 转引自高峰枫：《"所有人他都教过"》，《东方早报·上海书评》2012 年 9 月 19 日。

## 第二节 20世纪40年代的留学生

赫芙(Elizabeth Huff,1912—1987)早年就读于伊利诺伊大学和米尔斯学院(Mills College),于1932年和1935年分别获得本科和硕士学位。1935—1938年她在哈佛大学攻读汉学研究的博士课程。1938年她获得哈佛燕京学社奖学金,在日本京都大学进修一年之后,于1940年9月来到北京留学。赫芙原计划两年后回哈佛拿学位,但1941年年底珍珠港事件爆发后,她被日军拘捕,并送到山东潍县的集中营关押,直到1945年10月才返回北京,而回哈佛已经是1946年了。1947年赫芙凭借英译黄节《诗学》一书[①]获得哈佛大学博士学位。离开哈佛后赫芙到伯克利加州大学工作,创建了该校东亚图书馆并担任首任馆长,直到1968年退休。[②]

赫芙发表的著作不多,但留下了一部口述史,其中用相当的篇幅讲述了自己在北京的求学经历,可惜的是一直没有出版,难得一见,曾有机会一读的高峰枫提供了以下的相关信息:"这部口述史的标题是《伊丽莎白·赫芙:教师、东亚图书馆创馆馆长,从厄巴纳经北京到伯克利》(Elizabeth Huff: Teacher and Founding Curator of the East Asian Library from Urbana to Berkeley by Way of Peking),由Rosemary Levenson采访、记录并整理。标题中三个地名概括了赫芙一生的行迹:她生于伊利诺伊州的厄巴纳(Urbana),在北京求学,最后扎根伯克利。这部书成于1977年,但没有正式出版,只有少量铅字打印本分送各大图书馆,所以鲜为人知。"从这部口述史可以看出,在方志彤当年辅导过的哈佛留学生当中,赫芙和他关系最为紧密。方志彤不仅帮赫芙补习古文,还经常带她逛书店下馆子,甚至她的博士论文的选题都是方志彤最终帮助她确定的。[③]

海陶玮(James Robert Hightower,1915—2006)上大学时专业是化学,但

---

① 黄节(1873—1935)是近代著名诗人和学者。所著《诗学》一书,讲述先秦至明代诗歌的发展脉络,虽不足五万字,但言简意赅,成一家之言。有学者认为其学术价值足以与鲁迅《汉文学史纲要》、刘师培《中古文学史讲义》媲美。

② 关于赫芙的生平详见Donald H.Shively,"Obituary:Elizabeth Huff(1912-87)",*The Journal of Asian Studies*,Vol.47,No.1(Feb.,1988),pp.206-207.

③ 详见高峰枫:《"所有人他都教过"》,《东方早报·上海书评》2012年9月19日。

1936年从科罗拉多大学毕业时，他的兴趣已经转向文学，同时因为阅读庞德(Ezra Pound,1885—1972)英译的中国诗歌而对中国文学产生了浓厚的兴趣。大学毕业后海陶玮获得德国海德堡大学奖学金赴欧洲学习诗歌和小说创作，同时兼修中文。1937年他放弃作家梦后回到美国，入哈佛大学攻读东亚文学和比较文学。1940年获得哈佛燕京学社奖学金后，他来到北京留学并撰写博士论文。1941年年底珍珠港事件后他被日军拘捕并关押，直至1943年日美交换战俘才得以释放并回到美国。回国后他协助美军破解日军电码。二战结束后他回到哈佛，1946年以译注《韩诗外传》获得哈佛大学博士学位(修订后于1952年正式出版)。[①] 1946—1948年海陶玮再度来到北京，继续研究中国文学。1948年回母校哈佛任教，1952年任副教授，1958年任教授，1960—1964年任哈佛东亚研究委员会主席，1961—1965年任远东语言系(后东亚系)主任，1981年退休。海陶玮在中国文学方面成就卓著，主要作品有《中国文学研究》(*Topics in Chinese Literature*, Harvard University Press, 1950)、《陶潜诗英译》(*The Poetry of Tao Qian*, Oxford: Clarendon, 1970)、《中国诗歌研究》(*Studies in Chinese Poetry*, Harvard University Press, 1998，与叶嘉莹合著)。[②]

海陶玮在北京撰写博士论文期间曾得到多位中国学者的指导，其中对他帮助最大的是清华大学教授许维遹。许维遹(1905—1951)是著名的古典文献研究专家，1932年从北京大学毕业后任教于清华大学、西南联合大学。他早期的代表作是《吕氏春秋集释》，作为清华大学整理古籍丛刊中的一种于1935年印行，很快成为一部名著。抗战结束回清华大学后许维遹致力于《韩诗外传》的集释工作，曾将未出版的手稿借给海陶玮参考，让海氏感激不已。可惜许维遹英年早逝，未能看到海陶玮博士论文的正式出版，而他本人的《韩诗外传集释》直到1980年才由中华书局出版。

芮沃寿(Arthur Frederick Wright, 1913—1976)于1913年出生于俄勒冈州的波特兰(Portland)。1935年他从斯坦福大学本科毕业后赴牛津大学学习，于1937年获得牛津大学高级学士学位。回到美国后他在哈佛大学学习，

---

① 修订后于1952年正式出版，详见 James Robert Hightower, *Han Shih Wai Chuan: Han Ying's Illustrations of the Didactic Application of the Classic of Songs*, Harvard University Press, 1952。

② 关于海陶玮生平详见 Eva S.Moseley, "James Robert Hightower Dies at 90", *Harvard University Gazette*(2 March 2006); Patrick Hanan, et al., "Memorial Minute - James Robert Hightower (1915 - 2006)", *Minutes of Meeting of the Faculty of Arts and Sciences*, Harvard University(1 May 2007)。

于1940年获得硕士学位。硕士毕业后赴日本、中国进修并撰写博士论文，1947年他凭借《佛图澄传》(Fo-T'u-Teng,a Biography)一文获得哈佛大学博士学位。离开哈佛后芮沃寿任教于斯坦福大学,1959年移席耶鲁大学,1976年去世。芮沃寿的主要研究领域为佛教史,代表作有《中国历史中的佛教》(*Buddhism in Chinese History*,Stanford University Press,1959)、《中国佛教研究》(*Studies in Chinese Buddhism*,Yale University Press,1990)等。①

芮沃寿曾担任1964—1965年度美国亚洲学会主席,此外他曾担任亚洲学会下属的"中国思想委员会"(Committee on Chinese Thought)主席达十年之久(1951—1961),在此期间多次组织高水平的学术会议,出版的五本会议论文集在西方学术界有广泛而深远的影响。②

芮沃寿于1941—1947年以哈佛燕京学社研究生的资格在北京留学。在此期间他发表了几篇论文,这里简单介绍其中重要的两篇。第一篇是评日本学者所著的《龙门石窟研究》(东方文化研究所1941年版)一书。该书由四位日本学者——水野清一、长广敏雄、塚本善隆、春日礼智——共同完成,其中塚本善隆是芮沃寿来北京前在京都进修(1940年9月—1941年5月)时的老师。芮沃寿认为这部著作虽然还不能完全取代法国汉学家沙畹的《中国北方的宗教建筑》(*Mission archéologique dans la Chine septentrionale*, Paris:E.Leroux,1909)一书,但该书对龙门的研究在不少方面都有新的进展,对于研究中国佛教史和艺术史的学者具有重要的参考价值。③ 根据文后的标注,我们知道芮沃寿这篇书评完成于1942年3月18日,当时珍珠港事件虽然已经发生,但芮沃寿的生活还没有受到影响。

但灾难不久就来临了,1943年芮沃寿和其他一些美国人被日军拘捕并关押在山东潍坊的集中营,直到二战结束才被释放。再次回到北京后芮沃寿发现战争期间在北京出版了不少汉学研究成果,但因为战争这些成果不

① 关于芮沃寿的生平参见:John K.Fairbank, Jonathan Spence and Denis Twitchett,"Obituary: Arthur Frederick Wright 1913-1976",*The Journal of Asian Studies*,Vol.36,No.3(May,1977),pp.491-494;关于芮沃寿在北京的活动,本段文字还参考了史景迁的《芮沃寿》一文,详见史景迁《中国纵横》,第359—380页。

② 分别是:*Studies in Chinese Thought*(University of Chicago Press,1953);*Confucianism in Action*(Stanford University Press,1959);*Confucian Persuasion*(Stanford University Press,1960);*Confucian Personalities*(Stanford University Press,1962);*Confucianism and Chinese Civilization*(New York:Atheneum,1964).

③ Arthur F.Wright,"Review of *Ryumon sekkutsu no kenkyu*(*A Study of the Buddhist Cave-temples at Lung-men,Honan*)",*Harvard Journal of Asiatic Studies*,Vol.7,No.3(Feb.,1943),pp.261-266.

为外界所知，于是他决定写文章予以介绍。这就是后来发表于《哈佛亚洲学报》第九卷（1947年）上长达五十七页的论文——《1941—1945年北京的汉学研究》。文章介绍了战争期间在北京出版和即将出版的有关中国研究的专著、期刊论文、工具书等。论文录自在北京出版的中外文期刊——《中德学志》《辅仁学志》《汉学》《华裔学志》等。芮沃寿在说明自己的写作目的时说："显而易见，战争中断了中西之间的出版物交流，使我们无法及时看到双方的研究成果。因此我希望本文能够帮助西方学界了解这几年在北京的中外学者在各个领域所取得的成绩，避免重复的劳动。"[①]为达到这一目的，芮沃寿不仅给出了论著的题目，还为每一部作品做了简单的提要。以中外两部著作为例：

> 陈垣著《南宋初河北新道教考》，112页。辅仁大学丛书第八种，1941年出版。在该书中陈垣教授讨论了全真、大道、太一三个道教组织的历史。重点论述了它们的组织结构以及对当时政治的影响。附有英文提要。

> 卫德明（Hellmut Wilhelm）著《中国历史》（*Chinas Geschichte*），208页，北京法文书店1942年出版。该书是作者的讲演录，在十篇讲稿中作者考察了中国从上古到清朝灭亡的历史。附有参考文献和朝代列表。虽然该书的内容主要是面向普通读者，但对于汉学研究者来说，其中不少观点是很有意思和挑战性的。[②]

芮沃寿原本打算给出每本书的价格，但发现不切实际而放弃了，"因为政治、经济的不确定因素使北京的物价每天都在变动，所以很难确保现在给出的价格会和交通、通信恢复后的购买价格一致"[③]。从中可以看出抗战结束后中国国内情况的不稳定。

从芮沃寿的文章来看，战时在北京最活跃的是德国汉学家，他们在整个

① Arthur F.Wright,"Sinology in Peiping 1941-1945",*Harvard Journal of Asiatic Studies*,Vol.9,No.3/4 (Feb.,1947),p.315.

② Arthur F.Wright,"Sinology in Peiping 1941-1945",*Harvard Journal of Asiatic Studies*,Vol.9,No.3/4 (Feb.,1947),pp.325,366.

③ Arthur F.Wright,"Sinology in Peiping 1941-1945",*Harvard Journal of Asiatic Studies*,Vol.9,No.3/4 (Feb.,1947),p.315.

战争期间自始至终都能继续从事汉学研究，此外一些中国学者也没有放弃，他们在困境中努力坚持着自己的学术工作。这篇评论性的文章充分说明芮沃寿已经弥补上了因战争而荒废的时间。

与芮沃寿同时在北京留学的是他的妻子芮玛丽（Mary Clabaugh Wright，1917—1970），他们俩人相识于哈佛大学，1939 年订婚，1940 年 7 月结婚，婚后两人同赴日本和中国留学。1947 年芮玛丽从北京回国后长期执教于斯坦福大学和耶鲁大学，她的主要研究领域是中国近代史，代表作是《中国保守派最后的抗争：1862—1874 年同治中兴》（*The Last Stand of Chinese Conservatism：the Tung-chih Restoration，1862－1874*，Stanford University Press，1957）。芮玛丽是费正清的得意弟子，1951 年在费正清指导下获得哈佛大学博士学位。①

关于芮玛丽在北京的活动，德国汉学家傅吾康有一段回忆非常宝贵："老朋友们逐渐返回北京，如芮沃寿和芮玛丽，这对夫妇曾被日本人扣留在山东。他们和德国汉学圈子的关系没有因为战争而疏远，而且芮沃寿和芮玛丽夫妇现在回报我们自从美国对日、德参战直到他们被扣留期间所给予的友谊。尤其是福华德，对清史的共同兴趣将他和玛丽联系起来。在他们的推动下，1946 年 1 月，对清史感兴趣、身份又自由的国际学者的聚会，变成了清史研究会。从 1 月底到 6 月，通常每周在某个参与者家里碰面，4 月 10 日在我们家聚会了一次。聚会时，主人就其研究领域的某个主题作报告。除了玛丽以外，研究会成员还有苏联的潘克甫教授和苏联大使馆的齐赫文斯基博士、比利时方济各会的神甫比图斯·托约尼森博士、中国人萧一山和吴丰培，以及德国人福华德、海西希、卫德明和我。"②从这段回忆可以看出当时北京中外学者之间活跃的学术交流情况。

芮玛丽虽然和丈夫的研究领域不同，但两人也有合作。1947 年芮沃寿写文章评论苏联汉学家彼德洛夫（A. A. Petrov，1907—1985）所著《王弼》（1936 年苏联科学院出版社出版）一书就得到了妻子的帮助。彼德洛夫是苏联外交官，同时也是著名汉学家，他专攻中国古代哲学，对《王弼》一书用力尤多。芮沃寿虽然也懂一些俄文，但远远不如芮玛丽熟练，所以他请妻子将

---

① 关于芮玛丽的生平参见以下两篇讣文：Eugene Wu，"Mary Clabaugh Wright：A Memorial"，*The China Quarterly*，No. 43（Jul.－Sept.，1970），pp. 134－135；Jonathan Spence，"Obituary：Mary Clabaugh Wright，1917－1970"，*The Journal of Asian Studies*，Vol.30，No.1（Nov.，1970），p.131。

② 傅吾康：《为中国着迷——一位汉学家的自传》，第 151 页。

《王弼》一书先译成英文,然后再在英译本的基础上撰写评论,对此他在书评的一开始就予以了说明。①

① Arthur F.Wright,"Review of *Wang Pi* by A.A.Petrov",*Harvard Journal of Asiatic Studies*,Vol.10,No.1(Jun.,1947),pp.75-88.

# 结语：留学生的启示

1922年9月，担任北京大学研究所国学门主任不久的沈兼士在《国学门建议书》中写下了这样一段话："窃惟东方文化自古以中国为中心，所以整理东方学以贡献于世界，实为中国人今日一种责无旁贷之任务。吾人对于从外国输入之新学，曰我固不如人，犹可说也；此等自己家业，不但无人整理之，研究之，并保存而亦不能，一听其流转散佚，不知顾惜，……以中国古物典籍如此之宏富，国人竟不能发扬光大，于世界学术界中争一立脚地，此非极可痛心之事耶？"①沈兼士的话可以说代表了国学门同仁的心声，大家希望通过努力使中国人自家的学问"于世界学术界中争一立脚地"。

20世纪初以来，西方汉学和日本东洋学的研究成果逐渐被介绍到中国，以伯希和为代表的外国汉学家也纷纷造访中国并和中国学者进行交流，这一方面固然开拓了国内学者的视野，同时更刺痛了他们的民族自豪感。从20世纪20年代开始，把汉学中心夺回中国、夺回北京的呼声此起彼伏。据现有的资料来看，最先提出这一口号的当是陈垣，据他的学生郑天挺回忆，1921年陈垣在刚刚成立的北大研究所国学门一次集会上说："现在中外学者谈汉学，不是说巴黎如何，就是说西京（按日本京都）如何，没有提中国的，我们应当把汉学中心夺回中国，夺回北京。"②1928年傅斯年在《历史语言研究所工作之旨趣》中也高呼："我们要科学的东方学之正统在中国！"③陈寅恪则用诗句表达了他在这方面的焦虑和期盼，1929年5月他在《北大学院己巳级史学系毕业生赠言》中写道："群趋东邻受国史，神州士夫羞欲死。田巴鲁仲两无成，要待诸君洗斯耻。"④

---

① 《沈兼士学术论文集》，中华书局1986年版，第362页。

② 郑天挺：《回忆陈援庵先生四事》，载北京师范大学编《陈垣校长诞生百年纪念文集》，北京师范大学出版社1980年，第12—13页。此后陈垣多次说过类似的话。陈述在《回忆陈援庵老师的治学和教学》一文中总结道："我听援庵先生说此话是1929年在师大，郑（天挺）先生听说是1921年在北大，翁（独健）先生听说是在燕大。可见援庵先生当年曾广泛号召，鼓励青年们要面向国外，和国外的中国史争高低。"（详见陈智超编《励耘书屋问学记：史学家陈垣的治学》，生活·读书·新知三联书店2006年版，第127页。）

③ 《傅斯年全集》第三卷，湖南教育出版社2003年版，第12页。

④ 浦江清：《清华园日记·西行日记》，生活·读书·新知三联书店1987年版，第42页。

这种认为汉学中心不在北京而在巴黎、京都的忧虑不能说毫无道理，但从美国留学生纷纷前来北京进修的事实，使我们感觉这种忧虑多少有点杞人忧天。更有助于说明这一点的是，美国学生不是主动地将出版于20世纪20—30年代的《元西域人华化考》《古史辨自序》《中国哲学史》等著作翻译成了英文吗？毋庸讳言，巴黎、京都的学者有他们的优势，但并非样样领先。就二战前如日中天的法国汉学来说，其优势和局限都是很明显的。曾留学法国的李思纯在1923年总结说："法之治中国学者，其攻中国之事物凡两途：其一探讨古物，而为古物学之搜求；其一探讨政制礼俗，而为社会学之搜求。然决未闻有专咀嚼唐诗宋词以求其神味者。此无他，彼非鄙唐诗宋词为不足道，彼实深知文学为物，有赖于民族之环境遗传者至深，非可一蹴而几也。"[①]1931年吴宓访问欧洲时曾拜会伯希和，交谈后发现"彼之工夫，纯属有形的研究，难以言精神文艺"[②]。所以中国学者无须妄自菲薄。实际上，在当时北京的学者中，对于自己和本国学术有信心的不乏其人，钱穆就是其中之一。他谈到自己早年的两篇代表作时说："余自撰《刘向歆父子年谱》刊载《燕京学报》后，初去燕大，(顾)颉刚又来索稿，以旧作《关于老子成书年代之一种考察》一文与之，续刊《燕京学报》。曾获欧洲某汉学家来函推崇，谓读余文，乃知中国学术问题需由中国人自加论定，非异邦人所能为力也。"[③]中国学术问题最终的发言权在中国人那里，也为一些日本学者所承认。小柳司气太、吉川幸次郎均表示过，无论自己的研究多么精深，都无法超过中国学者。

如果说近代以来北京一直就是汉学中心的话，20世纪30年代它的这一地位则更加巩固。20世纪20年代在把汉学中心夺回北京的时代潮流下，北大、清华、燕京、辅仁、中研院等高校和研究机构都作出了自己的努力。无论是用科学方法整理国故，还是建立国学院培养学生，抑或是组织考古挖掘寻找新材料，这些努力都很快收到了明显的效果。考虑到当时内忧外患的国内国际环境，这一努力就更显得可贵，而其效果也更让人赞叹。20世纪30

---

① 李思纯：《与友论新诗书》，《学衡》第19期(1923年)，"文苑"第5页。

② 吴学昭：《吴宓与陈寅恪》，清华大学出版社1992年版，第78页。

③ 钱穆：《八十忆双亲·师友杂忆》，生活·读书·新知三联书店2005年版，第151页。

年代成为20世纪中国学术最辉煌的时期，而北京则成为风光无限的汉学中心。[①] 美国留学生大都在20世纪30年代来到北京进修，可谓躬逢其盛。

从美国留学生的角度来看，北京的汉学中心地位大致体现在三个方面。

一、北京拥有一批一流学者，美国留学生可以随时向他们请教，不仅在课堂上，也在私人交谈中。顾立雅回忆说："每当我在研究中遇到一个无法解决的问题时，我就立刻骑上自行车，去找对此问题最有发言权的中国学者，一杯茶的工夫我的问题就迎刃而解了。我常想，他们的帮助为何总是如此慷慨？他们真是我所认识的最亲切的一群人。"[②]此外各种聚会也是讨论学术、互相切磋的重要场合，这种学术性的聚会是当时北京学界的一大特色，美国留学生从中获益良多，也留下了深刻的印象。顾立雅继续回忆说："那时中国学者们经常在饭馆里聚会，听说有些教授将一半的薪水用于宴请，我几乎每周都受到邀请。这类的聚会一般四个小时，八个人左右，很少超过十二个人，大家围坐在一张大圆桌边，边吃边聊。参加的人有历史学家、考古学家、文字学家、艺术史家、文献学家，偶尔也有一两位诗人。他们的闲谈实际上都是学术讨论，语速很快，且常常一语双关，但在远处的人只会听到不时发出的笑声。"[③]刚到北京时顾立雅几乎听不懂这种"语速很快，且常常一语双关"的谈话，当经过一段时间的刻苦学习和训练终于可以听懂时，他感到自己的留学生活进入了一个全新的阶段。

二、北京拥有众多高水平的学术刊物，不仅有中文的，也有外文的，前者如《燕京学报》，后者如《中国社会及政治学报》《华裔学志》等。美国留学生都能以在这些刊物上发表作品为荣，他们的处女作和不少早期作品都发表在这些刊物上，奠定了他们日后学术发展的基石。

三、北京学界能及时追踪最新的国际汉学的发展。就美国留学生来说，他们出版的著作虽然在西方颇受赞扬，但在中国学者看来，其中还是存在不少问题，如齐思和对《班昭传》的批评，雷海宗对《乾隆时期的文字狱》的批

---

① 余英时认为1922—1949年的国学研究拥有辉煌的记录："以老一辈而言，如陈寅恪的史学、傅斯年的古代民族史、汤用彤的佛教史、萧公权的政治思想史，都代表了中西融合的学术精品，……又由于西学已普遍传入中国的关系，从中国学术系统中出身的人此时同样可以灵活运用西方的观念和著作方式，……陈垣、柳诒徵、吕思勉、顾颉刚和先师钱穆五位大师可为典范代表。……因此这一期的成绩得到国际汉学界（日本和西方）的高度重视。"（余英时《史学研究经验谈》，上海文艺出版社2010年版，第106—107页。）

② H.G.Creel, "On the Birth of *The Birth of China*", *Early China*, 12(1985-1987), p.3.

③ H.G.Creel, "On the Birth of *The Birth of China*", *Early China*, 12(1985-1987), p.3.

评,以及周作人对《燕京岁时记》英译本的批评都切中肯綮。这些一针见血、一锤定音的批评显示北京学人牢牢地掌握了学术的话语权和裁判权。

风水轮流转,二战前的美国还处于汉学研究的边缘地位,但今天则无可争议地成为西方汉学的中心。今天世界汉学的中心是在北京,还是在哈佛呢?有目共睹的事实是:美国汉学的研究成果被大量译介,而当代中国学人的著作只有很少几种被美国人主动翻译;就评价机制来看,美国的 SSCI 期刊比国内的 CSSCI 期刊更权威、更能表明学术水准和国际影响力;至于群趋美国"受国史"则早在三十年前就开始了,至今方兴未艾。

20 世纪 30 年代的北京已成过去,但它提供的范例完全可以为今天所借鉴。最关键的一点还是学者自身的努力。北京当年的学术中心地位是靠众多优秀学者支撑的,正如钱穆所观察的那样,那时的北京学者"皆学有专长,意有专情。世局虽艰,而安和黾勉,各自埋首,著述有成,趣味无倦"①。从这些学者那里,美国留学生得到的不仅是汉学知识的教益,更是中国文化精神的感染。20 世纪 30 年代北京的魅力是学术的魅力、精神的魅力。我们今天应该做的正是增强北京和中国的学术魅力和精神魅力。

---

① 钱穆:《八十忆双亲·师友杂忆》,生活·读书·新知三联书店 2005 年版,第 174 页。

# 参考书目

## 中文


北京大学历史系:《北京史》,北京出版社 2012 年版。

北京师范大学编:《陈垣校长诞生百年纪念文集》,北京师范大学出版社 1980 年版。

卜德:《左传与国语》,《燕京学报》第 16 期(1934)。

蔡慧清:《德克·卜德研究三题》,华东师范大学 2005 年硕士论文。

陈寅恪:《金明馆丛稿二编》,生活·读书·新知三联书店 2001 年版。

陈毓贤:《洪业传》,商务印书馆 2013 年版。

陈毓贤:《蒙古学家柯立夫其人其事》,《东方早报·上海书评》2013 年 4 月 7 日。

陈远:《燕京大学,1919—1952》,浙江人民出版社 2013 年版。

陈智超编:《励耘书屋问学记:史学家陈垣的治学》,生活·读书·新知三联书店 2006 年版。

戴仁主编,耿昇译:《法国当代中国学》,中国社会科学出版社 1998 年版。

段怀清:《梅光迪年谱简编》,《新文学史料》2007 年第 1 期。

费慰梅著,王世襄译:《汉武梁祠建筑原形考》,《中国营造学社汇刊》第 7 卷第 2 期(1945)。

冯友兰:《燕京华文学校》,《新教育评论》第 2 卷第 5 期(1926)。

冯友兰:《三松堂自序》,生活·读书·新知三联书店 1984 年版。

冯友兰:《中国哲学史》,生活·读书·新知三联书店 2009 年版。

傅斯年:《傅斯年全集》,湖南教育出版社 2003 年版。

傅伟勋等主编:《西方汉学家论中国》,台湾正中书局 1993 年版。

傅吾康著,欧阳甦译:《为中国着迷——一位汉学家的自传》,社会科学文献出版社 2013 年版。

高峰枫:《钱锺书致方志彤英文信两通》,《东方早报·上海书评》2010

年12月19日。

高峰枫:《“所有人他都教过”》,《东方早报·上海书评》2012年9月19日。

葛夫平:《中法教育合作事业研究(1912—1949)》,上海书店出版社2011年版。

顾长声:《从马礼逊到司徒雷登——来华新教传教士评传》,上海人民出版社1985年版。

顾颉刚编著:《古史辨》第一册,北平朴社1926年版。

顾颉刚编:《妙峰山》,中山大学出版社1928年版。

顾颉刚编著:《古史辨》第二册,北平朴社1930年版。

顾颉刚编著:《古史辨》第三册,北平朴社1931年版。

顾颉刚:《当代中国史学》,上海世纪出版集团2006年版。

顾颉刚:《顾颉刚日记》,中华书局2011年版。

顾钧:《卫三畏与美国早期汉学》,外语教学与研究出版社2009年版。

顾钧:《第一批美国留学生在北京》,《读书》2010年第4期。

顾钧:《赫德的三个研究者》,《读书》2010年第9期。

顾钧:《费正清的第一篇论文》,《历史档案》2011年第1期。

顾钧:《卜德与〈燕京岁时记〉》,《民俗研究》2011年第3期。

顾钧:《费正清的汉语学习》,《书屋》2012年第4期。

顾钧:《冯友兰〈中国哲学史〉的英译本》,《中华读书报》2012年6月20日。

顾钧:《胡适与葛思德图书馆》,《中华读书报》2012年10月10日。

顾钧:《“子罕言利与命与仁”的英译问题》,《读书》2013年第2期。

顾钧:《关于英文本〈中国参考书目解题〉》,《中华读书报》2013年4月3日。

顾钧:《顾颉刚与卜德的文字之交》,《中华读书报》2013年6月12日。

顾钧:《恒慕义与〈古史辨〉》,《中华读书报》2013年6月19日。

顾钧:《卜德的博士论文》,《书屋》2013年第6期。

顾钧:《美国第一位女汉学家》,《中华读书报》2013年8月7日。

顾钧:《美国汉学家卜德的秦史研究》,《江苏大学学报》2013年第5期。

顾钧:《顾立雅与〈中国之诞生〉》,《中华读书报》2013年12月18日。

顾钧:《中国外交史的学术革命——〈筹办夷务始末〉》,《中华读书报》

2014年1月29日。

顾钧:《西方学者眼中的乾隆朝文字狱》,《中华读书报》2014年4月2日。

辜鸿铭:《辜鸿铭文集》,海南出版社1996年版。

顾立雅:《原道字与彝字之哲学意义》,《学衡》第79期(1933)。

顾立雅:《释天》,《燕京学报》第18期(1935)。

顾立雅:《梅迪生——君子儒》,《思想与时代》第46期(1948)。

顾立雅著,高专诚译:《孔子与中国之道》,大象出版社2000年版。

郭斌佳:《乾隆之禁书运动》,《武大文哲学季刊》第5卷第3期(1936)。

何炳棣:《读史阅世六十年》,广西师范大学出版社2009年版。

贺昌群:《悼洛佛尔氏》,《图书季刊》第2卷第1期(1935)。

何晏、邢昺:《论语注疏》(十三经注疏整理本),北京大学出版社2000年版。

恒慕义著,郑德坤译:《近百年来中国史学与古史辨》,《史学年报》第1卷第5期(1933)。

洪煨莲(业):《评古得林著乾隆书考》,《史学消息》第1卷第6期(1937)。

胡适:《胡适文集》,北京大学出版社1998年版。

胡适:《胡适日记全编》,安徽教育出版社2001年版。

胡适:《胡适英文文存》,外语教学与研究出版社2012年版。

胡优静:《英国十九世纪的汉学研究》,学苑出版社2009年版。

吉川幸次郎著,钱婉约译:《我的留学记》,中华书局2008年版。

计翔翔:《十七世纪中期汉学著作研究》,上海古籍出版社2002年版。

蒋廷黻:《近代中国外交史资料辑要》上卷,上海商务印书馆1931年版。

蒋廷黻:《蒋廷黻选集》,台湾传记文学出版社1978年版。

蒋廷黻:《道光咸丰两朝筹办夷务始末补遗》,北京大学出版社1988年版。

蒋廷黻:《蒋廷黻回忆录》,岳麓书社2003年版。

雷海宗:《评 *The Literary Inquisition of Ch' ien-lung*》,《清华学报》第10卷第4期(1935)。

拉铁摩尔著,吴心伯译:《蒋介石的美国顾问——欧文·拉铁摩尔回忆录》,复旦大学出版社1996年版。

李济:《安阳》,商务印书馆 2011 年版。

李景汉:《妙峰山“朝顶进香”的调查》,《社会学杂志》第 2 卷第 5/6 期(1925)。

李思纯:《与友论新诗书》,《学衡》第 19 期(1923)。

李孝迁:《北京华文学校述论》,载《北美中国学的历史与现状》,上海辞书出版社 2013 年版。

李雪涛编:《民国时期的德国汉学:文献与研究》,外语教学与研究出版社 2013 年版。

李艳:《论美国汉学家顾立雅对中国古代思想文化的研究》,华东师范大学 2007 年硕士论文。

李泽厚:《论语今读》,安徽文艺出版社 1998 年版。

刘修业:《史记吕不韦列传荆轲列传蒙恬列传之研究》,《图书季刊》新第 3 卷第 1/2 期(1941)。

马军:《“1949 年前中国学术界对美国汉学的译介”篇目初编》,载《海外中国学评论》第 1 辑,上海古籍出版社 2006 年版。

马军:《“1949 年前中国学术界对美国汉学的译介”篇目续编》,载《海外中国学评论》第 2 辑,上海古籍出版社 2007 年版。

马士著,张汇文等译:《中华帝国对外关系史》,上海书店出版社 2006 年版。

马学良:《哈佛燕京学社汉学引得丛刊的文献学价值与思想》,《河北大学学报》2010 年第 2 期。

潘荣陛、富察敦崇:《帝京岁时纪胜 · 燕京岁时记》,北京出版社 1961 年版。

彭靖:《亦师亦友五十年:邓嗣禹与费正清的学术因缘》,《中华读书报》2013 年 5 月 22 日。

浦江清:《清华园日记 · 西行日记》,生活 · 读书 · 新知三联书店 1987 年版。

齐思和:《评〈班昭传〉》,《燕京学报》第 22 期(1937)。

钱存训:《美国汉学家顾立雅教授》,《文献》1997 年第 3 期。

钱存训:《留美杂忆——六十年来美国生活的回顾》,黄山书社 2008 年版。

钱穆:《论语新解》,生活 · 读书 · 新知三联书店 2002 年版。

钱穆:《八十忆双亲·师友杂忆》,生活·读书·新知三联书店 2005 年版。

钱穆:《先秦诸子系年》,九州出版社 2011 年版。

桑兵:《国学与汉学——近代中外学界交往录》,中国人民大学出版社 2010 年版。

沈迦:《寻找·苏慧廉》,新星出版社 2013 年版。

沈兼士:《沈兼士学术论文集》,中华书局 1986 年版。

史景迁著,夏俊霞等译:《中国纵横》,上海远东出版社 2005 年版。

史绳祖:《学斋佔毕》,中华书局 1985 年版。

海伦·斯诺著,华谊译:《旅华岁月》,世界知识出版社 1985 年版。

谭正璧:《中国女性文学史·女性词话》,上海古籍出版社 2012 年版。

陶飞亚、梁元生:《〈哈佛燕京学社〉补正》,《历史研究》1999 年第 6 期。

陶文钊:《费正清与美国的中国学》,《历史研究》1999 年第 1 期。

王国维:《王国维全集》,浙江教育出版社 2009 年版。

王伊同:《书评:李斯传》,《史学年报》第 3 卷第 1 期(1939)。

文庆等纂辑:《筹办夷务始末》,故宫博物院 1930 年版。

吴宓:《顾立雅论中国人之宇宙观》,《大公报·文学副刊》1932 年 9 月 26 日。

吴宓:《吴宓日记》,生活·读书·新知三联书店 2006 年版。

吴成领:《恒慕义的中国学研究》,华东师范大学 2008 年硕士论文。

吴学昭:《吴宓与陈寅恪》,清华大学出版社 1992 年版。

夏含夷:《芝加哥大学所藏商代甲骨》,载《中国图书文史论集》,台湾正中书局 1991 年版。

许倬云:《家事、国事、天下事——许倬云先生一生回顾》,南京大学出版社 2012 年版。

薛龙著,路克利译:《哈佛大学费正清中心 50 年史(1955—2005)》,新星出版社 2012 年版。

燕京研究院编:《燕京大学人物志》第一辑,北京大学出版社 2001 年版。

杨联陞:《哈佛遗墨》,商务印书馆 2004 年版。

杨联陞:《中国文化中"报"、"保"、"包"之意义》,贵州人民出版社 2009 年版。

杨树达:《积微翁回忆录》,北京大学出版社 2007 年版。

毓:《书介:*China's First Unifier*》,《图书季刊》新 1 卷第 4 期(1939)。

余英时:《十字路口的中国史学》,上海古籍出版社 2004 年版。

余英时:《史学研究经验谈》,上海文艺出版社 2010 年版。

张德昌:《胡夏米货船来华经过及其影响》,《中国近代经济史研究》1932 年第 1 卷第 1 期。

张德昌:《清代鸦片战争前之中西沿海通商》,《清华学报》1935 年第 10 卷第 1 期。

张凤:《哈佛燕京学社 75 年的汉学贡献》,《文史哲》2004 年第 3 期。

张会超:《民国时期明清档案整理研究》,上海世界图书出版公司 2011 年版。

张建华:《〈华裔学志〉的创办及其对中西文化交流的影响》,《北方论丛》2004 年第 4 期。

张荫麟:《评冯友兰〈中国哲学史〉》,《大公报·文学副刊》1931 年 6 月 8 日。

赵翼:《陔余丛考》,商务印书馆 1957 年版。

郑岩:《费慰梅的一个侧影》,《读书》2003 年第 2 期。

周一良:《评魏楷英译魏书释老志》,《史学年报》第 2 卷第 4 期(1937)。

周作人:《周作人散文全集》,广西师范大学出版社 2009 年版。

朱梅光:《〈筹办夷务始末〉研究综述》,《兰州学刊》2007 年第 4 期。

朱熹:《四书章句集注》,中华书局 1983 年版。

## 外文

Acton, Harold, *Memoirs of an Aesthete*, London: Faber and Faber, 2008.

Atwell, Pamela, "Obituary: George N. Kates (1895–1990)", *The Journal of Asian Studies*, Vol.49, No.4 (Nov., 1990).

Baldwin, S.L. trans., *The Chinese Book of Etiquette and Conduct for Women and Girls*, New York: Eaton & Mains, 1900.

Beal, Edwin G. and Beal, Janet F., "Obituary: Arthur W. Hummel (1884–1975)", *The Journal of Asian Studies*, Vol.35, No.2 (Feb., 1976).

Biggerstaff, Knight, "The Tong Wen Guan", *Chinese Social and Political Science Review*, 18 (1934–1935).

Biggerstaff, Knight, "The Official Chinese Attitude Toward the Burlingame

Mission", *The American Historical Review*, Vol.41, No.4(Jul., 1936).

Biggerstaff, Knight, "*The Literary Inquisition of Ch' ien-lung* by L. C. Goodrich", *The American Historical Review*, Vol.42, No.3(Apr., 1937).

Biggerstaff, Knight, "A Translation of Anson Burlingame' s Instructions from the Chinese Foreign Office", *The Far Eastern Quarterly*, Vol. 1, No. 3 (May, 1942).

Bishop, Carl W. "Review of *China' s First Unifier*", *Pacific Affairs*, Vol.12, No.1(Mar., 1939).

Bodde, Derk, "A Perplexing Passage in the Confucian Analects", *Journal of the American Oriental Society*, Vol.53, No.4(Dec., 1933).

Bodde, Derk, trans., *Annual Customs and Festivals in Peking*, Peiping: Henri Vetch, 1936.

Bodde, Derk, trans., *A History of Chinese Philosophy*, Vol. 1, Peiping: Henri Vetch, 1937.

Bodde, Derk, *China' s First Unifier*, Leiden: E.J.Brill, 1938.

Bodde, Derk, "*The Founding of the T' ang Dynasty* by Woodbridge Bingham", *Journal of the American Oriental Society*, Vol.61, No.4(Dec., 1941).

Bodde, Derk, trans., *A History of Chinese Philosophy*, Princeton University Press, 1952–1953.

Bodde, Derk, trans., *Annual Customs and Festivals in Peking*, Hong Kong University Press, 1965.

Bodde, Derk, *Festivals in Classical China*, Princeton University Press, 1975.

Bodde, Derk, *Essays on Chinese Civilization*, Princeton University Press, 1981.

Bowra, C.A.V., "Hosea Ballou Morse", *Journal of the Royal Asiatic Society of Great Britain and Ireland*, No.2(Apr., 1934).

Bridgman, E.C., *Chinese Chrestomathy in the Canton Dialect*, Macao, 1841.

Brooks, E.Bruce and Brooks, A.Taeko, *Original Analects: Sayings of Confucius and His Successors*, Columbia University Press, 1998.

Bullock, Thomas L., *Progressive Exercises in the Chinese Written Language*, Shanghai: Kelley & Walsh, 1923.

Chalfant, Frank H., *The Couling-Chalfant Collection of Inscribed Oracle*

Bone, Shanghai: The Commercial Press, 1935.

Chalfant, Frank H., *Seven Collections of Inscribed Oracle Bone*, New York: General Offset Company, 1938.

Chan, Wing-Tsit, "The Evolution of the Confucian Concept Jen", *Philosophy East and West*, Vol.4, No.4 (Jan., 1955).

Chan, Wing-tsit, *A Source Book in Chinese Philosophy*, Princeton University Press, 1963.

Cohen, Paul A., *Discovering History in China: American Historical Writing on the Recent Chinese Past*, Columbia University Press, 1984.

Cohen, Paul A.& Goldman, Merle, eds., *Fairbank Remembered*, Harvard University Press, 1992.

Cochran, Sherman and Peterson, Charles A., "Knight Biggerstaff (1906–2001)", *The Journal of Asian Studies*, Vol.60, No.3 (Aug., 2001).

Conlon, Frank F., "George Edmond Taylor (1905–2000)", *The Journal of Asian Studies*, Vol.59, No.3 (Aug., 2000).

Cordier, Henri, *Bibliotheca Sinica*, Paris: E.Guilmoto, 1904.

Creel, H.G. "Confucius and Hsun-Tzu", *Journal of the American Oriental Society*, Vol.51, No.1 (Mar., 1931).

Creel, H.G., "Was Confucius Agnostic?", *T' oung Pao*, Second Series, Vol. 29, No.1/3 (1932).

Creel, H.G., "On the Origins of the Manufacture and Decoration of Bronze in the Shang Period", *Monumenta Serica*, Vol.1, No.1 (1935).

Creel, H.G., "Berthold Laufer: 1874–1934", *Monumenta Serica*, Vol.1, No.2 (1935).

Creel, H.G., "Bronze Inscriptions of the Western Chou Dynasty as Historical Documents", *Journal of the American Oriental Society*, Vol. 56, No. 3 (Sept., 1936).

Creel, H.G., *The Birth of China*, London: Jonathan Cape, 1936.

Creel, H.G., "Edward A. Kracke, Jr., 1908–1976", *Journal of the American Oriental Society*, Vol.96, No.4 (Oct.-Dec., 1976).

Creel, H.G., "On the Birth of *The Birth of China*", *Early China*, 12 (1985–1987).

Dubs, Homer H., "Review of *China's First Unifier*", *The American Historical Review*, Vol.44, No.3 (Apr., 1939).

Duyvendak, J.J.L., "Review of *Annual Customs and Festivals in Peking*", *T'oung Pao*, Vol.33, No.1 (1937).

Duyvendak, J.J.L., "*Chinese Traditional Historiography* by Charles S. Gardner", *T'oung Pao*, Vol.34, No.3 (1938).

Elvin, Mark, *The Pattern of the Chinese Past*, Stanford University Press, 1973.

Erkes, Eduard, "Friedrich Hirth", *Artibus Asiae*, Vol.2, No.3 (1927).

Erkes, Eduard, "*The Birth of China* by H.G.Creel", *Artibus Asiae*, Vol.7, No.1/4 (1937).

Erkes, Eduard, "Alfred Forke", *Artibus Asiae*, Vol.9, No.1/3 (1946).

Evans, Paul M., *John Fairbank and the American Understanding of Modern China*, New York: Basil Blackwell, 1988.

Fairbank, J.K., "The Legalization of the Opium Trade before the Treaties of 1858", *Chinese Social and Political Science Review* 17 (1933–1934).

Fairbank, J.K., "Obituary: Hosea B.Morse", *Peiping Chronicle*, February 25, 1934.

Fairbank, J.K., "The Origin of the Chinese Maritime Customs Service, 1850–1858", PhD thesis, University of Oxford, 1936.

Fairbank, J. K., & Teng, S. Y., "On The Transmission of Ch'ing Documents", *Harvard Journal of Asiatic Studies*, Vol.4, No.1 (May, 1939).

Fairbank, J.K., "*The Struggle for North China* by George E.Taylor", *Pacific Affairs*, Vol.14, No.2 (Jun., 1941).

Fairbank, J. K., et al., eds. *East Asia, the Modern Transformation*, Boston: Houghton Mifflin Co., 1965.

Fairbank, J.K., "Assignment for the '70's", *The American Historical Review*, Vol.74, No.3 (Feb., 1969).

Fairbank, J.K., *China Perceived: Images and Policies in Chinese-American Relations*, New York: Alfred A.Knopf, 1974.

Fairbank, J.K., and Lebra, Joyce C., "Obituary: Earl Swisher 1902–1975", *The Journal of Asian Studies*, Vol.35, No.3 (May, 1976).

Fairbank, J.K., et al., "Obituary: Arthur Frederick Wright 1913-1976", *The Journal of Asian Studies*, Vol.36, No.3 (May, 1977).

Fairbank, J. K., *Chinabound: A Fifty-Year Memoir*, New York: Harper & Row, 1982.

Fairbank, J. K., "Obituary: S. Y. Teng (1906-88)", *The Journal of Asian Studies*, Vol.47, No.3 (Aug., 1988).

Fairbank, Wilma, "The Offering Shrines of Wu Liang Tz'u", *Harvard Journal of Asiatic Studies*, Vol.6, No.1 (Mar., 1941).

Fairbank, Wilma, "Laurence C.S. Sickman: 1906-1988", *Archives of Asian Art*, Vol.42 (1989).

Fairbank, Wilma, *Liang and Lin: Partners in Exploring China's Architectural Past*, University of Pennsylvania Press, 1994.

Fogel, Joshua A. et al., eds., *Perspectives on a Changing China: Essays in Honor of C.Martin Wilbur on the Occasion of His Retirement*, Boulder, Colo.: Westview Press, 1979.

Gamble, Sidney D., *Peking: A Social Survey*, New York: George H. Doran, 1921.

Gardner, Charles S., "Review of *The Autobiography of a Chinese Historian*", *The American Historical Review*, Vol.37, No.3 (Apr., 1932).

Gardner, Charles S., *Chinese Traditional Historiography* (Harvard University Press, 1961).

Goodrich, Luther C., *The Literary Inquisition of Ch'ien-lung*, Baltimore: Waverly Press, 1935.

Goodrich, L.Carrington, "*The Years That Were Fat* by George N.Kates", *The Journal of Asian Studies*, Vol.27, No.2 (Feb., 1968).

Goodrich, L. Carrington, "Arthur William Hummel, March 6, 1884-March 10, 1975", *Journal of the American Oriental Society*, Vol.95, No.3 (Jul.-Sept., 1975).

Goodrich, Thomas D., "Luther Carrington Goodrich (1894-1986): A Bibliography", *Journal of the American Oriental Society*, Vol.113, No.4 (Oct.-Dec., 1993).

Gulik, R. H. van, "Dr. John C. Ferguson's 75th Anniversary", *Monumenta*

*Serica*, Vol.6, No.1/2(1941).

Hu, Shih, "Review of *A Short History of the Chinese People*", *Pacific Affairs*, Vol.17, No.2(Jun., 1944).

Hu, Shih, "Review of *A History of Chinese Philosophy*", *The American Historical Review*, Vol.60, No.4(Jul., 1955).

Hanan, Patrick, et al., "Memorial Minute-James Robert Hightower(1915-2006)", *Minutes of Meeting of the Faculty of Arts and Sciences*, Harvard University(1 May 2007).

Hightower, James R., *Han Shih Wai Chuan: Han Ying's Illustrations of the Didactic Application of the Classic of Songs*, Harvard University Press, 1952.

Hightower, James R., "Achilles Fang: In Memoriam", *Monumenta Serica*, Vol.45(1997).

Hummel, Arthur W., "Ku Shih Pien(Discussions in Ancient Chinese History) Volume One", *China Journal of Science and Arts*, Vol. V, No.5(Nov., 1926).

Hummel, Arthur W. and Fung, Yu-lan trans., "Chinese Foot-Measures of the Past Nineteen Centuries", *Journal of the North China Branch of the Royal Asiatic Society*, Vol.59(1928).

Hummel, Arthur W., "What Chinese Historians Are Doing in Their Own History", *The American Historical Review*, Vol.34, No.4(Jul., 1929).

Hummel, Arthur W., trans. & anno., *The Autobiography of a Chinese Historian: Being the Preface to a Symposium on Ancient Chinese History*, E.J.Brill, 1931.

Hummel, Arthur W., "*Pan Chao* by Nancy Lee Swann", *The American Historical Review*, Vol.38, No.3(Apr., 1933).

Hummel, Arthur W., "Berthold Laufer: 1874-1934", *American Anthropologist*, New Series, Vol.38, No.1(Jan.-Mar., 1936).

Hummel, Arthur W. ed., *The Eminent Chinese of the Ch'ing Dynasty(1644-1912)*, Washington: U.S. Govt.Print Off., 1943-1944.

Hummel, Arthur W., "*The Years That Were Fat* by George N. Kates", *The Far Eastern Quarterly*, Vol.12, No.1(Nov., 1952).

Jansen, Marius B., "Obituary: John King Fairbank(1907-1991)", *The Journal of Asian Studies*, Vol.51, No.1(Feb., 1992).

Johnson, Wallace, "Derk Bodde(March 9, 1909-November 3, 2003)", *The*

*Journal of Asian Studies*, Vol.63, No.1 (Feb., 2004).

Kahin, George McT., "Obituary: Owen Lattimore (1900–1989)", *The Journal of Asian Studies*, Vol.48, No.4 (Nov., 1989).

Karlgren, Bernhard, *Analytic Dictionary of Chinese and Sino-Japanese*, Paris: P.Geuthner, 1923.

Kates, George N., *The Years That Were Fat*, New York: Harper and Brothers, 1952.

Kirwan, L.P., "Obituary: Professor Owen Lattimore 1900–1989", *The Geographical Journal*, Vol.155, No.3 (Nov., 1989).

Kracke, E.A., "*The Founding of the T'ang Dynasty* by Woodbridge Bingham", *The Far Eastern Quarterly*, Vol.1, No.1 (Nov., 1941).

Kracke, E.A., *Civil Service in Early Sung China, 960–1067*, Harvard University Press, 1953.

Ku, Chieh-Kang and Goodrich, L.Carrington, "A Study of Literary Persecution During the Ming", *Harvard Journal of Asiatic Studies*, Vol.3, No.3/4 (Dec., 1938).

Lattimore, Owen, "*The Literary Inquisition of Ch'ien-lung* by L. C. Goodrich", *Pacific Affairs*, Vol.12, No.2 (Jun., 1939).

Lattimore, Owen, *Inner Asian Frontiers of China*, New York: American Geographical Society, 1940.

Latourette, Kenneth S., "American Scholarship and Chinese History", *Journal of the American Oriental Society*, Vol.38 (1918).

Laufer, B., "*The Invention of Printing in China and Its Spread Westward* by T.F.Carter", *Journal of the American Oriental Society*, Vol.47 (1927).

Laufer, B., "Lun Yü IX, 1," *Journal of the American Oriental Society*, Vol. 54, No.1 (Mar., 1934).

Le Blanc, Charles, and Blader, Susan, eds., *Chinese Ideas about Nature and Society: Studies in Honor of Derk Bodde*, Hong Kong University Press, 1987.

Le Blanc, Charles, "Derk Bodde, 9 March 1909–3 November 2003", *Proceedings of the American Philosophical Society*, Vol.150, No.1 (Mar., 2006).

Legge, James, *The Chinese Classics*, Second edition, London: N. Trubner & Co., 1869.

Loewe, Michael, "In Memoriam: Derk Bodde", *T' oung Pao*, Second Series, Vol.90, No.1/3(2004).

Malone, Carroll B., "*The Literary Inquisition of Ch' ien-lung* by L. C. Goodrich", *Journal of the American Oriental Society*, Vol.55, No.4(Dec., 1935).

McCown, Theodore D., "*The Birth of China* by H. G. Creel", *American Anthropologist*, New Series, Vol.40, No.1(Jan.-Mar., 1938).

Meskill, John, ed., *The Pattern of Chinese History: Cycles, Development, or Stagnation?* Boston: Heath, 1965.

Moseley, Eva S., "James Robert Hightower Dies at 90", *Harvard University Gazette*(2 March 2006).

Morse, Hosea, *The Chronicles of the East India Company Trading to China, 1635-1834*, Oxford: The Clarendon Press, 1926-1929.

Moule, A.C., "*The Invention of Printing in China and Its Spread Westward* by T.F.Carter", *Journal of the Royal Asiatic Society of Great Britain and Ireland*, No.1(Jan., 1926).

Peake, Cyrus H., "Documents Available for Research on the Modern History of China", *The American Historical Review*, Vol.38, No.1(Oct., 1932).

Peake, Cyrus H., "Recent Studies on Chinese Law", *Political Science Quarterly*, Vol.52, No.1.(Mar., 1937).

Pelliot, P., "Thomas F.Carter", *T' oung Pao*, Second Series, Vol.24, No.2/3 (1925 - 1926).

Plumer, James M., "Langdon Warner(1881-1955)", *Ars Orientalis*, Vol.2 (1957).

Reischauer, Edwin O., "Serge Elisséeff", *Harvard Journal of Asiatic Studies*, Vol.20, No.1/2(Jun., 1957).

Reischauer, Edwin O., "Obituary: E.A.Kracke, Jr.1908-1976", *The Journal of Asian Studies*, Vol.36, No.3(May, 1977).

Rickett, W.Allyn, "In Memoriam: Derk Bodde(1909-2003), President of the Society, 1968-1969", *Journal of the American Oriental Society*, Vol.123, No.4 (Oct.-Dec., 2003).

Rowe, David N., "Japanese Propaganda in North China, 1937-1938", *The Public Opinion Quarterly*, Vol.3, No.4(Oct., 1939).

Rowe, David N., *Index to Ching tai chou pan i wu shih mo*, Hamden, Conn.: Shoe String Press, 1960.

Rowe, William T., et al., "C. Martin Wilbur (1907-1997)", *The Journal of Asian Studies*, Vol.56, No.3 (Aug., 1997).

Roxby, P.M., "*The Birth of China* by H.G.Creel", *International Affairs*, Vol. 16, No.4 (Jul., 1937).

Roy, David T. and Tsien, Tsuen-hsuin, eds., *Ancient China: Studies in Early Chinese Civilization*, Hong Kong: Chinese University Press, 1978.

Roy, David T., "Herrlee Glessner Creel (1905-1994)", *The Journal of Asian Studies*, Vol.53, No.4 (Nov., 1994).

Roy, David T., "Herrlee Glessner Creel (19 January 1905-1 June 1994)", *Proceedings of the American Philosophical Society*, Vol.140, No.1 (Mar., 1996).

Shively, Donald H., "Obituary: Elizabeth Huff (1912-1987)", *The Journal of Asian Studies*, Vol.47, No.1 (Feb., 1988).

Shryock, J.K., "Review of *The Autobiography of a Chinese Historian*", *Journal of the American Oriental Society*, Vol.52, No.1 (Mar., 1932).

Shryock, J.K., "Review of *Pan Chao: Foremost Woman Scholar of China*", *Journal of the American Oriental Society*, Vol.53, No.1 (Mar., 1933).

Shryock, J.K., "Review of *An Annotated Bibliography of Selected Chinese Reference Works*," *Journal of the American Oriental Society*, Vol. 57, No. 3 (Sept., 1937).

Shryock, J.K., "*The Birth of China* by H.G.Creel", *Journal of the American Oriental Society*, Vol.57, No.3 (Sept., 1937).

Shryock, J.K., "*Chinese Traditional Historiography* by Charles S.Gardner", *Journal of the American Oriental Society*, Vol.59, No.1 (Mar., 1939).

Sickman, L., "Langdon Warner 1881-1955", *Archives of the Chinese Art Society of America*, Vol.9 (1955).

Spence, Jonathan, "Obituary: Mary Clabaugh Wright, 1917 - 1970", *The Journal of Asian Studies*, Vol.30, No.1 (Nov., 1970).

Swann, Nancy Lee, "Biography of the Empress Teng: A Translation from the *Annals of the Later Han Dynasty*", *Journal of the American Oriental Society*, Vol. 51, No.2 (Jun., 1931).

Swann, Nancy Lee, *Pan Chao, Foremost Woman Scholar of China*, New York: The Century Co., 1932.

Swann, Nancy Lee, "A Woman among the Rich Merchants: The Widow of Pa (3rd Century B.C.)", *Journal of the American Oriental Society*, Vol. 54, No. 2 (Jun., 1934).

Swisher, Earl, "The Harvard-Yenching Institute", *Notes on Far Eastern Studies in America*, No.11 (June, 1942).

Swisher, Earl, *China's Management of the American Barbarians: A Study of Sino-American Relations, 1841–1861*, Yale University Press, 1953.

Swisher, Earl, *Canton in Revolution: The Collected Papers of Earl Swisher, 1925–1928*, Boulder, Colo.: Westview Press, 1977.

Teng, Ssu-yu and Biggerstaff, Knight, *An Annotated Bibliography of Selected Chinese Reference Works*, Peiping: The Harvard-Yenching Institute, Yenching University, 1936.

Teng, Ssu-yu and Fairbank, J. K., *China's Response to the West*, Harvard University Press, 1954.

Thomas, John N., *The Institute of Pacific Relations: Asian Scholars and American Politics*, University of Washington Press, 1974.

Tschepe, Albert, *Histoire du royaume de Ts'in*, Shanghai: Mission Catholique, 1909.

Tsiang, T.F., "New Light on Chinese Diplomacy, 1836–1949", *The Journal of Modern History*, Vol.3, No.4 (Dec., 1931).

Waley, Arthur, "Review of *Annual Customs and Festivals in Peking*", *Folklore*, Vol.47, No.4 (Dec., 1936).

Ware, James R., "Review of *Annual Customs and Festivals in Peking*", *Harvard Journal of Asiatic Studies*, Vol.2, No.1 (Mar., 1937).

Ware, James R., *The Best of Confucius*, Garden City, N.Y.: Halcyon House, 1950.

Ware, James R., *The Sayings of Mencius*, New York: New American Library, 1960.

Ware, James R., *The Sayings of Chuang Chou*, New York: New American Library, 1963.

West, Philip, *Yenching University and Sino-Western Relations, 1916–1952*, Harvard University Press, 1976 .

Wilbur, C. Martin, "*Inner Asian Frontiers of China* by Owen Lattimore", *Pacific Affairs*, Vol.13, No.4 (Dec., 1940).

Wilbur, C. Martin, "In Memoriam: Carl Whiting Bishop", *The Far Eastern Quarterly*, Vol.2, No.2 (Feb., 1943).

Wilbur, C. Martin, "Obituary: Luther Carrington Goodrich (1894–1986)", *The Journal of Asian Studies*, Vol.46, No.2 (May, 1987).

Wilbur, C. Martin, *China in My Life: An Historian's Own History*, Armonk, N. Y.: M.E.Sharpe, 1996.

Williams, S.W., *The Middle Kingdom*, New York: Charles Scribner's Sons, 1883.

Williams, F.Wells, *Anson Burlingame and the First Chinese Mission to Foreign Powers*, New York: Charles Scribner's Sons, 1912.

Wittfogel, Karl A., "Review of *A History of Chinese Philosophy*", *Pacific Affairs*, Vol.14, No.4 (Dec., 1941).

Wright, Arthur F., "Review of *Ryumon sekkutsu no kenkyu (A Study of the Buddhist Cave-temples at Lung-men, Honan)*", *Harvard Journal of Asiatic Studies*, Vol.7, No.3 (Feb., 1943).

Wright, Arthur F., "Sinology in Peiping 1941–1945", *Harvard Journal of Asiatic Studies*, Vol.9, No.3/4 (Feb., 1947).

Wright, Arthur F., "Review of *Wang Pi* by A.A.Petrov", *Harvard Journal of Asiatic Studies*, Vol.10, No.1 (Jun., 1947).

Wu, Eugene, "Mary Clabaugh Wright: A Memorial", *The China Quarterly*, No.43 (Jul.-Sep., 1970).

Wylie, Alexander, *Notes on Chinese Literature*, Shanghai: American Presbyterian Mission Press, 1867.

Yang, Lien-sheng, "Notes on Dr. Swann's *Food and Money in Ancient China*", *Harvard Journal of Asiatic Studies*, Vol.13, No.3/4 (Dec., 1950).

Yetts, W.Perceval, "*The Birth of China* by H.G.Creel", *Journal of the Royal Asiatic Society of Great Britain and Ireland*, No.4 (Oct., 1937).

# 后　　记

本书是北京市社会科学基金项目（编号：10BaLS048）最终成果。首先感谢北京市社科规划办对这一项目的支持，同时感谢教育部新世纪优秀人才支持计划项目（编号：NCET-11-0588）的资助。本书的部分章节曾以单篇论文的形式刊登在《读书》《历史档案》《民俗研究》《书屋》《江苏大学学报》《中华读书报》等报刊上，谨向这些报刊致以衷心的感谢。感谢张西平教授在审阅本书初稿时提出的宝贵意见。

北京是我有生以来生活时间最长的城市，但我对它的历史和文化只有一般的常识，本课题的研究使我对这个第二故乡有了更多的了解。2010 年本课题立项时，女儿彤欣还没有出生，等到本书完稿时，她已经上幼儿园了。三年来我一直觉得这部书稿就像是我的另一个孩子，和彤欣一起成长。

感谢陈毓飞博士在哥伦比亚大学访学时帮我查找相关资料，感谢张明明博士在出版过程中的协助。感谢大象出版社张前进先生的多方关照和李光洁女士细致认真的编辑工作。本书的不足之处敬请专家和读者指正。

顾钧

2014 年 4 月 15 日